本书是国家自然科学基金资助研究项目成果

科学基金管理法制研究丛书

丛书主编 ◎ 韩 宇 郑永和

中国科学基金法律制度研究

唐伟华 黄 玉 ◎ 著

中国社会科学出版社

图书在版编目(CIP)数据

中国科学基金法律制度研究/唐伟华，黄玉著.—北京：中国社会科学出版社，2015.10
ISBN 978-7-5161-7156-1

Ⅰ.①中… Ⅱ.①唐…②黄… Ⅲ.①科学基金-法律-研究-中国 Ⅳ.①D922.17

中国版本图书馆 CIP 数据核字(2015)第 283373 号

出 版 人	赵剑英
责任编辑	任　明
责任校对	季　静
责任印制	何　艳

出　　版	中国社会科学出版社
社　　址	北京鼓楼西大街甲 158 号
邮　　编	100720
网　　址	http://www.csspw.cn
发 行 部	010-84083685
门 市 部	010-84029450
经　　销	新华书店及其他书店

印刷装订	北京市兴怀印刷厂
版　　次	2015 年 10 月第 1 版
印　　次	2015 年 10 月第 1 次印刷

开　　本	710×1000　1/16
印　　张	14.5
插　　页	2
字　　数	230 千字
定　　价	55.00 元

凡购买中国社会科学出版社图书，如有质量问题请与本社营销中心联系调换
电话：010-84083683
版权所有　侵权必究

丛书编委会成员

主　　编　韩　宇　郑永和

执行主编　王国骞　唐伟华

编　　委　龚　旭　吴善超　计承宜
　　　　　王国骞　孟庆峰

丛 书 总 序

科学与法律有着不解之缘。15、16世纪的文艺复兴、宗教改革、罗马法复兴，法律与科学技术发展相伴而生的同时，给西方社会带来了理性主义和科学主义，促进了资本主义的兴起和繁荣。20世纪以来，通过立法保障科学技术的发展，用法律的视角思考科技管理问题已蔚然成风。科学基金制这种孕育科学思想、推动科技创新的制度供给，也无法绕过法律的话题。1950年美国国会通过了《美国科学基金法案》，标志着当今世界上最有影响力的科学基金组织正式成立。半个多世纪以来，美国科学基金会在国家立法、部门规章和政策声明等层面，不断完善《申请和资助的政策、程序指南（Proposal and Award Policies and Procedures Guide)》、《资助和合同规则（Grant and Agreement Conditions)》、《人类受试者保护行政法规》（Title 45 CFR Part 46 protection of human subjects）等法规，系统构建了涵盖各类项目从申请到评审、从资助到实施、从利益冲突到科学伦理等一整套完整的制度体系。德国、澳大利亚、日本、英国、加拿大等西方国家科学基金制度的建立、发展和完善也如出一辙，无一例外地都与法律制度的进步密不可分。

国家自然科学基金委员会自1986年成立以来，一直高度重视法制工作，不断推进科学基金项目管理规范化和制度化进程。自1988年起，许多科学家通过全国人大代表提案，呼吁国家将科学基金的成功经验通过立法的形式固定下来。1993年全国人民代表大会制定的《中华人民共和国科学技术进步法》中明确了科学基金的法律地位。2004年初，国务院将"国家自然科学基金管理条例"列入行政法规5年立法规划。2007年国务院公布了《国家自然科学基金条例》（以下简称《基金条例》）并决定自 2007 年 4 月 1 日起施行。这是我国科技法律体系建设中的一件大事，是基础研究工作中的一件大事，对于推进科学基金依法管理，完善和发展科学基金制，具有重大现实意义和深远的历史意义。《基金条例》的颁布实施得到科技界、法律界和国家有关部门的高度认可。2007 年《中华人民共和国科学技术进步法》修订时，《基金条例》中的同行评议、原始记录等制度都被写入新的法律中。2010 年国务院法制办组织完成的《基金条例》立法后评估报告，从合法性、合理性、执行性、实效性、协调性、规范性等方面高度评价了《基金条例》在实施过程中对科技界所产生的良好法律效果。

习近平总书记指出："推进国家治理体系和治理能力现代化，就是要适应时代变化，既改革不适应实践发展要求的体制机制、法律法规，又不断构建新的体制机制、法律法规，使各方面制度更加科学、更加完善，实现党、国家、社会各项事务治理制度化、规范化、程序化。"因此，深入研究和探索科学基金法制问题，不仅是不断发展和完善科学基金制的内在要求，而且也是新时期推进科学基金治理体系和治理能力现代化的迫切需要。国家自然科学基金委以《基金条例》为依据，认真梳理管理规章，确定了《国家自然科学基金委员会部门规章体系方案》，形成了包括组织管理规章、程序管理规章、经费管理规章和监督保障规章等四个有机部分，拟以 36 部规章构成完备的部门规章体系。随着我国科技体制改革的不断深入，我们应切实增强科学基金管理人员的法治思维能力，加快科学基金现代治理体系建设，不断提高科学基金依法治理能力。

中国的科学基金制即将进入而立之年，但发展和完善科学基金制却是一个永恒的课题。我们必须看到，基础研究前沿推进的偶然性，不同学科发展规律的差异性，科研人员创新思维的多元性，科研活动自身运动的复杂性，各类项目管理诉求的特殊性，决定了科学基金法制建设很不简单，不是机械地构筑一个笼子就完事大吉。它要求我们在遵守《基金条例》基本制度的同时，努力做到"出新意于法度之中，寄妙理于豪放之外"。既要客观、全面地认识自身的现状与问题，更需要合理借鉴他人的成功经验。它山之石可以攻玉。这套丛书是国内第一部系统研究国内外科学基金法律制度的学术丛书。世界各国在意识形态和法律体系上有所迥异，反映在其基金法律制度的内容和视角亦各不相同，既有国别化的系统研究，也有问题化的专题研究。当然，由于客观条件所限，丛书中还存在某些难尽如人意之处，如研究内容与立法动态的同步性问题；某些译名的准确性问题也值得探讨；在研究各国科学基金法律制度时注重立法梳理有余，但较少涉及对法律实践的评估等等。当然，如此求全责备实属苛责。各位作者为之付出了辛苦的劳动，通过对国内外科学基金法律制度研究，系统分析和集成了科学基金法制涉及的各种问题，并提出了相应的制度性建议。我相信，这套丛书一定能够为完善科学基金管理，拓展科学基金管理工作者以及科研管理者视野提供有益的帮助和参考。衷心希望随着这部丛书的出版问世，能够吸引更多的研究人员关注相关问题，为进一步完善我国科学基金法制体系提供更多更好的建议。

当前我国全面深化改革工作骐骥跃驰，科技改革不断推进，科学基金在科技体制改革攻坚期要树立敢为天下先的豪气，围绕"筑探索之渊、浚创新之源、延交叉之远、遂人才之愿"的战略使命，着力打造科学基金管理升级版，把科学基金建成公平公正、成果人才一流、管理高效、资助谱系清晰完备的国际一流科学基金组织，成为基础研究之友、科学家之友，为全面提升我国自主创新能力，现实中华民族复兴的中国梦做出更大的贡献。

国家自然科学基金委员会主任

2014 年 4 月 2 日

目　录

导论　科学基金法制化的必然历程 …………………………（1）
　　一　缘起：科学与法律 …………………………………（1）
　　二　内容：思路和框架 …………………………………（8）
　　三　路径：本土和移植 …………………………………（14）

第一章　科学组织法律制度 ……………………………………（16）
　　一　设立国家资助机构的大势所趋 ……………………（16）
　　二　组织法律制度的逻辑结构和法律关系 ……………（18）
　　三　科学基金决策制度 …………………………………（22）
　　四　科学基金战略规划制度 ……………………………（23）
　　五　绩效评估制度 ………………………………………（26）
　　六　科学基金的机构与人员 ……………………………（27）

第二章　依托单位管理法律制度 ………………………………（31）
　　一　依托单位词源的追溯 ………………………………（31）
　　二　依托单位制度的重担 ………………………………（34）
　　三　依托单位的准入制度 ………………………………（35）
　　四　依托单位项目申请管理制度 ………………………（42）
　　五　依托单位项目实施管理和监督制度 ………………（49）

第三章　评审专家管理法律制度 ………………………………（66）
　　一　评审专家的多重角色与制度规范 …………………（67）
　　二　如何确保选到合适的评审专家 ……………………（70）
　　三　评审专家的能为与不能为 …………………………（76）
　　四　评审行为的监督制度 ………………………………（85）

第四章　资助管理法律制度 (92)
　　一　多元的管理制度 (92)
　　二　申请制度 (94)
　　三　同行评审制度 (98)
　　四　项目计划书制度：一个行政合同 (102)
　　五　项目实施报告和记录制度 (104)
　　六　项目变更制度 (107)
　　七　抽查制度 (111)
　　八　项目结题制度 (113)
　　九　复审制度 (117)
　　十　回避制度 (120)

第五章　科研诚信法律制度 (124)
　　一　发达国家立法模式概论 (124)
　　二　科学基金科研诚信法律制度沿革 (129)
　　三　科学基金科研诚信法律制度的主要内容 (131)
　　四　科学基金科研诚信法律制度的法律实践 (139)
　　五　科学基金科研诚信法律制度的完善建议 (142)

第六章　知识产权法律制度 (145)
　　一　资助项目知识产权的世界立法趋势 (145)
　　二　代表国家的基金管理机构权利和义务 (148)
　　三　依托单位的权利和义务 (157)
　　四　研究人员的权利和义务 (168)
　　五　有待完善之处 (174)

第七章　科学伦理法律制度 (176)
　　一　备受瞩目的科学伦理问题 (177)
　　二　人类受试者保护的伦理制度概论 (179)
　　三　知情同意制度 (180)
　　四　行为制约制度 (184)
　　五　审查监督制度 (187)
　　六　救济处罚制度 (189)
　　七　建议和完善制度 (190)

第八章　法律责任法律制度 …………………………………（193）
　　一　严肃对待科学责任 …………………………………（194）
　　二　民事法律责任 ………………………………………（196）
　　三　行政法律责任 ………………………………………（198）
　　四　刑事法律责任 ………………………………………（201）
　　五　法律责任的思考和完善 ……………………………（203）
结语　法律制度的实现 ……………………………………（205）
　　一　法律制定与法律实效 ………………………………（205）
　　二　法律意识和法律行动 ………………………………（207）
　　三　法律遵守与法律执行 ………………………………（209）
　　四　法律监督与技术保障 ………………………………（211）
参考文献 ……………………………………………………（214）
后记 …………………………………………………………（219）

导 论

科学基金法制化的必然历程

1986年2月14日,国家自然科学基金委员会正式成立。经过四分之一世纪的探索和完善,科学基金已经成为中国支持基础研究的主要渠道之一。科学基金在中国基础研究的发展、科技人才的培养以及科研环境的营造等方面都发挥了重要的作用。科学基金制度这个借鉴西方科技发达国家模式而建立起来的科技管理奇葩,在中国经过二十多年的不断实践和发展,已经深深植根于中国的科技发展的实际,形成了独具中国特色的科学基金制度体系。其中中国特色社会主义科学基金法律制度无疑是特色科学制度体系的重要组成部分。无论是从世界各国科学基金组织的治理趋势而言,还是从我国政治文明演进历程而言,科学基金法制化都是一个必然的历史趋势。正如2012年5月,时任国务委员的刘延东同志在《国家自然科学基金条例》颁布实施五周年座谈会上指出的那样:"如何将建设创新型国家的战略部署与贯彻依法治国的基本方略有机统一,更好地保障科技进步与创新,是新时期科技工作的重要战略课题。"研究和探索科学基金法制问题,对于科学基金本身、科技立法以及科学事业的发展都具有重要的理论和实践意义。

一 缘起:科学与法律

科学与法律有着不解之缘。西方社会15、16世纪末出现的文艺复兴、宗教改革、罗马法复兴被称为"3R运动"①,这成为西方社会迈向

---

① 文艺复兴、宗教改革、罗马法复兴的总称。其英文是 Renaissance, Revival of the Rome Law, Religion reformation。因英文首字母都以 R 开头而得名。

现代化的重要标志。"3R 运动"为西方社会带来了理性主义、科学主义，使西方社会逐步摆脱宗教束缚，孕育了新兴的资本主义经济，这个过程中，科学和法律成为最为直接的衍生物，也成为最为有力的革除宗教等旧势力影响的武器。科学与法律在这个时期更多地担负着共同的历史使命——打破旧的社会文化秩序，两者之间的张力被这一共同的目标所掩盖了。随着20世纪以来，历史任务的消解，科学的飞速发展涌现出来的诸多问题，科学和法律之间在相辅相成之外又增加了许多需要弥合的冲突。因此，科学与法律的问题成为科技界和法律界都十分关心的热点，尤其在西方社会，科技的立法以及与科技有关的法律诉讼骤然增多。用法律的视角思考科技管理问题，以法律制度规范和促进科技行为成为一种趋势。

科学基金制这种孕育科学思想、激发科学热情、推动科技创新的制度供给，也无法绕过法律的话题。1950年美国国会通过了《美国科学基金法案》，至此世界上最有影响力的科学基金组织正式成立。半个多世纪以来，美国科学基金会在推动美国基础研究，确保美国科技水平的世界前沿地位等方面发挥了十分重要的作用。在此期间，《美国科学基金会法案》历经数次修改，不断通过立法的方式为美国科学基金制度的完善提供支撑。与此同时，二战后期，尤其是80年代之后，美国科学界科研不端行为频繁发生，科学伦理问题也不断涌现，联邦资金非法游说行为也经常出现，[①] 为此美国国会以及政府相应制定了一系列的法律法规，美国基金会也加大了对资助项目指南中限制以及禁止性要求的内容比重。德国、澳大利亚、日本、英国、加拿大等西方国家的科学基金制度的建立、发展和完善也都如出一辙似的和立法以及法律制度的进步密不可分。我国国家自然科学基金委员会于1986年成立，1993年的全国人民代表大会制定的《中华人民共和国科学技术进步法》中就明确对科学基金进行了规定。2007年国务院制定并公布了《国家自然科学基金条例》（以下简称《基金条例》），是一部专门规范和管理科学基金制度的行政法规。可见，世界各国科学基金的发展都与法律密不可分。

---

① ［美］达里尔·E. 楚宾等：《难有同行的科学》，谭文华、曾国屏译，北京大学出版社2011年版，第145页。

法律为何扮演了如此重要的角色呢？

　　第一，确权作用。科学基金组织的成立都需要通过法律法规予以确认，这是法治化时代背景下的必然选择。因此，法律在科学基金组织的产生过程中发挥了一种关键性的作用。法律法规不仅明确了各国科学基金组织的法律地位、法律目标、运行程序、机构以及人员构成的内容，重要的是立法具有极大的稳定性和权威性，确保了机构运行在科学界以及公众心中具有合法的、长期的预期。比如1950年美国科学基金会法案规定："国家科学基金的任务是推动科学的进步；促进国家的健康发展、繁荣和福利；保证国家安全及其他。"2001年澳大利亚研究理事会法案规定："ARC（即澳大利亚研究理事会的英文简称）及其首席执行官基本工作内容之一，是定期制定并向主管ARC的联邦政府部长提交战略性发展计划，就未来三年内ARC的机构发展及工作方向进行战略性规划，包括设定工作目标，确定优先事项、政策方针和战略部署及绩效评估指标，等等。在获得部长审批后，ARC的后续职责即是落实有关规划。"日本独立行政法日本学术振兴会法规定："日本学术振兴会通过为培养研究者提供资金，助成学术研究，促进学术上的国际交流，进行有关学术应用的研究等工作，以期达到振兴学术之目的。"我国《基金条例》明确规定："国家设立国家自然科学基金，用于资助《中华人民共和国科学技术进步法》规定的基础研究。……国务院自然科学基金管理机构负责管理国家自然科学基金，监督基金资助项目的实施。"通过立法的方式确立科学基金组织的地位、目的职责是科学基金立法的一个方面，另一方面就是确立科学基金管理的相对方，即科学技术人员的权利，确保广大科学技术人员的科学研究权利得到法律的保障。这点在《基金条例》中有明确的体现，比如《基金条例》中规定了科学技术人员的申请权、复审权、获得资助权等各方面的权利。在美国等国家的法律法规中也有类似的规定，这些科学研究权利通过立法的方式予以明确后有利于科学研究活动的顺利有序开展。

　　法律从来都不应当以牺牲社会环境的变化需求来盲目追求其自身的稳定性。科学基金的法律制度也在制度完善过程中不断调和稳定性与灵活性的关系，这又体现在科学基金的法律制度不断通过修改或修正的模式来反映社会生活的需求。比如美国科学基金会的法律案，从制定之初历经十余次修正,内容十分丰富,最近的两次修正是2002年与2007年,对计划执行、经费管理与跨学科等问题进一步作出了规定。而澳大利亚研究理事会法案根据本国科学政策的变化也经历了2006年的一次较大修改[①]。可见,法律在科学基金制度发展中不仅对于权力或权利的确认予以保障,还对权利或职权的变迁及时进行确认,以适应政治、社会环境的新变化,维持科学基金制度发展的生命力。

第二,价值平衡。正如美国法学家博登海默所言:"任何值得被称为法律制度的制度,必须关注某些超越特定社会结构和经济结构相对性的基本价值。"[②] 任何法律制度的背后都有一定的价值追求,科学基金法律制度也不例外。关注法律价值表征着对科学研究法律制度建设的思考进入了一个系统化、深入化和理性化过程。科学研究法律制度的价值可能有许多,但是自由、公正、秩序、效益是不可以回避的基本价值。法律制度的确立就是将这些基本价值理念通过成文法的方式向全社会公布并认可的过程。比如,《中华人民共和国科学技术进步法》第三条规定:"国家保障科学技术研究开发的自由,鼓励科学探索和技术创新,保护科学技术人员的合法权益。"这是法律对科学研究自由价值的确认和认可,这种自由主要包括科学研究选题自由权、科学研究行为自由权和科学研究成果公开自由权等方面。再比如,《科学技术进步法》第五十三条规定:"青年科学技术人员、少数民族科学技术人员、女性科学技术人员等在竞聘专业技术职务、参与科学技术评价、承担科学技术研究开发项目、接受继续教育等方面享有平等权利。"这是法律对科学研究中公正价值的确立,这体现为科学研究活动公正准入原则。一些科学研究活动,比如国家科技计划、自然科学基金等国家资助项目,需要具备一定的条件才可以申请从事这些活动。因此,只要科技人员满足了这

---

① 澳大利亚国家议会通过了针对2001年法案的修正案(No.87,2006)。此次修正的幅度较大。原法案第三部分"ARC董事会"全部被删除,该部分涉及董事会的"设立"、"职责"、"成员"、"会议"四个方面共22条(第8—29条)规定。另,原第四部分"委员会(committees)"改作"专任委员会(Designated committees)"。根据2006年修正案,ARC的组织结构发生了很大变化,原来"董事会"、"委员会"和"机构工作人员"三大主要构成部分在修正案出台后,改为由"首席执行官"、"专任委员会"及"ARC机构工作人员"三部分。

② [美]博登海默:《法理学:法律哲学与法律方法》,邓正来等译,作者致中文版前言,华夏出版社1987年版。

些设定条件应该获得平等的准入资格。但是，为了防止科学研究活动中出现对于年龄、性别、民族、残疾以及职业等方面的歧视性行为，对于这些特殊群体设定一定的扶植制度，以减少由于相关因素而形成的差异的影响。

科学研究法律制度的诸价值之间不可避免会存在相互冲突和对立的情况。因此，平衡各种法律价值之间的权重，缓解各种法律价值的紧张关系，消弭各种法律价值之间的张力成为科学基金法律制度构建和完善的关键问题。比如科学基金的同行评议制度所引发的民主和科学的价值张力问题。正如有学者指出的那样："同行评议很难与民主价值实现和谐，因为它是毫无顾忌地保密的、精英主义的和寡头政治的——正如科学本身一样。然而，我们的社会却将这种对于民主原则的一种并不轻松的例外当做是忠诚于寡头、专家、科学家的知识、智慧和公正性的行为。"[1] 再比如科学研究公正价值和效益价值也存在一定的冲突。追求科学研究公正法律价值必然涉及一个相对普适性的标准，平等的参与权、公平的信息权等，但是主体之间知识的分化和能力的差异，事实上在实现这种公正性时，影响了诸如效益这样的价值选择。比如，如果一味强调任何公民都具有申请国家科研项目的资格是公正的，那么许多申请者实施上根本不具备从事科研项目的能力，因此带来的是科研项目管理成本的增加，也会影响到科学研究的产出。因为国家科研项目本身对于专业性和职业性的要求很高，需要"剥夺"一部分公民的准入资格，这样才合乎科学研究的基本规律，而过分强调准入的平等事实上是一种不平等，公正成了阻碍效益的借口和托词。另一方面，效益的价值如果在科学研究法律制度中过于张显，那么"唯效益论"的倾向也会损害公正以及其他很多的价值。效益价值强调最优化的和最具效果的科研创新，在这个价值目标导向下，年龄、性别以及研究领域等先天形成的差距会因为制度倾向而无限放大，进而限制了公正、平等自由等价值理念的需求。同时效益价值往往具有短期性，如果只讲效益不注重公正，再高的效益经过一定发展后，必然会回落，甚至倒退。比如过分强调科学

---

[1] ［美］达里尔·E. 楚宾等：《难有同行的科学》，谭文华、曾国展译，北京大学出版社2011年版，第109页。

研究的社会效益，应用研究显然相比基础研究在短期内更加符合效益价值需求。但是从长期而言，基础研究会产生更大的效益。因此，忽视基础研究的投入往往最终会影响效益价值的追求。解决这些价值的冲突和张力都需要法律制度在反复权衡之后，形成一个相对平衡的、尽量兼顾各种价值诉求的一个合理性的制度供给。而这种价值平衡的作用，对于解决科学基金制度中一些错综复杂的问题，避免制度真空而带来的秩序混乱现象，推进科学基金以及科学研究的健康发展都具有重要意义。

第三，规范程序。没有公正的程序，就不会产生公正的结果；没有正义的程序，就不会产生正义的结果。程序正义是正义实现的基石。美国政治哲学家约翰·罗尔斯在构筑他的正义理论体系时，是以程序倾向为特色的。在他看来，公正的法治秩序是正义的基本要求，而法治取决于一定形式的正当过程，正当过程又主要通过程序来体现。罗尔斯在《正义论》一书中，把程序正义作为一个独立的范畴加以类型分析，并根据程序正义与实体正义的关系将程序正义分为三种，即纯粹的、完善的、不完善的程序正义。其中完善的程序公正（perfect procedural justice）颇具启发意义，其是指在程序之外存在着决定结果是否合乎正义的某种标准，且同时也存在着使满足这个标准的结果得以实现的程序这样的情况。在完善的程序公正的场合，虽然存在关于结果是否正当的独立标准，但是程序总是导致正当的结果。其典型事例是蛋糕均分问题，只要设定了切蛋糕的人最后领取自己应得的一份这样的程序，就能够保证均分结果的实现。公正的程序促使公正的结果最大限度产生，这就是程序公正的力量。

法律制度无疑是确保构建或者创造这种程序的最合适选择。法律制度所设定的程序具有公开性、普遍性、执行性以及修正性等鲜明特征，有利于程序的顺畅运行，进而有利于实体性目标的实现。因此，科学基金需要程序性法律制度，来规范程序的运行，提升管理的效益。比如《基金条例》共分7章、43条，包括总则、组织与规划、申请与评审、资助与实施、监督与管理、法律责任、附则。其主体部分主要按照科学基金项目从项目指南发布到结题验收全过程的程序性管理来架构的。《基金条例》在程序制度设计上充分保证了科学技术人员的平等参与权利、自主进行科学研究的权利、获得救济的权利，实现了科学基金管理中的公开、公平和公正的基本管理原则。《基金条例》在程序制度设计上最大限度地发挥依托单位在科学基金管理中的重要作用，通过依托单位的桥梁和纽带作用保障了科学基金的管理绩效。《基金条例》在程序制度设计上始终贯穿着依靠专家的基本理念，使专家在科学基金评审中的学术把关作用充分得以实现。

西方国家的科学基金法律制度中对于程序性要求更为细致和严格，比如美国国家科学基金会（NSF）的政策和指南，主要包括关于申请和资助的政策、程序指南（Proposal and Award Policies and Procedures Guide）、关于资助和合同规则（Grant and Agreement Conditions）等规定，其内容涵盖了美国国家科学基金会对于各类项目从申请到评审、从资助前管理到资助中后期管理的各个方面。英美国家的科学基金组织大部分通过这种准法律文件的规范，明确资助管理的程序性要求。澳大利亚研究理事会（ARC）的制定公布的各类相关规定，如一系列申请及资助的指南、格式合同书（Funding Agreement）等对资助经费的使用、研究行为的要求、知识产权、审计监督、研究报告、经费剩余、信息披露等资助管理的程序性要求都规定得十分详细。这些内容虽然不像政府规章那样具有强制性，但是由于合同的一方是ARC，这是一种典型的格式合同，合同中的许多内容都是在澳大利亚法律框架下作出的约定，仍起到了很强的程序规范作用。

第四，保障实效。法律是科学基金资助管理取得预期效益的重要保障。由于法律制度的公开性和普遍性，利于管理者和被管理者在资助管理的事前明确基本的管理规则，减少管理成本，防范管理漏洞，更重要的是法律制度一般都具有明确的法律责任规定，这有利于管理各方在事后明确责任，对于违反法律责任规定的情形，通过法律的强制力确保既定法律行为的实现。因此，严格和规范的法律责任制度，这对于防范和处理科学基金管理过程中的学术不端行为等违法行为起到一个很好的震慑和处罚的作用，确保法律制度的实施效果，进而达到实现科学基金资助管理目标的作用。比如美国国家科学基金会（NSF）在规制学术不端行为就通过设定专门的行政法规，即45CFR689[1]，对违法行为构成要

---

[1] 该法规的全称是Code of Federal Regulations, Title 45 Public Welfare, Part 689 Research misconduct，专门针对NSF资助管理中的不端行为的行政性法规。

件以及法律责任进行明确规定。这个法规包括十章,分别是学术不端行为的界定、NSF规制学术不端行为的基本职责和政策、学术不端行为的制裁方式、依托单位的职责、对学术不端行为举报的受理、调查程序、(因涉嫌不端行为)未决的申请或资助、临时行政行为、行政处理、行政复议等内容①。这些法律规定对于美国国家科学基金会处理学术不端行为提供了重要的法律依据和保障。

我国基金条例也单独设一章,明确了承担法律责任的主体、界定了违法行为的状态、设定了处罚的种类和幅度。在法律责任主体方面基金条例明确包括了"一个单位"和"五种人","一个单位"指的是依托单位,而"五种人"是指申请人(项目负责人)、参与者、评审专家、依托单位负责基金管理的工作人员、基金委工作人员。需要指出的是,申请人和项目负责人是同一主体在不同阶段的不同称谓。而依托单位和依托单位负责基金管理的工作人员是两类不同的主体。基金条例在征求意见过程中,有意见指出依托单位的负责基金管理工作的人员存在着到基金委"跑项目"问题,因此基金条例专门规定了这类人员的法律责任。在违法行为的界定上,一方面在实体内容上对应条例中规定的义务性规定,另一方面在形式上按照法律主体的不同进行规定。

由此可见,法律制度的保障功能对于科学基金资助管理的全程都十分必要,也有力地促进了科学基金管理的高效、有序和持续性发展。这种保障性功能还体现在信息公开、科学伦理、知识产权等各项法律制度之中,这为科学基金资助管理提供了一个系统的、全方位的、深层次的法律保障体系。

二 内容:思路和框架

我国的科学基金的起步虽然较西方国家晚将近半个世纪,但是却取得了令世界瞩目的成绩。在2010年科学基金开展的科学基金资助与管理绩效国际评估报告中指出:"科学基金在中国的国家创新体系中发挥

---

① 韩宇等:《美国国家科学基金会对学术不端行为的法律规制》,《中国基础科学》2009年第6期。

了独特而关键的作用,是国家层面资助自由选题研究的唯一渠道,并在基础研究领域培养了人才,促进了学科发展。……科学基金努力追求促进学科发展的目标,在资助并促进许多学科建立中发挥了引领作用。自上而下的方式意味着科学基金在新兴领域积累了前期研究基础,这些新兴领域后来成了国家的优先领域,同时还使科学基金能对突发事件做出快速反应,如SARS和禽流感。"[1] 科学基金取得如此辉煌的成绩和科学基金的法制保障密不可分,科学基金法制工作的重要实践成果就是初步建成了具有中国特色的社会主义科学基金法律体系,其在科学基金的组织建构、资助管理以及经费、监督保障等方面发挥了重要作用。因此,本书试图系统分析中国特色科学基金法律制度的主要内涵,以制度内容解析和历史演进为重要的视角,全方位、多维度、深层次解读中国特色社会主义科学基金法律制度。

中国特色社会主义科学基金法律制度是伴随着科学基金的产生和发展而逐渐形成,经历了萌芽期、发展期和形成期三个历史阶段。

第一,萌芽期。萌芽期是指1986年国家自然科学基金委成立之初到2002年,这十几年的科学基金法制工作经历了不断学习国外法律制度经验,不断积累科学基金法制工作经验,不断探索符合中国科学土壤实际的法制道路。从法制的发展模式而言,这个阶段属于社会演进型[2]的发展,政府在这个阶段并不急于创立刚性的制度,法律制度都是根据科学基金管理的实际逐步产生和完善的。而且这个历史阶段,科学基金法律制度发展还不系统,并没有一个整体的体系构建,法律制度的建立往往很分散,这符合法律制度建立早期发展的特征和规律。而且此时国家层面也缺乏比较系统的规范科学基金的法律法规,只是1993年颁布实施的科学技术进步法中对科学基金有一条的规范[3],仅仅相当于一种确权的法律宣示,还无法构成对科学基金形成系统法律体系的支撑。

第二,发展期。发展期是指2002—2007年。2002年国家自然科学

---

[1] 参见《科学基金资助与管理绩效国际评估报告》(内部资料),2011年6月,第3页。
[2] 参见蒋立山《中国法治道路问题讨论》,《中外法学》1998年第4期。
[3] 1993年颁布实施的《中华人民共和国科学技术进步法》第二十九条规定:国家建立自然科学基金,按照专家评议、择优支持的原则,资助基础研究和应用基础研究。国家支持优秀青年的科学研究活动,在自然科学基金中设立青年科学基金。

基金委颁布实施了《国家自然科学基金项目管理规定》等一系列的部门规章，此时科学基金法制工作在十几年的摸索和积累的基础上，已经形成开始系统思考科学基金管理中所面临的法律问题，这包括组织结构、程序管理、学术不端应对等热点和难点问题。在此期间先后颁布了《国家自然科学基金委员会章程》《国家自然科学基金委员会监督委员会对科学基金资助工作中不端行为的处理办法（试行）》等比较有影响的部门规章。尤为重要的是，国家自然科学基金委员会在这个阶段已经向国务院提出行政法规的立法建议。这既是法律制度体系完善的必然趋势，也是顺应了科学共同体的立法需求。科技界一直呼吁通过制定科学技术基金法把这一成功实践经验确立下来。1988年起，著名科学家师昌绪院士向七届人大一次会议提出"制定科学技术基金法"的议案。1994年卢嘉锡副委员长向八届人大二次会议提出"制定《科学技术进步法》配套法律—科学技术基金法"的议案。1998年、2003年、2005年又有孔繁超、李主其、达建文等人大代表分别向九届及十届人大会议提出议案，要求制定"科学技术基金法"、"国家自然科学基金法"、"国家基金法"的议案。2003年底，国务院法制办（以下简称法制办）将"国家自然科学基金管理条例"列入行政法规5年立法规划，并要求基金委向国务院报送《国家自然科学基金管理条例（送审稿）》。此条例列入2005年立法计划"二档"件，连续列入2006年和2007年国务院立法计划"一档"件。可以说，这段时期的科学基金法制工作得到了长足的发展，法治模式已经趋向一种政府推进型的模式发展。作为政府的基金管理部门，国家自然科学基金委更加主动地将计划、经验、历史和需求紧密统一起来，以更加开放的立法姿态，开始有意识地系统思考科学基金法律体系构建的问题。同时已经意识到把自身的制度建设适时地镶嵌在整个国家法治环境中的问题。

第三，形成期。这主要是指2007年《国家自然科学基金条例》颁布实施以来的法制建设。《基金条例》的颁布实施对于科学基金的法制体系建立以及科学基金工作都是一件具有里程碑意义的大事。正如时任国家自然科学基金委主任陈宜瑜所言："《基金条例》的公布施行，完善了我国科技法律体系，为我国基础研究的发展提供了重要的制度保障，也有力地推动了科学基金管理法制化进程。最大限度保障了优秀基础研究项目获得资助,最大限度地保障了优秀基础研究人才得到培养,最大限度地保障了和谐基础研究创新环境得以营造。"[1] 尤为重要的是,国家自然科学基金委以基金条例为依据,认真梳理管理规章,进一步明确了规章体系建设的总体规划。2008年初,发布了《国家自然科学基金委员会部门规章体系方案》,形成了包括组织管理规章、程序管理规章、经费管理规章和监督保障规章等四个有机部分,由36部规章组成的部门规章体系方案。当年的党组扩大会议上,形成了包括政务工作,资助与项目管理工作,人事工作,机关、党的建设与廉政工作四个大类,65部内部规章组成的内部规章体系。与此同时,在这个阶段,科学基金法律制度在形成自身独特的体系之外,还对国家科学技术法律制度的完善发挥了重要作用。比如基金条例的颁布实施扩大了法律对于科学技术问题的调整范围,促进了我国科技法律体系建设。我国目前已经形成了以《中华人民共和国科学技术进步法》为核心,内容多样的科学技术法律法规体系。《基金条例》以专门行政法规的形式将《中华人民共和国科学技术进步法》中对于自然科学基金的规定具体化,也使法律和行政法规两种渊源在我国科学技术法律体系内部保持了很好的协调性和一致性。此外2007年《中华人民共和国科学技术进步法》修订时,《基金条例》中的同行评议、原始记录等制度都被写入新的法律中。

可见,《基金条例》的颁布实施以及规章体系的建立,标志着中国特色社会主义科学基金体系的初步形成。科学基金的法制进程步入了系统化、深入化和广泛化的发展阶段。就法治模式而言,很好地兼顾了政府推进型和社会演进型的发展模式,一个充满生机和活力的中国特色社会主义科学基金法律体系正在不断走向完善。

深入剖析中国特色社会主义科学基金法律体系的内容是本书的重点。从法律位阶而言,中国特色社会主义科学基金制度包括法律、行政法规、部门规章以及规范性文件等各个位阶的法律规范。在法律层面主要是《中华人民共和科学技术进步法》为核心的科技法律,其中的宏观管理、知识产权等内容属于科学基金法律体系中的原则性和指导下要

---

[1] 陈宜瑜:《构建科学基金工作的法律路径》,《瞭望》2012年6月25日。

求，因为我国目前还没有专门的科学基金法，所以以上的法律就是科学基金法律体系中重要的法律位阶上的渊源。在行政法规层面是《国家自然科学基金条例》，它是科学基金法律体系的核心法规，科学基金体系中重要制度内核都来源于它的规定。在部门规章层面主要是基金委制定的一系列的规章，这是最具操作性和实践性的落实有关法律法规的法律制度。此外基金委以及相关部委制定的规范性文件也是科学基金法律体系的重要来源，在一定程度上，可以起到补充和完善科学基金法律体系的功能。

从内容结构而言，中国特色社会主义科学基金法律制度包括组织法律制度、程序法律制度和保障法律制度三个逻辑上紧密相关的组成部分。从世界各国的科学基金法律制度来看，这种三部分内容划分的思维模式具有很大的包容性和涵盖性。而这种逻辑结构的划分并不一定在各个位阶的科学基金规范体系中都完全一一对应。比如《基金条例》属于一部法规，但是在逻辑内容上也包括组织结构内容（第六条）、程序管理内容（第二章至第四章）以及保障措施内容（第五章部分内容）。再比如国家自然科学基金委员的部门规章体系包括组织管理规章、程序管理规章、经费管理规章和监督保障规章等四个有机组成部分，共计36部规章。组织管理规章重点规范科学基金管理工作中各类组织的法律地位、管理职权、组织方式和管理体制。包括：《国家自然科学基金委员会章程》、《国家自然科学基金委员会监督委员会章程》等规章。程序管理规章根据资助格局分为研究项目系列规章、人才项目系列规章、环境条件项目系列规章三个部分。主要规范各类项目申请与受理程序、评审程序、实施程序等，突出各个项目管理中的特殊内容，如申请条件、限项规定、评审要求等，明确有关主体权利义务。具体包括《国家自然科学基金面上项目管理办法》等22部规章。经费管理规章主要是根据国家财政部门的有关规定，对科学基金资助项目经费的使用进行规范，确保科研经费的有效管理。包括《国家自然科学基金项目资助经费管理办法》等规章。监督保障规章主要根据国家的相关法律法规的要求，主要规范资助项目监督管理、信息公开、权利救济、回避与保密以及研究成果管理等工作。包括《国家自然科学基金项目学术不端行为处理办法》、《国家自然科学基金委员会信息公开管理办法》等规章。其中组织管理规章、程序管理规章分别对应组织法律制度和程序法律制度，而经费管理规章和监督保障规章共同构成了保障法律制度。因此，在逻辑上部门规章体系依然符合上述的三部分划分的基本模式。

本书正是沿着中国特色社会主义科学基金法律制度的"组织、程序、保障"的逻辑内容展开论述的。第一章主要是关于科学基金管理机构的组织法律制度的内容，从宏观组织制度、中观组织制度和微观组织制度三个层面明确了基金管理组织与国家相关部门的科学基金资助项目权限划分、依托单位以及评审专家的组织管理，规范了决策制度、战略规划和咨询制度、项目管理制度、年度报告制度、绩效评估制度等组织管理制度，规定了科学基金内部组织机构分工、工作人员的激励与约束制度等内容。第二章是针对依托单位的组织管理进行深入论述，重点对依托单位的准入与退出制度、依托单位项目申请管理制度、依托单位项目实施管理和监督制度等内容进行了分析和研究。第三章是关于评审专家的组织管理分析。结合国内外的评审法律制度，阐述了科学基金管理中评审专家遴选制度、评审行为的管理制度、评审行为的监督制度，尤其对评审专家的评估、社会监督、评审权利的保障等内容展开了深入剖析。第四章主要针对资助项目的管理法律制度进行分析，在"广义的资助管理观"的基础上，着重分析了申请制度、评审制度、项目计划书制度、项目变更制度、项目抽查制度、项目结题制度、知识产权制度、复审制度、回避制度等九个方面项目资助管理的法律制度。第五章则针对科学基金管理中的科研诚信问题进行专门论述，总结了世界各国科研诚信立法的基本模式，分析了科学基金科研诚信立法的历史严格，剖析了科学基金科研诚信中对科学道德的倡导以及对学术不端行为进行处罚的具体法律制度，并在此基础上提出了应对科研诚信、确保法律法规实效的具体对策和措施。第六章以科学基金资助项目中专利权为切入点对知识产权法律制度进行概论。围绕着专利权的归属和使用的问题，以权利主体为理路来分析国家资助机构、依托单位和科学技术人员的权利表现形式，以及应当履行的基本法律义务等内容，尤其在比较国外科学基金组织的相关法律制度的基础上对我国科学基金知识产权制度提出了制度构建建议。第七章以人类受试者保护制度为视角，分析了科学基金资助项目的科学伦理法律制度。从知情同意制度、行为制约制度、审查监督制度和救济处罚制度等四个方面系统分析介绍了国外科学伦理法律制度的特征和主要内容，并结合中国科学基金法律制度的实际提出了制度完善的建议。第八章论述了科学基金资助过程中的法律责任问题。立足在中国目前的法律制度框架下，比较分析国外相关法律制度的基础上，对科学基金资助过程中可能产生的民事责任、行政责任以及刑事责任的表现形式、实现方式等内容进行了系统论述。

三　路径：本土和移植

中国特色社会主义科学基金法律体系是一个开放的制度空间，需要不断汲取国内外合理的制度给养来不断充实和完善自身。因此，本书在研究中国特色社会主义科学基金法律体系过程中始终注意沿着一种开放的路径展开。其中最为关键的两个制度给养就是国外科学基金法律制度的移植以及国内科学基金管理的实践，两者尽管存在很多可以融通之处，但也存在一定的冲突和不协调，这就面临着国外制度和国内实践的选择问题。而我国科学基金的法律制度能够称得上是具有中国特色的社会主义科学基金法律体系，无疑本土实践的需求和积累是根本性的。因此，本书在制度分析和梳理上仍然以国内科学基金制度实践为立足点，紧密围绕《国家自然科学基金条例》等一系列的科学基金法规规章，同时科学分析和合理借鉴国外的科学基金法律制度，尤其是美国科学基金会等科学基金法制比较健全国家的法律制度，对于进一步完善中国特色社会主义科学基金法律体制具有十分重要的借鉴意义。

正如时任国家自然科学基金委员会主任的陈宜瑜院士所言："理解中国特色科学基金制，必须抓住社会主义初级阶段这个根本立足点，不能照抄照搬发达国家的模式。"所以，中国特色的社会主义科学基金法律体系首先应当是中国的，其次还应当体现自己的特色。所谓中国特色，就必须建立在中国的国情之下，建立在中国独特的文化氛围之下来构建和完善这个法律体系。中国仍处于并将长期处于社会主义初级阶段，这是我国的基本国情。虽然中国的 GDP 总量已达到世界第二位，但人均 GDP 仍不到 5000 美元，在经济、科技上仍处于欠发达的状态。根据统计数据，2007 年起，中国已经成为仅次于美国的科学论文产出最多的国家,但中国学者的论文质量仍低于世界平均水平[①]。其中在顶尖刊物上发表的论文数量虽然排在世界第九位,但绝对数量只有美国的四分之一,在引用率上差距更大。这些数据反映了中国仍处于社会主义初级阶段的基本国情。社会主义初级阶段的基本国情,从根本上决定了科学基金制所处的历史方位和历史使命,从根本上决定了发展和完善中国特色科学基金制是一个长期的、复杂的、艰巨的过程。因此,科学基金法律体系就必须时刻满足中国特殊社会历史时期需求为基本目标,我们在人才培养和学科发展等方面还存在着与西方发达国家较为明显的差距,科学基金服务于经济和社会发展的功能还有待进一步提升等等,这些都是科学基金法律体系建设过程中必须面对和解决的问题。

同时我们也看到,科学基金法律制度构建的许多制度和西方科学基金制还存在许多可以分享之处,比如项目指南制度、同行评议制度、科研诚信、科学伦理,等等。毕竟在资助基础研究项目这个问题上,中外的科学基金制度有很多可以对话和交流的空间。因此,本书中在很多制度分析和论述上都涉及了国外相关制度的介绍、比较和借鉴的内容,其目的在于以一种更加开放的思路来审视中国特色的社会主义科学基金法律体系,以更加丰富的制度资源来促进中国特色社会主义科学基金法律体系的完善和发展。

需要指出的是,本书中许多制度的分析和论述是建立在作者主观分析框架的基础上展开的,这不可避免地会带来一些价值争议问题。尽管我们尽量采用一种价值中立的态度来展开论述,但是制度的建立都不可避免会打上价值的烙印。还有一些法律制度在目前中国的法制制度环境下处于起步阶段,比如科学伦理以及资助项目的知识产权等问题,因此,本书尽量去提出一些建构性的设想,这又难免带有非制度语境下谈制度的嫌疑。希望这些问题不会成为我们和读者在理解和分析中国特色社会主义科学基金法律体系这个问题上的障碍。

[①] 参见汤森路透公司提供的1986—2009年中国论文的相对影响力图,《科学基金资助与管理绩效国际评估报告》(内部资料),2011年6月,第18页。

第一章

科学组织法律制度

国家通过设立政府资助机构来资助科学研究活动是二战后期科学发展的重要特征。尤其是国家设立资助机构支持基础研究，更成为战后各国发展科学技术的重要手段，典型的代表是美国。1945年科学政策学者万尼瓦尔·布什出版了《科学：无止境的前沿》一书，这成为美国科学基金会成立的一个重要理论支撑。1950年美国国会通过《国家基金会法案》，标志着美国国家科学基金会（NSF）正式成立。数据显示，美国国家科学基金会在促进美国科学技术发展方面发挥了不可替代的作用。在此之后，英国、加拿大、日本、澳大利亚、中国等国家先后成立了自己的科学基金组织，成为国家支持本国基础研究的主渠道。这些科学基金组织的成立从一个角度而言，显示了世界各个国家对于基础研究在科学技术水平发展重要性的高度重视，从另外一个角度而言，也凸显了政府对于科学共同体自治的适度干预和管理。

一 设立国家资助机构的大势所趋

从世界各国的科学基金组织来看，组织法律制度是基础性制度。许多国家都是通过事先立法的方式，确立科学基金组织的法律地位。比如美国的1950年《国家科学基金会法案》，澳大利亚2001年《研究理事会法案》，日本的《学术振兴会法》，而且这些法律的法律位阶较高，都属于国会立法。就规范内容来看，都是相对宏观的组织管理制度，很少涉及具体的资助项目管理，一般会通过立法授权的方式要求政府或者基金组织制定具体的资助管理制度。就法律的稳定性而言，这些法案大多通过修正案的方式不断完善基本内容，比如美国基金会的修正案对于资助项目类型进行授权、澳大利亚的修正案对决策机构进行调整等，都反映了各个国家在确保组织管理制度整体稳定情况下，不断适应社会经济发展作出的制度变革。

我国在基础研究领域实行科学基金制，最初是由中国科学院科学基金委员会具体负责，亦称中国科学院科学基金。随着科学基金制的不断发展、完善，科学基金制的优势越来越明显，在科技领域的影响越来越大。国务院科技领导小组办公室、原国家科委、原国家计委等部门对中国科学院科学基金的作用曾给予充分肯定，认为科学基金制对弥补国家科技计划的不足、挖掘科研潜力、促进科学事业发展起到了积极的作用；国家应当成立管理科学基金的机构，独立于各部门，受国家委托独立开展工作。1985年3月13日，中共中央发布《关于科学技术体制改革的决定》，指出：对基础研究和部分应用研究工作，应逐步试行科学基金制。设立国家自然科学基金委员会和其他科学技术基金会，面向社会，接受各方面申请，组织同行评议，择优支持。该决定为成立国家自然科学基金委员会奠定了基础。1986年2月14日，国务院发布《关于成立国家自然科学基金委员会的通知》，该通知确定了国家自然科学基金委员会的任务，即根据国家发展科学技术方针、政策和规划，有效地运用科学基金，指导、协调和资助基础研究和部分应用研究工作，发现和培养人才，促进科学技术、经济和社会发展。[①] 2005年基金委制定并

[①] 明确了基金委的主要职责包括：一是，根据国家科学技术发展规划，制定和发布基础研究和部分应用研究项目指南，受理课题申请，组织同行评议，择优资助。二是，接受委托，对国家的基础研究和应用研究方面的重大问题提供咨询。三是，支持其他面向全国的科学基金会的工作，并在课题安排上给予协调和指导。四是，同其他国家的科学基金会和有关学术组织建立联系并开展国际合作。随着形势的发展，国家自然科学基金委员会的工作职责也有所变化。2000年12月27日，国务院办公厅发布了"国家自然科学基金委员会职能配置、内设机构和人员编制规定"，该规定将国家自然科学基金委员会定位为管理国家自然科学基金的国务院直属事业单位，其主要职责包括：一是，根据国家发展科学技术的方针、政策和规划，按照与社会主义市场经济体制相适应的自然科学基金制运作方式，运用国家财政投入的自然科学基金，资助自然科学基础研究和部分应用研究，发现和培养科技人才，发挥自然科学基金的导向和协调作用，促进科学技术进步和经济、社会发展。二是，负责国家自然科学基金管理。制定和发布基础研究和部分应用研究指南，受理课题申请，组织专家评审，择优资助，着力营造有利于创新的研究环境。三是，协同科学技术部拟定国家基础研究的方针、政策和发展规划。接受委托，对国家高科技、应用研究方面的重大问题提供咨询并承担相关任务。四是，支持国内其他自然科学基金的工作。五是，同外国的政府科技管理部门、科学基金会及有关学术组织建立联系并开展国际合作。

公布了《国家自然科学基金委员会章程》，明确规定了科学基金的领导体制、管理机构、资助管理、财务与资产管理、人员管理、监督以及国际合作交流等内容。2007年公布的《国家自然科学基金条例》进一步明确了基金管理的宏观体制、具体管理制度等组织法内容。2009年基金委制定了《国家自然科学基金委工作人员职业道德和行为规范》明确了工作人员的基本道德和行为准则，进一步丰富和完善了科学基金组织管理制度。

二 组织法律制度的逻辑结构和法律关系

根据科学基金相关的法规规章，科学基金组织法律制度包括宏观组织制度、中观组织制度和微观组织制度三个层面。宏观组织制度主要是科学基金组织与相关外部法律组织的在组织和管理科学基金上形成的法律制度，包括科学基金组织与国家相关部委、依托单位、地方科技机构、捐赠人等相关主体产生的法律关系，形成的法律活动。中观组织制度主要是科学基金组织在管理科学基金活动时组织内部形成的具有全局意义的法律制度，即科学基金内部管理的主要制度包括决策制度、战略规划和咨询制度、项目管理制度[①]、年度报告制度、绩效评估制度等方面。微观组织制度主要是科学基金组织内部的分工和人员管理等具体的法律制度，包括组织机构分工、工作人员的激励与约束制度等内容。

自然科学基金资助工作是一项系统工程。除了涉及基金资助项目申请的受理、评审、资助、实施外，还涉及基金资助经费的拨付、使用、审计与监督等工作。因此，作为国家自然科学基金资助工作基金管理机构的国家自然科学基金委就会与相关的法律主体在宏观上产生一定的法律关系，包括与国家相关部委、依托单位以及社会捐助者等方面。《国家自然科学基金条例》对此进行了分类规范，对与基金资助、管理工作相关的机构或者行政机关的职能分工进行了规定。

一是科学技术部。《基金条例》第六条规定："国务院科技主管部

---

① 由于项目管理制度本书将设专章进行论述，因此本章将不作论述。

门对国家自然科学基金工作依法进行宏观管理和统筹协调。"中央财政通过科学基金制方式对基础研究实施资助，是全国科技工作的重要组成部分。《中华人民共和国科学技术进步法》对国务院科学技术主管部门在促进科技进步中的作用进行了明确要求，而科学技术部的"三定方案"[①]中也明确了其基本法律地位，因此，科学技术部对国家自然科学基金工作负有宏观管理和统筹协调的职责。国务院科技主管部门组织制定的国家科技发展的宏观战略和科技促进经济与社会发展的方针、政策、法规等重大决策，无疑对国家自然科学基金资助工作具有指导意义。同时，国务院科技主管部门有责任协调国家自然科学基金资助工作与国家相关科技计划之间的问题，以保证国家总体科技发展战略和计划的有效实施。

二是财政部。《基金条例》在第三条、第六条以及第二十二条中分别就财政部在自然科学基金项目资助管理中的职责进行了明确界定。第六条规定：国务院财政部门对国家自然科学基金的预算、财务进行管理和监督。该规定具体体现在：第三条第二款规定，国务院财政部门应当将国家自然科学基金的经费列入预算；第二十二条规定，国务院财政部门对基金管理机构申请基金资助项目的预算拨款进行审核、批准，同时，与基金管理机构共同制定基金资助经费使用与管理的具体办法。这符合财政部的基本职责规定[②]，也符合

[①] 根据《国务院关于机构设置的通知》（国发〔1998〕5号）的规定，科学技术部是主管科技工作的国务院组成部门，其主要职责包括：一是，研究提出科技发展的宏观战略和科技促进经济社会发展的方针、政策、法规；研究科技促进经济社会发展的重大问题；研究确定科技发展的重大布局和优先领域；推动国家科技创新体系建设，提高国家科技创新能力。二是，组织编制全国民用科学技术发展的中长期规划和年度计划。三是，研究提出科技体制改革的方针、政策和措施；推动建立适应社会主义市场经济和科技自身发展规律的科技创新体制和科技创新机制；指导部门、地方科技体制改革。四是，研究多渠道增加科技投入的措施；优化科技资源的配置；负责归口管理的科学事业费、科技"三项费"和科技外事经费等有关费用的预、决算。五是，研究制订加强基础性研究、高新技术发展的政策措施；负责重大基础性研究计划、高技术研究发展计划、科技攻关计划、科技创新工程和社会发展科技计划的制定与组织实施。

[②] 《国务院关于机构设置的通知》（国发〔1998〕5号）的规定，财政部是国务院主管财政收支、财税政策、国有资本金基础工作的宏观调控部门，其主要职责包括：一是编制年度中央预决算草案并组织执行；二是管理中央财政公共支出。

国家有关法律规定的要求[1]，财政部对国家自然科学基金的预算、财务负有管理和监督职责。实践中，财政部会同国家自然科学基金委员会先后制定了三个部门规章，分别是：《国家自然科学基金项目资助经费管理办法》《国家杰出青年科学基金项目资助经费管理办法》《国家基础科学人才培养基金项目资助经费管理办法》。

三是审计机关。《基金条例》规定了审计机关的职责，"审计机关依法对国家自然科学基金的使用和管理进行监督"。依照《中华人民共和国审计法》第二条规定，国家实行审计监督制度，国务院和县级以上人民政府设立审计机关；审计机关对国务院各部门和地方各级人民政府及其各部门的财政收支、国有金融机构和企业事业组织的财务收支等进行审计监督[2]。国家自然科学基金是中央财政拨款的财政性资金。因此，依照《中华人民共和国审计法》的规定，审计机关负有监督职责。负有审计职责的不仅是国务院审计机关，还包括地方各级审计机关。根据《国务院关于机构设置的通知》（国发〔1998〕5号）规定国家审计署[3]为国务院审计机关，而自然科学基金的使用者不限于上述范围，所以按照职权划分国务院审计机关即国家审计署不能对所有科学基金进行审计，仅能够对属于国务院部门直属的依托单位使用国家自然科学基金的情况进行审计；而属于地方各级人民政府直属的依托单位使用国家自然科学基金的情况，应当由地方各级人民政府审计机关负责审计。

---

[1] 依照《中华人民共和国预算法》第十六条的规定，国务院财政部门具体编制中央预算、决算草案，具体组织中央和地方预算的执行；第七十一条规定，各级政府财政部门负责监督检查本级各部门及其所属各单位预算的执行，并向本级政府和上一级政府财政部门报告预算执行情况。依照《中华人民共和国会计法》第七条第一款的规定，国务院财政部门主管全国的会计工作；第三十二条规定，财政部门对各单位的会计账簿、凭证、会计核算、财务会计报告等实施监督。依照《事业单位财务规则》第十七条的规定，事业单位从财政部门和主管部门取得的有指定项目和用途并且要求单独核算的专项资金，应当按照要求定期向财政部门和主管部门报送专项资金使用情况；项目完成后，应当报送专项资金支出决算和使用效果的书面报告，接受财政部门或者主管部门的检查和验收。此外，依照《财政违法行为处罚处分条例》第二条规定，财政部门在其职责范围内，依法对财政违法行为作出处理、处罚决定。

[2] 《中华人民共和国审计法》第二十四条规定，审计机关对政府部门管理的和社会团体受政府委托管理的社会保障基金、社会捐赠资金以及其他有关基金、资金的财务收支，进行审计监督。

[3] 其主要职责包括：依照《中华人民共和国审计法》规定，直接对国务院部门管理的和受国务院委托由社会团体管理的社会保障基金、环境保护资金、社会捐赠资金以及其他有关基金、资金的财务收支进行审计监督。

四是依托单位。按照我国现行体制的规定，在基金工作中作为依托单位的高等学校、科学研究机构以及其他从事基础研究的公益性机构，在行政管理上分别隶属于各级政府的教育、科技、卫生等相关部门，与基金管理机构没有行政隶属关系。由于依托单位在基金工作中扮演着十分重要的角色，基金工作的一些具体要求需要通过依托单位予以落实，因此，条例应当明确基金管理机构与依托单位之间的法律关系，以便于基金管理工作的正常开展。因此《基金条例》规定，基金管理机构对依托单位的基金管理工作进行指导、监督。该规定明确了基金管理机构和依托单位之间的法律关系为在特定范围内的指导与被指导、监督与被监督的关系。《基金条例》在依托单位的制度设计上包括逻辑上紧密相连的三个层面：依托单位准入制度、依托单位职责制度和依托单位责任制度。特定范围是指依托单位的基金资助管理工作，包括基金资助项目的申请、实施、结题等全过程的管理工作。实践中，国家自然科学基金委通过科学基金管理工作会议、依托单位联络网会议等形式，对依托单位基金管理工作提出具体要求，对国家自然科学基金管理工作人员进行业务培训，以提高管理工作水平。

五是捐赠机构或个人。《基金条例》规定，国家鼓励自然人、法人或者其他组织向国家自然科学基金捐资。因为随着人民物质生活水平的提高，许多人愿意通过做一些公益活动回馈社会、报答社会，而向公益事业捐赠就成为一项重要的公益活动。1999年6月28日，第九届全国人民代表大会常务委员会第十次会议通过了《中华人民共和国公益事业捐赠法》，依照该法第三条的规定，"公益事业是指非营利的下列事项：（一）救助灾害、救济贫困、扶助残疾人等困难的社会群体和个人的活动；（二）教育、科学、文化、卫生、体育事业；（三）环境保护、社会公共设施建设；（四）促进社会发展和进步的其他社会公共和福利事业"。基础研究是科学研究的组成部分，属于科学事业。因此，基础研究也属于公益事业。依照《中华人民共和国公益事业捐赠法》的规定，任何公民、法人或者其他组织都可以向国家自然科学基金捐资，用于资助基础研究。因此，基金管理机构在捐助个人和机构之间就产生了一种法律关系。

三 科学基金决策制度

国家设立基金管理机构,其主要任务是对满足法定条件的基金资助项目申请予以资助,而对哪些申请项目予以资助则是基金管理机构必须要解决的问题。这也是科学基金决策制度需要解决的核心问题。《基金条例》第五条规定:"确定国家自然科学基金资助项目(以下简称基金资助项目),应当充分发挥专家的作用,采取宏观引导、自主申请、平等竞争、同行评审、择优支持的机制。"同时《基金条例》第十七条规定:"基金管理机构根据本条例的规定和专家提出的评审意见,决定予以资助的研究项目。基金管理机构不得以与评审专家有不同的学术观点为由否定专家的评审意见。"从这两条的规定来看,《基金条例》确立了科学基金的基本决策制度为评审专家科学决策和基金管理机构行政决策的两级决策制度。行政决策时建立在科学决策的基础上,行政决策不能非法擅自否定科学决策。一是科学决策。通过科学基金制资助基础研究,有一套严格的评审制度,让专家把学术关,让专家审查申请基金资助的研究项目是否具有科学价值、是否具有创新性、是否具有积极的社会影响、是否具有可行性和发展前景。这不同于行政机关通过行政命令向下级单位拨付行政经费。为了发挥专家的作用,《基金条例》要求基金管理机构在受理申请人的基金资助申请后,应当首先聘请专家进行通信评审,再组织专家进行会议评审。此外,考虑到基金资助工作与基础研究密切相关,从事基金资助工作的人员也必须了解相应领域的基础研究情况。因此,在许多国家,几乎所有从事科学基金资助工作的人员往往也是所资助研究领域的专家。二是行政决策。科学基金的行政决策采用的是全体委员会等一系列会议的民主决策制度。《国家自然科学基金委员会章程》第七条、第八条规定:国家自然科学基金委员会设委员二十五名。委员由来自高等学校、研究机构、政府部门和企业等方面的科学家、工程技术专家和管理专家担任,实行任期制,每届任期五年。国家自然科学基金委员会主任和副主任为当然委员,其他委员由主任提名,报国务院审批。国家自然科学基金委员会设立全体委员会议、委务会议、主任办公会议和秘书长办公会议。此外《章程》还对各类会议的具体职责做出了明确规定①，这些会议制度确保了科学基金项目的宏观规划以及微观管理的决策。这两种决策制度又集中体现在"依靠专家、宏观引导、自主申请、平等竞争、同行评审、择优支持"的基金资助工作运行机制上。"依靠专家"确定基金资助项目是自然科学基金成立以来一直遵循的原则，而"宏观引导、自主申请、平等竞争、同行评审、择优支持"则是自然科学基金资助工作经过20余年的不断探索而逐步形成的良好机制。

四　科学基金战略规划制度

基金发展规划是一定时期内自然科学基金资助和发展的总纲领，是基金管理机构面向未来对科学基金工作做出的长远性、全局性的规划，一般包括发展目标与战略、发展重点与主要任务、优先发展领域、支撑与保障措施等方面的内容。世界各国科学基金组织普遍通过制定发展规划来加强基金管理，规划的期限一般为5年，有的还规定每间隔一定年限更新一次。《基金条例》第七条明确规定：

"基金管理机构应当根据国民经济和社会发展规划、科学技术发展规划以及科学技术发展状况，制定基金发展规划和年度基金项目指南。基金发展规划应当明确优先发展的领域，年度基金项目指南应当规定优先支持的项目范围。国家自然科学基金应当设立专项资金，用于培养青年科学技术人才。"

---

① 第九条：全委会由全体委员组成，由主任或主任委托的副主任主持。全委会对国家自然科学基金委员会的工作进行审议、监督和咨询。全委会每年至少举行一次，三分之二以上委员出席为有效。提请全委会审议的事项须表决形成决议，由全体委员的过半数通过。遇有重要事项，主任有权召开全委会。全委会的职责是：（一）研究贯彻国家发展科学技术方针政策的重要举措；（二）审议国家自然科学基金委员会年度工作报告；（三）审议国家自然科学基金发展规划与年度计划；（四）审议国家自然科学基金委员会年度财务工作报告；（五）审议国家自然科学基金委员会监督委员会工作报告；（六）审议国家自然科学基金委员会章程及其修正案；（七）讨论其他重要事项。第十条：委员会议由主任、副主任、秘书长、副秘书长、办公室主任组成，主任或主任委托的副主任主持。委务会议一般每月召开一次，三分之二以上成员出席为有效。委务会议决议须经全体成员的过半数通过。委务会议的职责是：（一）落实国务院部署的各项工作；（二）落实全委会的重要决议；（三）研究国家自然科学基金发展战略、工作方针、政策和法规；（四）审定年度预决算报告，批准年度资助计划和资助方案；（五）研究机关建设中的重要问题；（六）研究其他重要事项。

"基金管理机构制定基金发展规划和年度基金项目指南,应当广泛听取高等学校、科学研究机构、学术团体和有关国家机关、企业的意见,组织有关专家进行科学论证。年度基金项目指南应当在受理基金资助项目申请起始之日30日前公布。"

制定发展规划是加强宏观引导的重要举措,对于发挥科学基金作为国家战略投资的导向作用,提高科学基金资助工作的战略性和前瞻性,发挥基础研究的引领作用,都具有十分重要的意义。通过制定基金发展规划,明确基金工作的发展战略和工作目标,确保基金资助工作的发展方向适应国家经济和社会发展的要求。《基金条例》对制定基金发展规划提出了明确要求,并就制定基金发展规划所遵循的原则、主要内容和制定程序作出了具体规定。

为了维护国家自然科学基金工作的严肃性和权威性,避免引起不必要的混乱,只有基金管理机构有权制定基金发展规划,未经法律、行政法规授权,任何单位和个人不能制定、发布有关国家基金发展规划方面的文件。当然,制定基金发展规划,既是基金管理机构的权力,也是其应当履行的义务。按照国家总体部署,国家自然科学基金委员会于2010年制定和发布了《国家自然科学基金"十二五"发展规划》。依照该规划规定,科学基金"十二五"期间总体发展目标是:到2015年科学基金总体发展目标是,形成更具活力、更富效率、更加开放的中国特色科学基金制;推动学科均衡协调可持续发展,促进若干主流学科进入世界前列;推动高水平基础研究队伍建设,造就一批具有世界影响力的优秀科学家和创新团队;推动我国基础研究整体水平不断提升,显著增强基础研究的国际影响力和若干重要科学领域的自主创新能力,为科技引领经济社会可持续发展、加快建设创新型国家奠定坚实的科学基础。该规划确立了"十二五"期间科学基金将实施的五项战略:一是原始创新战略,二是创新人才战略,三是开放合作战略,四是创新环境战略,五是卓越管理战略。

自然科学基金工作是国家经济和社会发展的组成部分,是科技工作的重要内容;自然科学基金只有围绕国家经济和社会发展规划、科学技术发展规划以及科技发展前言开展工作,才符合国家设立科学基金的目的,才能找准发展的方向,才有生命力。《中华人民共和国国民经济和社会发展第十二个五年规划纲要》阐明了国家战略意图,明确了政府工作重点,是未来5年我国经济社会发展的宏伟蓝图,是全国各族人民共同的行动纲领,是政府履行经济调节、市场监管、社会管理和公共服务职责的重要依据。《国家中长期科学和技术发展规划纲要(2006—2020年)》立足国情、面向世界,以增强自主创新能力为主线,以建设创新型国家为奋斗目标,对我国未来15年科学和技术发展作出了全面规划与部署,是新时期指导我国科学和技术发展的纲领性文件。根据《国家中长期科学和技术发展规划纲要》确定的各项任务和要求,明确了未来5年的发展思路、工作目标和工作重点。基金管理机构制定基金发展规划必须依据这些重要文件,并根据这些文件确立的目标和任务,结合科学基金工作实际,制定基金发展的战略规划。

目前,我国尚处于发展阶段,在基础研究领域不可能"四面出击",只能根据科学前沿的发展趋势和国民经济与社会发展的现实需求,统观全局、突出重点,有所为有所不为,选择一批具有我国自身优势、有可能取得重点突破的领域进行部署。实际上,发达国家在基础研究方面也不是面面俱到。近年来,一些发达国家的科学研究资助机构纷纷加强战略研究,针对科学技术发展态势,充分发挥科学共同体的学术判断优势,对科学技术的若干前沿领域进行了重点部署;在此基础上,制定了关于优先发展领域的政策,对基金资助工作进行战略引导。

基金发展规划作为自然科学基金发挥宏观引导作用的重要文件,涉及对自然科学基金使用方向和范围的宏观战略决策,关系到基金经费的使用效益。为了制定好基金发展规划,应当按照科学决策、民主决策的要求,广泛听取意见,特别是听取高等学校、科学研究机构、学术团体、国家机关以及企业的意见。高等学校、科学研究机构的科研人员是科学基金资助的重要对象;学术团体作为某学术领域的人才汇集地,在把握该学术领域的研究现状、发展方向方面具有不可替代的优势;某些国家机关作为政策制定部门,了解国家其他科技发展计划;企业作为技术创新的主体,了解市场科技需求和发展趋势。因此,通过征求这些单位的意见,可以使基金发展规划的制定更具有针对性,促进各学科均衡、协调、可持续发展,加强科学基金资助计划与国家科技发展规划的衔接配合,准确确定基础研究的发展方向,推进基础研究成果向企业扩散。基金管理机构在广泛听取意见的同时,要组织有关专家进行科学论证。是在发扬民主基础上的集中,是去粗取精、去伪存真的过程,是对基金发展规划拟订内容的科学性、合理性进行的一次全面审查。只有经过专家科学论证,才能确保基金发展规划的指导地位,才能明确发展方向,确保自然科学基金服务并服从于国家科技发展大局。

五 绩效评估制度

科学研究本身需要评估和评价,作为管理国家科技经费的科学基金资助管理活动同样需要评估,因为科学基金经费属于国家财政的重要投入,评估是对社会公众负责、主动接受社会公众监督的必然要求。同时对公共部门开展绩效评估工作是政府绩效管理工作的重要内容,《国家中长期科学和技术发展规划纲要(2006—2020年)》对此也明确提出了相关要求,作为国家科学基金资助管理机构,科学基金委的资助行为接受评估也符合政府管理的基本需求。世界各国都十分重视政府的绩效评估,1993年,克林顿总统签署了《政府绩效与结果法案》(Government Performance and Results Act),它极大地推动了美国联邦政府的绩效评估,也是此后历届美国政府推行绩效评估的法律依据。在这一制度要求下,对政府行政管理及结果的评价不再是简单地对政府管理资源的过程进行考察,而是根据各机构所设定的任务目标来衡量其结果。法案要求各联邦机构制定战略规划报告、年度绩效规划报告以及年度绩效评估报告。法案还要求国会、白宫的审计总署(GAO)和管理与预算办公室(OMB),把对这些报告的审议与预算的批准过程结合起来。也就是意味着这些绩效评估报告的认可程度影响着这些政府机构每年所能得到的经费预算。《基金条例》第三十一条明确规定:"基金管理机构应当定期对基金资助工作进行评估,公布评估报告,并将评估报告作为制定基金发展规划和年度基金项目指南的依据。"因此,为了发挥基金的导向作用,基金管理机构应当定期对基金资助工作进行评估,总结所取得成绩的经验,及时发现工作中的漏洞,形成书面评估报告,以改进资助工作。同时,该评估报告应当向社会公开,接受社会各界的评议。评估工作由基金管理机构负责组织实施。同时考虑到基金发展规划和年度基金项目指南是基金资助工作中的两份重要的指导性文件，对基金资助工作起着举足轻重的引导作用。因此，基金管理机构应当根据基金资助工作评估报告，制定或者完善基金发展规划和年度基金项目指南，确保基金发挥应有的效益。

2010年初国家自然科学基金委和财政部联合启动了科学基金资助与管理绩效国际评估，历时约1年半时间，该活动圆满完成。这是首次对我国自然科学基金实施的资助与管理绩效进行高质量、高效益、综合性、系统性评估。来自6个国家的13位资深科学家组成了此次国际评估的专家委员会。美国科学理事会原主席杰尔教授担任专家委员会主席，全国人大常委会副委员长韩启德院士和德国科学基金会原主席温奈克教授担任副主席。本次评估恪守独立性原则，采取"国内准备、国际评估"的组织模式。国家科技评估中心作为独立评估机构负责整个评估活动的设计和开展，在基金委的配合下独立准备评估所需证据材料。国际评估专家委员会以国内准备的证据材料为基础，结合调研和国际比较，独立得出评估结论。基金委作为被评估方，按照评估要求提供真实充分的相关信息，对评估过程和评估结论不加干预。正如时任基金委主任陈宜瑜指出："评估紧密结合公共支出绩效评估需求和科学基金发展需求，围绕科学基金战略定位、资助绩效、管理绩效和社会影响等四个方面设计了10个评估议题，组织国内优势研究机构对各评估议题开展专题深入研究，科学设计了反映基础研究特点和公共支出绩效评估需求的评估框架和内容。"这次评估通过各种方式全方位收集证据材料。共发放调研问卷7.8万余份，回收2万多份；组织系列座谈会和面访55场，座谈面访294人；开展了大规模的文献计量分析。评估的结果形成了《科学基金资助与管理绩效国际评估报告》和《科学基金资助与管理绩效国际评估综合证据报告》，两个报告以翔实的数据为基础对科学基金在中国创新体系中的战略定位、科学基金的绩效、国际合作与交流、科学基金资助工作以及科学基金管理等方面内容提出了切实可行的评估建议。

六 科学基金的机构与人员

世界上许多科学基金组织都对机构和人员有专门的规定，比如美国基金会的机构制度的设立引起了国会的专门立法①,日本学术振兴会的组织机构法律依据全体日本独立行政法人共同遵守的《通则法》,此后,为了有效并高效地完成振兴会的使命,日本于2002年专门制定了《振兴会法》以对振兴会的目的、业务范围以及组织机构等事项进行规范。振兴会的组成人员的任职资格、奖惩规则和措施等则按照《国家公务员法》的相关规定执行。科学基金的组织和人员法律适用主要包括《国家公务员法》、《基金条例》和基金委制定的《章程》等部门规章。《基金条例》明确了基金委的组织机构的法律地位,《国家公务员法》和《章程》主要针对具体的机构设置以及人员管理进行了细化。

首先是组织和机构。基金委的组织机构主要包括执行、保障和监督三类部门。其中科学部主要包括数理、化学、生命、地球、工程材料、信息、管理和医学等八个部门,是科学基金项目资助的主要执行机构,接受项目的申请、组织项目评审等职责。《章程》第十五条对此做出了规定:"科学部主要负责组织制定学科发展战略、优先发展领域和项目指南;受理、组织评审和管理国家自然科学基金各类项目;承担重要科学问题的咨询等。"职能局(室)包括办公室、计划局、政策局、财务局、人事局、国际合作局、纪检监察审计局等七个部门,它们虽不直接负责项目的资助管理,但是在项目的政策咨询、计划管理、财务等方面承担着重要的保障职能。《章程》第十四条规定:"职能局(室)主要负责组织制定与实施国家自然科学基金发展战略、政策、规划和计划;综合管理资助项目、国际合作与交流活动;综合管理政务事务、队伍建设、财务与资产等事项;组织开展有关监督与审计。"而监督委员会则体现一种对基金资助项目管理的一种监督功能。《章程》第四十四条规定:"国家自然科学基金委员会设立监督委员会,其职责是:(一)制定和完善国家自然科学基金监督规章制度;(二)受理有关国家自然科学基金项目的投诉和举报,会同或委托有关部门调查核实并做出处理;(三)对国家自然科学基金项目的申请、评审、管理及实施等环节进行监督;(四)对国家自然科学基金管理规章制度的制定与修改提出意见

---

① 详见龚旭《科学政策与同行评议——中美科学制度与政策比较研究》,浙江大学出版社2009年版,第107页。

和建议；（五）开展科学道德宣传、教育及有关活动。"从这些职责来看，监督委员会不仅对于科学基金资助项目的监督职责，而且对于科学道德的构建和传播也发挥着重要作用。但是客观比较中美的监督机构，有学者指出："虽然 NSFC 也有一个监督委员会（成立于 1988 年）承担着受理针对项目申请、评审和执行等环节中不端行为的举报、调查和处理等工作，而且监督委员会每年要向 NSFC 全体委员会报告工作，其法律地位完全不同于 NSF 的 OIG。OIG 是美国国会 GAO 的派驻机构，不受 NSB 或 NSF 的直接领导，而且其工作人员全部为全职专业人员，以保证其工作的独立性和专业性；NSFC 的监督委员会成员中只有一位专职人员，其他近 20 人均为兼职科学家或者 NSFC 退休职工，具体调查工作由其下设办公室的人员承担。另外 NSF 的 OIG 有近 80 人，其工作除了受理投诉外，还主动开展审计监察工作，而且事前防范与事后处理并重，开展大量的宣传教育工作。而 NSFC 监督委员会限于各方面的工作条件，其工作只能以处理投诉为主。"[①] 虽然我国监督委员会无法向美国基金会（NSF）的监察长办公室（OIG）机制那样运作，但是其也发挥了重要的监督职能。

其次是工作人员管理制度。国家自然科学基金委属于国务院直属事业单位，按照《中华人民共和国公务员法》的有关规定，其工作人员应当受该法的约束。同时基金委的《章程》设专章对工作人员进行了规范。2009 年基金委专门制定了《国家自然科学基金委员会工作人员职业道德和行为规范》明确了工作人员在科学基金资助工作中哪些不可为、哪些不能为、哪些不应为，进一步规范工作人员从业行为，提高职业道德修养，促进基金队伍廉政建设，保障科学基金的公正性和公信力。基金委工作人员的概念也存在广义和狭义的区分。狭义的概念仅指基金委正式在编的工作人员，而实践中大多采取广义的概念，比如《职业道德规范》第二条规定："本规范所称的自然科学基金委工作人员，包括在自然科学基金委工作的正式在编人员、兼职人员、流动编制项目主任和兼聘人员。"这也符合科学基金管理实践的需要，因为流动项目

[①] 龚旭：《科学政策与同行评议——中美科学制度与政策比较研究》，浙江大学出版社 2009 年版，第 117 页。

主任和兼聘人员在科学基金的管理中也发挥了重要的作用，理应将其纳入管理和规范的范畴中。《章程》中明确规定了工作人员的工作环境、岗位设置、福利以及职业道德等内容。尤其是《章程》第四十二条明确对工作人员的职业道德作出规定："国家自然科学基金委员会工作人员须恪守职业道德，密切联系科学家，真心依靠科学家，热情为科学家服务，自觉维护国家自然科学基金的声誉。"

第二章

依托单位管理法律制度

依托单位一词的词源我们无从考察，但它却伴随着科学基金制度的发展成为了一个公众，尤其是科技工作者，耳熟能详的词汇。"依托"的含义是"依靠或者凭借"，而依托单位的含义如果从字面意义上来理解就是依靠或者凭借的单位，放到科学基金资助管理制度的语境下就是科学技术人员依靠和凭借的单位。

一　依托单位词源的追溯

如果把依托单位翻译成英文，"home institution"可能是最合适的表达了。但是这在美国科学基金会（NSF）这样的科学基金管理制度比较成熟的制度构建中却找不到对应的语词，因为美国基金会用的是"grantee"或者"awardee"[①]。从国内的科技项目管理规定来看，比如科技部和财政部2011年发布的《国家重点基础研究发展计划管理办法》（即"973"计划管理办法）中也没有出现依托单位的表述，而是使用"承担单位"以及"承担单位的依托部门"的表述。[②] 因此，某种程度上说依托单位制度是中国科学基金制度的一个独创并不为过。依托单位在制度上的创新无疑也为科学基金制度的完善提供了不竭的源泉和活力。

[①] 至少在最新的项目申请和资助指南中（《National Science Foundation Proposal & Award Policies & Procedures Guide》）并未发现 home institution 这一个词汇。

[②] 参见《国家重点基础研究发展计划管理办法》第28条规定："科技部委托项目承担单位的主管部门或地方科技主管部门等作为项目依托部门，协助进行项目组织实施的监督与管理。"

2007年《国家自然科学基金条例》颁布实施,该《基金条例》共43条,其中有17条44处涉及依托单位,对依托单位在组织与规划、申请与评审、资助与实施、监督与管理等科学基金重要管理环节都提出了具体的要求,充分体现了依托单位在科学基金依法管理过程中的重要地位。

依托单位制度的确是科学基金资助管理制度的一个枢纽,在基金管理机构和项目申请人、负责人甚至是评审专家之间起到了一个桥梁和纽带的作用。项目申请人、负责人等科学技术人员需要依靠依托单位,基金管理机构同样需要依托单位的配合和支持。因为中国的科学基金管理制度在依托单位制度上形成了国外科学基金组织不同的制度架构。

相比较起来,国外科学基金组织确立的基金资助机构和受资助者二元法律关系简单得多,在法律关系的梳理上也相对清晰,资助机构和受资助者或者受资助机构产生直接法律关系,而研究人员从属于受资助者或者受资助机构。因为国外大多数科学基金组织都倾向于把科学技术人员的单位视为受资助者,比如美国国家科学基金会(NSF)的受资助者(grantee)可以比照为我国的依托单位,但是意义存在差别。美国联邦政府法规对此的定义为:"是指接受政府提供资助并且对于资助资金的使用负责的完全法律实体。"[1] 可见,在法律关系上,grantee和美国基金会是建立的直接法律关系,grantee可以指定其科研人员承担美国基金会资助的研究项目。科学技术人员并不和美国基金会产生直接的法律关系,无论在申请、资助管理等各项环节都是如此。同样情况出现在加拿大的自然科学与工程研究理事会(NSERC),其使用的是"institution"表述,并对其作了定义:"一个机构希望申请并管理NSERC的项目资助、奖学金以及交流资金,必须向NSERC提交书面的资格申请,而且该申请须经过该机构的校长、主席或者代表人签署。该机构必须具备所要求的条件。"[2] 从这种表述来看,institution也是项目申请以及资助管

---

[1] Code of Federal Regulations, Title 45, Part 602。其原文为:Grantee means the government to which a grant is awarded and which is accountable for the use of the funds provided. The grantee is the entire legal entity even if only a particular component of the entity is designated in the grant award document。

[2] Institutional Eligibility Requirements.

理的主体，科学技术人员不能和加拿大的自然科学与工程研究理事会建立直接的法律关系。

而我国科学基金法律制度中呈现了基金资助机构、依托单位和科学技术人员的三方法律关系。因为在科学基金的法律话语中没有明确的"受资助者"这一个概念，依托单位从申请到项目实施管理中都是重要的主体，但《基金条例》并没有明确规定基金管理机构和依托单位发生直接的资助与被资助的法律关系。事实上，科学技术人员扮演着申请人、项目实施者的法律角色。《基金条例》在法律关系的界定上把科学技术人员视为申请人①，由此而引发的法律后果就是资助决定、不予资助的决定，都是针对申请人的。项目实施中责任也主要由科学技术人员来承担②。这样一来，基金资助机构、依托单位、科学技术人员就形成了三方的法律关系。科学技术人员通过依托单位与基金管理机构发生法律关系时，其法律关系主体的身份并未因此消失，而是与依托单位同时作为法律关系的主体。换言之，此时的法律关系是一种复合的法律关系，一方是基金管理机构，另一方是依托单位和科学技术人员双重主体。就此而言，基金管理机构与科学技术人员之间的法律关系又具有直接性。此外，在个别场合，基金管理机构与科学技术人员之间的法律关系也可以不通过依托单位进行。根据《基金条例》的规定，此种情形主要有：科学技术人员（申请人）在对基金管理机构作出不予受理或者不予资助的决定不服时可以直接向基金管理机构提出书面复审请求；申请人可以就评审专家的评审工作直接向基金管理机构提出意见。这种突出科学技术人员的立法模式，充分保障了科学技术人员的权利，体现了"科学共同体本位"的立法理念。但是这同样面临着挑战，那就是基金资助机构对科学技术人员资助管理的成本十分巨大，因此需要依托单位发挥重要的协调和辅助功能，而这种功能甚至比依托单位直接作为"受资助者"的立法模式发挥起来更困难。因此，依托单位的法律地位就变得十分重要。依托单位是隐形的责任主体，项目资助管理中的责任

---

① 《基金条例》第十条："依托单位的科学技术人员具备下列条件的可以申请国家自然科学基金资助"；此外第十一条、第十二条等多个条款的表述来看，申请人都指的是科研人员。

② 《基金条例》第二十三条："项目负责人应当按照项目计划书组织开展研究工作，做好基金资助项目实施情况的原始记录……"可见，项目负责人也是指的科学技术人员。

并不由依托单位负责,但是基金资助机构的管理、科学技术人员责任的实现都离不开依托单位。

二 依托单位制度的重担

在 2012 年 3 月 27 日召开的国家自然科学基金委员会六届五次全委会上,基金委时任主任陈宜瑜表示,1986 年科学基金成立之初经费只有 8000 万元,2011 年科学基金迈入"百亿时代"。在总体良好的形势下,科学基金工作也面临四个方面的挑战:一是经费投入超常规增长带来的管好用好基金的压力;二是申请量大幅增长带来的评审和管理工作量激增的压力;三是国家和社会对科学基金的期望值不断提高带来的压力;四是科研不端行为引发的道德风险不断提高的压力。[1] 如何破解这"四大挑战"？无论在资助政策还是管理措施上,基金委都会有一系列的应对方略。但是如果从管理主体角度,尝试在依托单位管理上制度创新,未尝也不是一种破解"四大挑战"的路径。因为无论是项目申请数量的控制,还是项目管理和科研诚信的压力,以及公众期望值的满足,依托单位都与之息息相关,因此依托单位都能成为基金管理机构的得力助手。从某种程度而言,依托单位在基金管理制度的创新和实践是科学基金缓解四大压力的第一道屏障。因此,依托单位法律制度作为科学基金组织法律制度的重要部分,在未来科学基金发展中将扮演着重要角色。

科学基金的依托单位法律制度伴随着科学基金制走过了二十多个春秋。二十多年的实践中,形成了依托单位的准入退出制度、项目申请管理制度、项目实施管理制度和项目实施监督制度等科学基金的依托单位法律制度,以及依托单位的联络、奖励、咨询等非正式制度。从法律文本来看,主要有《国家自然科学基金条例》(2007 年)、《国家自然科学基金依托单位注册管理暂行办法》(2007 年)、《国家自然科学基金委员会关于加强依托单位对科学基金项目管理工作的意见》(2007 年)

---

[1] 自然科学基金会主任陈宜谕:《夯实创新基础直面四大挑战》,中央政府门户网站,http://www.gov.cn/gzdt/2012 - 03/09/content_ 2087692. htm。

等三个法律文件，其中后两个是专门的依托单位法律文件，第一个是综合性法律文件涉及依托单位管理的很多内容。前两个是正式具有法律意义的行政法规和规章，第三个是行政规范性文件。此外还有《国家自然科学基金管理工作地区联络网工作条例》等规范性文件。纵观这些法律文件，涵盖了依托单位管理从准入到项目管理，甚至是联络管理的诸多事项。尤其是专门针对注册管理进行了单独的立法，这充分体现了部门规章对于行政法规制度要求的落实，因为依托单位的注册工作是依托单位管理的第一道关口，严格、规范的准入制度是依托单位发挥重要管理和监督职能的基础和保障。《意见》中事无巨细地列举了依托单位项目管理和监督的各项内容，第二十三条的规定涵盖了依托单位科学基金管理的全部要求。与此同时，科学基金依托单位法律规范呈现出多元化的倾向，有行政法规、部门规章，以及规范性文件，而且每一类法律文件规范的侧重点不同，行政法规和规范性文件规范都针对依托单位的管理作出了宏观性要求，而部门规章仅仅针对注册管理一个环节作出细致和具有操作性的规定。虽然注册管理办法对于注册条件和程序、变更以及注销等都作出了十分细致而且具有可操作性的规定，但这仅限于注册事项而已，而依托单位在项目的申请、实施、成果管理以及监督管理等方面的内容却十分宏观，操作起来比较困难。因此，细致和可操作性的依托单位立法仍需加强。

三 依托单位的准入制度

依托单位的准入制度，可以筛选出管理水平良好的机构作为依托单位，有效地排除不具备科研项目管理能力的机构，通过这些具备良好科研管理能力的机构作为科学基金管理的依托单位，可以有效地保障国家自然科学基金的使用效益。从我国科学基金管理的实践上看，国家自然科学基金实施20多年来，已经注册了2600多家依托单位，目前，每年还有一定数量的机构新申请注册为依托单位。依托单位准入制度是授予特定的主体成为自然科学基金依托单位的资格，因此在法律性质上是一种资格许可，也就是授予特定的机构成为科学基金依托单位的资格。特定单位在获得依托单位资格之后，即拥有了相应的地位和权利，可以参与基金资助项目申请，履行基金管理职责。具体法律性质包括：一是依托单位准入属于非排他性许可。基金管理机构在授予一家机构依托单位资格以后，仍然可以给予其他单位依托单位的资格。二是依托单位准入属于依申请的行政行为。相关机构提出作为依托单位的申请，是获得依托单位资格的前提条件，因此依托单位准入行为属于依申请的行政行为。三是依托单位准入属于依审查的行政行为。基金管理机构接到成为依托单位的申请之后，首先审查决定是否受理。对于材料齐全、符合法定形式的，予以受理。受理之后，再根据依托单位的法定条件和标准，按照法定程序进行审查，决定是否准予相关机构的申请，因此准入行为属于经依法审查的行为。四是依托单位准入属于授益性行政行为。依托单位的准入与行政处罚和行政征收等行政行为不同，后者是基于法律对行政相对人权益的一种剥夺和限制，而前者是赋予行政相对人某种权利和资格，是一种准予当事人从事某种活动的行为。依托单位获得准入资格之后即可以参加申请自然科学基金资助项目申请，因此依托单位准入是一种授益性行政行为。广义的准入制度包括注册、变更、注销等制度，因为都是一种对依托单位资格的一种法律确认。

1. 注册制度

注册在制度上确保了成为依托单位的机构具备一定的资质和条件，进而保证其可以切实承担起依托单位的职责。国外科学基金组织对于依托单位准入制度都有相关制度保证且存在很大程度上的相似之处[①]：一是对依托单位的国籍要求。各国一般都要求依托单位是本国组织或者机构，比如 DFG 规定，只有德国国内研究机构或者工作在德国研究机构的海外分支机构的研究人员，才可以提交申请。对于外国机构，NSF 原则上也很少给予支持，对于美国与外国机构之间的合作项目中，NSF 可以考虑接受有关美国部分请求资助的申请。二是强调依托单位的非营利性。各国虽然并没有明确地否定营利性机构作为依托单位的资格，但是多数国家在基金的实际运作中还是以公益性机构作为主要的资助对象。

---

① 参见王国骞、韩宇《国外科学基金依托单位准入制度研究及立法借鉴》，《中国科学基金》2009 年第 2 期。

例如，营利性机构以及限制研究成果出版的机构，一般不能成为德国科学基金的依托单位。NSERC 界定的依托单位的范围包括：大学、医院、大专学校、研究机构/中心以及其他有资格代表管理机构和研究人员接收和管理资助项目资金的组织，这些依托单位主要也是非营利性机构。而美国虽然明确列举了小的私营企业可以成为受资助对象，但多在其同高等院校等公益性研究机构进行联合研究时才成为基金的资助对象，而且也对其进行了一定的限制。三是要求依托单位具备为科学技术人员提供科学研究条件的能力。比如 NSERC 规定大学要保证其教师参加自然科学或者工程领域的科学研究，而且要保证它们的科研时间。大专院校也要允许教师参加自然科学或者工程领域的科学研究，也要保证它们的科研时间。同时大学或者大专院校能够提供基本的科学研究设施和服务（包括研究空间），保证其研究人员能够从事自然科学或者工程科学的研究。四是要求依托单位具有较为完善的管理科学基金的制度或者政策。比如 NSERC 规定大学或者大专院校要向 NSERC 提供包括处理违法行为和学术不端行为的程序性政策和规范的复印件，以证明其具有完善的相关制度。

（1）注册的实体条件

《基金条例》对依托单位注册制度的实体条件作了专门的规定。《基金条例》第八条第一款规定："中华人民共和国境内的高等学校、科学研究机构和其他具有独立法人资格、开展基础研究的公益性机构，可以在基金管理机构注册为依托单位。"根据本条的规定，依托单位应当具备的实体条件主要包括四项内容，即：在中华人民共和国境内、具有独立法人资格、开展基础研究和公益性。

《国家自然科学基金依托单位注册管理暂行办法》在《基金条例》相关规定的基础上并借鉴国外科学基金组织的立法，作了进一步的详细规范。《注册办法》第五条规定，中华人民共和国境内的高等学校、科学研究机构以及其他机构符合下列条件的，可以申请注册为依托单位：①具有中华人民共和国法人资格；②公益性；③具有从事基础研究活动的能力；④具备为科学技术人员从事基础研究提供条件的能力；⑤具有专门的科学研究项目管理机构和制度；⑥具有专门的财务机构和制度；⑦具有必要的资产管理机构和制度。

此外，对于那些主要限于期刊项目、青少年活动专项、委托任务等，且不能参加申请基金其他各类项目的依托单位，《注册办法》依据《国家自然科学基金条例》第四十二条规定，对于此类单位的基础研究活动的能力、为科学技术人员从事基础研究提供条件的能力、专门的科学研究项目管理机构和制度、资产管理机构和制度等方面不再作出要求。

（2）注册的程序要求

《注册办法》在注册程序上主要参照了《行政许可法》的有关内容，明确了注册的申请、受理、审查和决定等四个基本程序。

一是申请程序。依托单位的注册程序依申请而开始，需由符合条件的机构提出注册申请从而启动注册程序。申请主体为符合《注册办法》第五条规定实体条件的高等学校、独立的科学研究机构以及其他机构。申请方式采取书面申请方式。而且《注册办法》第七条具体规定了申请注册时应当提交的材料，主要包括四个方面：①国家自然科学基金依托单位注册申请书；②独立法人资格证书的复印件；③组织机构代码证书的复印件；④银行基本账户开户许可证的复印件。对于法人资格证书、组织机构代码证书、基本账户开户许可证的复印件均须加盖发证机关公章。申请者应当对所提交申请材料的真实性和有效性负责。依托单位注册申请书内容较为丰富，具体包括：①依托单位注册信息登记表；②具有从事基础研究活动能力的证明；③具备为科学技术人员从事基础研究提供条件的能力证明；④具有科学研究项目管理机构和制度的证明；⑤具有专门的财务机构和制度的证明；⑥具有资产管理机构和制度的证明；⑦同意遵守科学基金管理法规或政策的承诺。

依托单位注册申请书主要针对的是依托单位应当具备的能力与资质条件，同时也是与《注册办法》第五条对于依托单位的能力与资质要求一一对应，如从事基础研究活动能力的证明材料对应于《注册办法》第五条要求依托单位应当具有基础研究能力，管理科学研究项目能力证明材料等对应于《注册办法》第五条要求依托单位应当具有专门的科学研究项目管理机构和制度等。

从近几年的实践来看，每年都有平均200多个机构成为新的依托单位。在实际注册申请操作过程中，基金委的依托单位注册工作已经实现了电子化申请。同时为提高申请效率还增设了预申请环节。预申请通过并获得受理号后方可进行《国家自然科学基金依托单位注册申请书》的填报。

二是受理程序。基金委对于依托单位的注册申请采取年度集中受理的方式。自然科学基金委每年一次集中受理注册申请，受理过程中发现申请者提交的材料不齐全的，应当告知申请者在申请截止之日前予以补足。这充分体现了注册管理中的便利科学家、服务科学家的基本立法理念。除了年度集中受理之外，考虑到在集中受理期限之外可能会有机构因为国家经济、社会发展特殊需要或者其他特殊情况需要注册为依托单位的情况，因此《注册办法》第九条第二款规定，对因国家经济、社会发展特殊需要或者其他特殊情况需要注册为依托单位的，自然科学基金委可以随时受理注册申请。

三是审查程序。自然科学基金委对于依托单位的审查原则上采取的是书面审查方式。自然科学基金委主要是对申请机构提供的书面材料进行审查，判断其是否满足成为依托单位的条件。正因为如此，根据《注册办法》的规定，申请者必须提供自己业已满足成为依托单位的各种材料，例如法人资格证书、组织机构代码证书以及银行基本账户开户许可证书的复印件，等等。

在书面审查的方式之下，为了确保提供审查材料的真实性、有效性，除了明确申请人应当对申请材料的真实性、有效性负责之外，《注册办法》还采取了由有关机构作为第三方对申请材料加以验证的方式。如《注册办法》要求，申请机构提供的法人资格证书、组织机构代码证书以及银行基本账户开户许可证复印件必须要加盖发证机关公章，申请机构关于自身具有从事基础研究活动能力的证明、具备为科学技术人员从事基础研究提供条件的能力证明、具有科学研究项目管理机构和制度的证明材料等均应由其上级主管单位签章确认。这一规定充分发挥了有关机构的作用，也便利于审查部门根据有关机构的结论进行书面审查，提高审查效率。

当然，《注册办法》并没有将审查方式完全限定于书面审查形式。《注册办法》在第十一条第一款中也规定了自然科学基金委可以进行实地审查，并相应地规定了申请者有积极配合实地审查的义务。这就增强了审查部门审查工作的灵活性，如果审查部门在书面审查过程中发现存在疑点，或者认为现有材料不足以证明申请单位已经具备规定的条件，则可以采取实地审查方式,从而克服书面审查可能存在的弊端和局限。

四是决定程序。自然科学基金委经过审查依托单位提交的材料,应当作出准许注册与否的决定。《注册办法》明确提出,自然科学基金委应当及时完成注册审查并作出决定。自然科学基金委决定予以注册的,应当及时书面通知申请者并公布依托单位的名称、注册号码等基本信息;决定不予注册的,应当及时书面通知申请者并说明理由。

2. 变更制度

申请机构在注册成为依托单位之后,不可避免会发生各种变动,其中某些变化有可能影响到科学基金委对于依托单位的有效管理,因此需要确立相应的变更注册程序。

(1) 变更的实体条件

《注册办法》第十二条规定:一是单位名称、住所、银行基本账号等基本信息变更;二是法人类型发生变更;三是因法人合并、分立等发生变更。依托单位名称、住所、银行基本账号等基本信息的变更,不会影响其作为依托单位的基本条件,此类变更带来的影响主要是基金管理机构需要及时获知变动情况,从而更新依托单位信息,但基金管理机构并不需要对其基本条件进行重新审查。

(2) 变更的程序要求

一是申请和受理程序。《注册办法》第十二条规定,发生变更法定情形的,应当自该情形发生之日起 30 日内向自然科学基金委提出书面变更申请。发生法定变更情形的,依托单位应当提交变更申请书,告知基金管理机构变动情况。对于法人类型变更以及法人合并、分立而发生的变更,因为涉及依托单位主体资格、基本性质的重大变动,有可能出现《基金条例》和《注册办法》对于依托单位规定的条件不相符的情况,因此除了发生变更的依托单位应当提交变更申请书之外,还应当提交证明自己符合依托单位条件的全套材料。

二是审查与决定程序。自然科学基金委在接到依托单位的变更申请后应当及时完成对于变更申请的审查并作出决定。对于变更申请的审查自然应当根据其变更情形的不同而有所差异。对于法人类型变更以及法人合并、分立而发生的变更,因为涉及依托单位主体资格、基本性质的重大变动，因此事实上需要按照《基金条例》和《注册办法》规定的依托单位条件重新进行审查。

自然科学基金委经过审查之后，决定予以变更的，应当及时书面通知申请者并公布依托单位名称以及变更信息；决定不予变更的，意味着依托单位已经丧失必要的能力和条件继续作为依托单位，因此应当按撤销依托单位注册的程序处理。

3. 注销程序

完整的依托单位注册程序，除了新注册、注册变更程序之外，还应当包括注销注册的程序。依托单位的注册注销可以区分为主动注销和被动注销两种情形。对于依托单位不愿意继续作为依托单位的，属于依托单位自愿注销。在自愿注销情形下，应当由依托单位提出申请，自然科学基金委办理注销手续。

（1）注销的实体条件

《注册办法》第十四条规定，依托单位出现下列情形之一，自然科学基金委应当根据依托单位的申请或者直接作出注销该依托单位注册的决定，及时通知该机构并说明理由：①依托单位不愿意继续作为依托单位；②不再具备依托单位注册条件的；③发生《国家自然科学基金条例》第三十六条规定的情形，情节严重的；④自然科学基金委对其变更申请决定不予变更的。可见，《注册办法》规定的后三种情形，均属于被动注销。在这三种情况下，均由自然科学基金委不依申请而作出注销决定。

所谓发生《国家自然科学基金条例》第三十六条规定的情形，情节严重的，是指根据《基金条例》第三十六条的规定，依托单位在管理基金资助项目过程中存在违规或者未尽职的行为，并且情节严重的，从而被处以通报批评，以及3—5年不得作为依托单位的处罚。当然，该单位在处罚期届满后可以再申请注册为依托单位。

（2）注销的程序要求

依托单位的注册注销可以区分为主动注销程序和被动注销程序两种情形。对于依托单位不愿意继续作为依托单位的，属于依托单位自愿注销。在自愿注销情形下，应当由依托单位提出申请，自然科学基金委办理注销手续。依托单位申请变更，而自然科学基金委作出不予变更决定的，如前所述，由于不允许变更注册，乃是因为发生变更之后的依托单位已经不再具备成为依托单位需要具备的条件，因而对此种情形也只能作出注销其注册资格的决定。

无论是依照何种情况，注销作为依托单位的注册之后，自然科学基金委应当及时公布注销依托单位的名称、注册号码等基本信息，并向社会公示。

四 依托单位项目申请管理制度

在行政法领域，申请制度通常是指行政相对人为了获得某种资源或者为了从事某种行为，向有关国家机关请求许可的制度。一般来说，行政法经典理论中很少会出现申请管理制度的概念。而科学基金法律制度中的依托单位申请管理制度就在实践中丰富和发展了行政申请的有关制度。这种申请管理制度出现于某种特定的领域，是指有关机关对行政相对人的申请行为加以管理，以使其有序进行的制度。

对基金资助项目申请进行管理是依托单位的核心职责之一，也是依托单位介入基金资助项目管理的开始环节。科技人员请求自然科学基金资助的行为属于申请行为，依托单位对其申请行为的管理则属于申请管理行为。依托单位在项目申请管理中的核心内容主要有两部分：一是从科学技术人员的角度上看，依托单位应当做好服务职责、组织职责；二是从基金管理机构的角度上看，依托单位应当做好审核职责。依托单位项目申请管理制度的概念可以界定为：依托单位对科学技术人员申请国家自然科学基金资助项目进行服务、组织、审核的各种制度的总称。

《基金条例》明确规定依托单位具有"组织申请人申请自然科学基金资助"的职责。履行这项职责在法律制度上至少需要管理组织的完备和管理行为规范两个层面的构建。其中管理组织的完备主要是指依托单位应当具有相当完备、协调有力的组织体制和机制，包括组织项目申请管理机构的领导体制、管理架构、人员配备等方方面面的组织法律要求。[①] 管理

[①] 鉴于管理组织完备的问题不仅仅在申请管理阶段具有意义，在整个项目资助管理和监督的各个环节都十分重要，因此，不在此处单独进行论述，留作后文相关部分论述。

行为的规范则包括以下几个方面的内容：一是组织申报的行为，包括提供咨询，进行解释、组织有关会议或活动等；二是审核报送行为，即依托单位对申请材料加以审核后，将经过审核的申请材料统一报送自然科学基金管理机构；三是复审组织和协调行为，在自然科学基金管理机构通过初审，作出不予受理申请的决定后，依托单位将不予受理的情况通知申请人，并组织或者协调有关复审申请的行为；四是对"视为依托单位人员"管理行为，由于这类主体的特殊性，需要专门对此作出规范。因此依托单位项目申请管理制度主要包括组织申报制度、审核报送制度、复审协调制度以及特殊主体管理制度。

1. 组织申报制度

组织申报制度，是指依托单位通过信息传达、申请动员、提供咨询与指导等管理行为组织本单位科学技术人员进行科学基金项目申报的制度。申报信息的占有是申请项目资助的前提和基础，虽然在法律关系上科学技术人员是申请主体，但是由于诸多因素，申请信息不对称的情形在一定范围内存在，因此需要依托单位在信息获取上为申请人提供基本的保障。这些信息包括基金管理机构每年发布的《指南》、通知以及相关规章制度，其中最重要的是《指南》和与项目申请有关的通知。实践中很多依托单位都十分重视这项管理行为："基金委要求依托单位基金管理人有固定的联系方式且自动生成在本单位提交的每一份申请材料，因此，基金管理人的电子邮箱、电话、传真应当可以随时接收到基金委的各类通知，同时在基金委的门户网站上浏览各类通知信息也是基金管理人每天的'必修课'。"[①]

获取申请信息后，申请与否是依托单位申请动员管理行为所要核心解决的问题。申请行为一定要建立在客观、理性的基础上，邀请以往基金项目获得者和基金评审专家介绍经验，工作人员传达基金管理机构关于当年申请项目的政策和精神，介绍基金管理机构当年的资助倾向。除了积极鼓励科学技术人员进行申报外，还要避免"盲目申报"、"扎堆

---

① 黄菊芳、胡明铭、欧阳俊：《强化责任意识，践行卓越管理》，《中国科学基金》2008年第2期。

申报"等现象。管理实践中,中国科学院上海药物研究所①等很多依托单位已经探索了切实有效的申请动员制度,并已经成为工作惯例。而且从基金管理机构角度而言,通过申报动员行为切实确保申请人对是否申请进行"理性选择",可以切实缓解科学基金申请量持续增加的压力。

在科学技术人员决定申请基金项目之后,他们面对的将是申请书如何正确填写的问题。由于申请书的填写关系到科学技术人员的项目申请能否通过基金管理机构的初步审查和专家评审,因此,正确填写申请书显得非常重要。科学技术人员填写申请书可能会遇到一些问题,比如,某讲师已经被该大学职称评审委员会评审为副教授,但聘书尚未下达,在填报项目申请书时应询问基金管理人其职称该填写讲师还是副教授。在这种情况下,就需要依托单位能够为科学技术人员提供咨询服务,这些疑问如果不能在依托单位环节消解,就会转嫁到基金管理机构的管理中去。因此申请咨询行为既是依托单位服务科技术人员,确保项目申请顺利进行的关键,也是缓解基金管理机构的管理压力的重要途径。

2. 审核报送制度

《基金条例》明确依托单位具有"审核申请人所提交材料的真实性"职责,这是该制度的直接法律依据。其内容主要体现为:审查核实科学技术人员是否具有《基金条例》以及各个项目管理办法所要求的资格和条件,申请书所填内容是否真实等。这种审核的职责要避免和申请人的真实责任混淆,"在申请材料的真实性问题上《基金条例》其实规定了两种不同的责任,即真实责任和审查责任。真实责任的责任主体是申请人,审查责任的责任主体是依托单位"。②

对申请材料真实性的审查核实主要审查申请人填写的申请材料是否符合实际情况,例如,申请书载明申请人具有博士学位,依托单位须审核这一填写是否属实。审核主要针对申请书中的综合部分、基本信息部分、报告正文部分、签字和盖章部分、附件部分等各个部分逐一审查。

---

① 何香香、张继稳、赵健:《立足管理前沿,推进卓越管理——浅谈依托单位在自然科学基金项目管理中的作用》,《中国科学基金》2007 年第 5 期。

② 韩宇等:《关于落实〈国家自然科学基金条例〉依托单位职责制度的几点法律思考》,《中国科学基金》2010 年第 2 期。

因为管理实践中，依托单位真实性审查行为产生的法律效果十分明显。通过真实性审查无论对申请人自身权利的维护，还是科研诚信环境的建设都产生了积极的影响。比如通过对于申请人签名、导师签字、信息填报等信息的核查，纠正了申请书中的很多错误或问题，为申请书的受理甚至是获得资助提供了保障。再比如在申请人未经他人签字同意申请的情形，极容易出现超项现象，即申请人随意填写项目组主要成员并冒充签字，没有经合作单位审核和盖章，却被申请单位上报，造成合作单位他人的项目申请书因为超项而不被受理①，对此要进行严格审查，同时为其他申请人提供公正的竞争环境。尤其需要指出的是，通过真实性审查还可以避免科学基金申请中的不端行为，防止科学基金功能的异化。有些申请者"将科学探索、进行科学研究与创新这个根本目的放在一边，而将追求获得基金项目这一形式，或项目这一外壳作为目的"。②为了获得科学基金不择手段弄虚作假，2005年科学基金监督管理委员会办公室收到举报来信123件，其中反映申请者弄虚作假的56件③。就科学基金管理而言，真实性审查在实践中还可以为基金管理机构释放管理压力。自然科学基金项目每年的申请量极大，2012年已经达到17万项的规模，对申请文件的管理，成为一项日常且烦琐的工作。如果报送的文件规格不一，填写项目各异，大小不一，会给基金管理机构带来极大的麻烦。为了避免这些可以避免的麻烦，依托单位应当作为第一道关口进行审查。

需要说明的是，《基金条例》并未明文要求依托单位对项目申请质量进行审查制度，但实践中有些依托单位已经形成了这一制度。因此，在法律理论上有进一步探讨的余地。就法理而言，如果申请人是科学技术人员，那么依托单位对申请人进行申请书的实质审查，势必会影响申请人的部分申请权利，甚至出现剥夺申请权利的情况。但是从另一个角度而言，依托单位作为申请人的单位，对于申请人的申请书进行审查也

---

① 岳中厚：《国家自然科学基金资助项目申请过程中应引起注意的若干问题》，《中国科学基金》2009年第2期。
② 陈晓田：《警惕科学基金功能的异化》，《中国科学基金》2006年第6期。
③ 田文、岳中厚：《国家自然科学基金资助项目申请过程中的诚信和真实性问题》，《中国科学基金》2006年第4期。

是一种正当的干预①，而且本着提高申请质量、优化申请资源、提高申请成功率等原则进行学术审查对于申请人也是有利的，而且对于依托单位的项目管理、对于基金管理机构申请压力的降低都有积极的意义。因此，如何处理好依托单位审查权和申请人申请权的平衡是亟须解决的问题。在管理实践中，有些依托单位为了提高申报项目的命中率，实践中已经组织人员对申报项目的质量进行审核。这种审查是对基金管理机构未来评审内容的预审。审查的内容与基金管理机构将来评审的内容大致相当，其本质在于评审项目的创新性、科学价值、社会影响、研究方案的可行性。可以避免同一依托单位的科学技术人员申请相同或相似的项目，有必要进行实质审查。一般来说，高校或者科研机构科学技术人员之间的联系较为松散，经常一月甚至数月不能见面，彼此并不了解对方申报的项目，因此可能出现申请申报相同或近似项目的情形，此种情形，只要所申请项目的标题不雷同，形式审核可能就无法发现。例如，华中农业大学2004年共组织申请科学基金项目198项，其中投送至农学学科的项目为93项，造成该校同一年份、同一研究对象、相近研究内容、同一或相近课题组、同一资助类别与亚类的申请项目严重扎堆，内部竞争过度导致评审和资助结果不理想，当年在农学学科仅获得11项资助。② 此外，一些申请人，特别是申请基金的新手，对申请书正文的写法不了解，容易出现课题组结构不合理、研究方法不合理、研究路线不够具体等情形，这些问题的出现，极可能导致项目不能获得批准。如果依托单位进行实质审查，聘请本单位或外单位资深专家，事先通过评审发现这些问题，并加以修正，则项目获得基金资助的可能性将大大增加。第四军医大学实行了实质审查制度，2003年通过校内专家评议，筛除了151个项目，筛除率达25.1%，结果不仅获资助项目比2002年增长了31项，资助率也增长了2个百分点。③

---

① 那些依托单位有意非法干预申请人的情况暂且不在讨论范围。
② 傅裕贵、伍新玲、孙站成、许炎生：《国家自然科学基金项目申请组织工作之管见》，《华中农业大学学报》（社会科学版）2007年第4期。
③ 苏景宽、王茜、刘勇、王长军、刘宏顾：《以国家自然科学基金申报质量为核心充分发挥依托单位的管理职能》，《中国科学基金》2007年第1期。

实质审查虽然能够保证依托单位项目申请命中率的提高，也有助于避免相近项目的扎堆现象，但如果真的因为实质审查未通过而不允许申请人申报项目，难免会让申请人感觉依托单位过于"霸道"。例如，某大学2003年实施实质审查后，校方就一直顶着质疑甚至告状的压力。因此，依托单位若过于"硬化"实质审查，有可能被指"非法"。为此，实质审查必须设定在适度范围内，并为其设置一定的救济措施。

3. 复审程序中的管理制度

《基金条例》规定，申请人对不予受理或者不予资助的决定不服，自收到通知之日起15日内向基金管理机构提出复审请求，关于依托单位是否参与复审，在复审中承担什么样的职责，《基金条例》均未规定。依托单位与复审制度相关的一点是，基金管理机构在复审后撤销原决定并重新评审后，将最后的决定通知申请人和依托单位。这就是《基金条例》第十八条第2款的规定："（基金管理机构）认为原决定不符合本条例规定的，撤销原决定，重新对申请人的基金资助项目申请组织评审专家进行评审、作出决定，并书面通知依托单位和申请人。"

但是从基金项目管理角度而言，依托单位介入复审制度还是十分必要的。一是有利于基金管理机构与申请人之间的沟通。当申请人与基金管理机构关于项目申请有不同看法时，依托单位作为双方的中间人，可以协调双方之间的关系，化解矛盾。二是有利于加强申请人的力量，促进项目公正评审。依托单位介入复审制度，并且能够公正地站在申请人一方，则申请方的力量便得到了加强，复审的结果可能更加公正。三是有利于质量较高的项目获得基金资助。如果申请人所申请的项目质量较高，但因申请人、依托单位或者评审者的疏忽而不被认同，这样的项目不能获得资助多少有些遗憾。依托单位有力量组织专家团队，对该项目的质量进行论证，并将论证结果和复审申请书一并提交基金管理机构，或许能够说服基金管理机构重新予以资助。

因此，依托单位在复审制度中的职责还在申请人和基金委之间进行沟通和协调。依托单位参与复审制度后，有责任在基金管理机构与申请人之间进行沟通协调。特别是"当一个依托单位内部的复审量剧增时，依托单位与不予受理或不予资助的申请人之间的了解、沟通、建议、咨询等一系列管理工作却必不可少。"[1] 依托单位也应当与基金管理机构进行沟通,向基金管理机构提出不予受理或不予资助的相关文件,特别是不予受理和不予资助理由书可能存在问题,听取基金管理机构的回答或解释。

需要指出的是,《基金条例》明确规定了不可以提出复审的情况。因此,依托单位也有义务向申请人解释和说明不能提出复审的规定。帮助申请人树立严格合法提出复审的观念,避免盲目地提出复审,没有依据地提出复审,把复审当做一次重新评审机会等错误观念,这也给基金管理机构复审受理以及审查等工作减轻了负担。

4. 特殊主体的处理制度

《基金条例》施行前,科学基金资助的对象均是依托单位的科学技术人员。而那些从事基础研究但没有依托单位的科学技术人员,即我们俗称的"民间学者",不属于科学基金资助对象。《基金条例》公布实施之后明确规定"从事基础研究的科学技术人员具备前款规定的条件、无工作单位,或者所在单位不是依托单位的,经与在基金管理机构注册的依托单位协商,并取得该依托单位的同意,可以依照本条例规定申请国家自然科学基金资助。依托单位应当将其视为本单位科学技术人员,依照本条例规定实施有效管理"。这其实是为"民间学者"申请科学基金资助开了口子。但是"民间学者"能否申请科学基金项目依托单位的"同意"是先决条件。而这里的"同意"要以要式的法律方式做出,且要承担相应的法律后果。"依托单位要将这类人员纳入到本单位科学技术人员的管理轨道,要依照本《基金条例》的规定为其研究工作提供条件,监督其实施获资助的研究项目,按照《基金条例》要求及时向基金委提供各种材料,对其实施有效管理。如果依托单位无法做到这些要求,也要承担《基金条例》规定的法律责任。"[2] 因此,对这类特

---

[1] 朱世桂、郭彪:《我国高等学校贯彻〈国家自然科学基金条例〉面临的挑战与对策》,《中国科学基金》2008 年第 4 期。
[2] 韩宇等:《关于落实〈国家自然科学基金条例〉依托单位职责制度的几点法律思考》,《中国科学基金》2010 年第 2 期。

殊主体的管理就涉及准入、准入后管理以及准入法律后果等相关法律问题。①

是否同意这些"民间学者"准入，选择权在依托单位，但是一旦作出同意将其纳入本单位管理的决定，依托单位就必须和这些"民间学者"签订要式的准入合同。该合同应当包括协议主体、依托单位与非本单位人员的权利与义务，违约责任、争议处理等条款。从合同的权利和义务相对性的角度看，依托单位的权利即是非本单位人员的义务，依托单位的义务即是非本单位人员的权利，因此，可以选择一方主体的权利和义务来说明。依托单位的权利主要是管理非本单位人员进行项目管理的权利。这主要表现为《基金条例》第九条的规定。例如，依托单位有权跟踪基金项目的实施，有权监督基金资助经费的使用，有权审核申请材料的真实性等。此外，在基金项目的单位归属上，依托单位可以在依托协议中将归属单位约定为自己，依托单位还有权要求非本单位人员在发表项目相关论文时将单位名称署名为依托单位自己。

五 依托单位项目实施管理和监督制度

依托单位项目实施管理与监督制度是依托单位依据《国家自然科学基金条例》，按照基金项目管理和监督制度的要求，对项目负责人、项目参与者实施基金资助项目进行严格的过程管理，并协助基金管理机构对项目实施进行监督检查的各种实体和程序制度。该制度实施既是依托单位自身履行《基金条例》职责的必然要求，也是依托单位服务科学技术人员开展资助项目研究的基本保障，又是配合基金管理机构管理和监督基金资助项目的重要任务。主要包括以下几个方面的具体制度。

1. 实施条件保障制度

《国家自然科学基金条例》第九条第（三）项明确规定："依托单

---

① 因为准入后管理以及准入的法律后果等内容均需在准入合同中约定，而且一旦视为本单位工作人员，在后期的资助管理上和依托单位正式工作人员应该没有内容上的区别，因此此处着重论述准入合同问题。

位在基金资助管理工作中履行下列职责：……（三）提供基金资助项目实施的条件，保障项目负责人和参与者实施基金资助项目的时间"，这就是依托单位对项目实施提供条件的制度。包括为项目负责人提供基金资助项目实施的条件、保障项目负责人和参与者实施基金资助项目的时间两个方面内容。

（1）提供研究条件制度

现代科学的发展，使自然科学研究越来越依赖于各种高精尖的实验器材、功能强大的计算机设备等研究条件。这些实验室、实验器材、计算机设备等，往往耗资巨大，仅靠某一项目的某一次基金经费资助，往往难以完成这些研究设备、器材的购置和实验室的建设。在这种情况下，要求依托单位提供项目实施条件，成为自然科学基金项目顺利开展的重要保障。因此，依托单位在基金资助项目实施条件制度建设方面应当建立有效规划与合理整合制度。我国科研经费来源具有多元化特点，依托单位在开展科研条件建设时，既可能来自科技部等部委的专项资金支持，也可能来自国家自然科学基金资助，还有可能来自地方各级政府的专项资金支持。由此在尽可能解决科研条件建设经费不足的同时，也可能带来重复建设或者缺乏合理的整合。为了使依托单位能够更有效地为本单位的基金资助项目提供科研条件，有必要建立依托单位对科研条件建设的有效规划与合理整合制度。还应当建立对科研条件定期调查和跟踪制度。定期调查和跟踪本单位科研人员在实施基金资助项目过程中的科研条件，是依托单位主动提供基金资助项目实施条件的前提和基础。在这方面，已经有部分依托单位采取这种做法。例如，2007年12月，根据校领导的指示，某校发出"关于对2006年以来获得国家自然科学基金青年科教人员科研条件进行调查的紧急通知"，对各学院40岁以下且获得2006年、2007年国家自然科学基金资助的科教人员的科研条件进行调查，就是一种积极的做法。如果该做法能够予以制度化，对于改善基金资助项目科研条件将起到良好的示范作用。

（2）基金资助项目实施时间的规范化

目前依托单位对于基金资助项目的实施，大多予以大力支持，并充分保障项目实施时间。然而，依托单位在保障基金资助项目实施时间的同时，也面临着一些问题。其中最主要的问题是，实施基金资助项目的时间是否属于工作时间？对于中国科学院等科研机构而言，其实施基金资助项目的时间属于工作时间，这在制度保障上大多没有问题。但是对于高校而言，项目负责人和参与者为本校教职员工时，由于其利用相当一部分时间从事科研活动，同时还要从事教学工作，二者容易发生冲突。例如，有些野外科考项目往往耗时几个月，这时就面临着科研人员从事该科考项目时是否属于工作时间的问题。对此问题，由于科研人员是以依托单位的工作人员身份从事基金资助项目研究的，因此其实施基金资助项目应当属于其工作范围，其实施项目时间当然应当纳入工作时间。在制度设计上，可考虑采取一些依托单位的做法，对于主持或者参加基金资助项目研究的，可以按照其在基金资助项目中的作用换算成科研小时，相应核减其教学任务。

2. 实施过程的管理

依托单位对基金资助项目实施的管理和监督是一种"全过程"的动态管理。在项目实施开始之时，依托单位需要督促项目负责人撰写项目计划书并予以审核。在项目实施过程中，不仅需要督促项目研究实施，并督促项目负责人撰写项目年度进展报告并予以认真审核，而且对于项目实施中出现的研究内容、研究计划和主要研究人员变动等情况，需要按规定及时向自然科学基金委报告并办理相关手续。同时，依托单位还应当查看基金资助项目实施情况的原始记录。在资助项目后期，需要督促项目负责人提交结题报告并予以审核，并建立基金资助项目档案。在资助项目结束之后，需要对研究成果予以管理。

（1）计划书的审核制度

《国家自然科学基金条例》并未明确规定依托单位需要对项目计划书进行审核。[①] 然而，根据基金资助项目的管理实践，依托单位对项目

---

① 《国家自然科学基金条例》第二十一条规定："依托单位和项目负责人自收到基金管理机构基金资助通知之日起 20 日内，按照评审专家的评审意见、基金管理机构确定的基金资助额度填写项目计划书，报基金管理机构核准。依托单位和项目负责人填写项目计划书，除根据评审专家的评审意见和基金管理机构确定的基金资助额度对已提交的申请书内容进行调整外，不得对其他内容进行变更。"从该条规定来看，依托单位似乎也具有填写计划书的职责，但实践中都是项目负责人填写。

负责人填写的项目计划书应当予以审核。项目负责人填写项目计划书，经常会根据评审专家的评审意见以及实际的资助额度对项目申请书内容予以调整，此时依托单位作为基金资助项目的管理和监督者，其对项目计划书予以初步审核，可以使其及时掌握项目进展情况和具体的项目实施计划，有利于对项目进行管理和监督。

从实质上看，依托单位对项目计划书的审核是在基金管理机构对项目计划书的最终审核之前，由依托单位对项目负责人所填写的项目计划书的初步审查和核准，属于一种管理和监督行为。根据《国家自然科学基金条例》的规定，结合项目计划书审核的实际需要，依托单位对项目计划书的审核，应当做到以下方面：一是以项目申请书为依据对项目计划书进行审核。因为申请书是项目负责人对基金资助项目研究内容和研究方法的最初设想，评审专家正是基于对申请书的评价，才对项目负责人的基金资助项目作出了予以资助的学术判断，而基金管理机构也正是基于评审专家的学术判断才作出了予以资助的决定。换言之，基金资助项目申请书实质上是项目负责人对评审专家和基金管理机构的一种承诺，这种承诺不能随便变更。因此，项目负责人在实施该项目时，必须以其提交的基金资助项目申请书为依据，除了法定情形外，不得作出变更。二是评审专家有评审意见时，应当审核项目计划书是否符合评审专家的评审意见。评审专家对予以资助的申请项目往往会提出一些建议，以完善申请人的研究思路或者研究方法，便于项目负责人更好地开展项目研究。在这种情况下，项目负责人可以根据评审专家的意见，在填写项目计划书时进一步完善其研究内容或者研究方法。在此过程中，可要求项目负责人对评审专家评审意见的采纳情况进行说明。三是基金管理机构对基金资助额度予以调整的，应当按照比例原则，结合项目开展实际需要，对项目计划书的调整内容进行审核。基金资助额度是基金管理机构根据每年的财政预算确定的，超出了资助额度，则资助计划将难以完成。在这种情况下，项目负责人填写项目计划书，应当根据基金管理机构确定的资助额度来变更申请书的内容。此时，依托单位应当按照比例原则和项目开展实际需要，对项目计划书的调整内容进行审核。

（2）原始记录制度

原始记录制度是《基金条例》以及科学基金法律制度的重要创新

点,《科学技术进步法》将原始记录制度写入了修正案①中。原始记录是项目负责人在组织项目参与者开展研究工作时产生的历史记录,这些记录是能够证明研究人员开展基金资助项目研究状况的第一手材料,比如:在实验室进行试验的结果、学术讨论的会议纪要、开展学术交流的日程安排、学术报告,等等。原始记录具有客观性、真实性和原始性等特征。客观性是指原始记录是对客观发生的实验、会议、学术咨询等活动的记载;真实性是指记载内容应当是真实的,而不能是虚假的;原始性是指这些记录属于第一手的材料。

原始记录制度是项目负责人在组织项目参与者开展研究工作时,对与项目研究有关的实验及其结果、学术讨论、学术交流、学术报告等研究活动予以客观、真实记载,形成项目研究的原始记录,并以该原始记录作为基金管理机构和依托单位对基金资助项目进行管理和监督凭证的一系列制度。在基金资助项目管理中之所以引入原始记录制度,是考虑到仅仅通过研究成果来衡量基金资助项目的实施状况是不科学的,因为并不是所有的基金资助项目都能够取得研究成果,即使存在研究成果,也不一定能够全面准确地反映科学家的研究活动。事实上,基础研究具有很大的风险性,国家设立自然科学基金就是鼓励科学技术人员自由探索,宽容科学研究的失败,只要科学家认真进行科学研究就应当给予支持。当然,不容否认的是,也有极个别受资助的研究人员弄虚作假、敷衍塞责,不按照要求开展研究工作。为了防范科学不端行为,树立良好的学术道德,有必要设计一种制度,督促项目负责人依照项目计划书的要求开展研究工作,使那些没有研究成果但认真开展了研究工作的项目负责人来证明自己的研究行为。原始记录制度则是一个比较好的选择。

可见,在科学研究中,原始记录主要有以下功能:一是有的重大发现是建立在长期观察或反复实验基础上的,如果缺乏原始记录或没有妥善保存好原始记录,将是科学研究的重大损失。在这种情况下,原始记录就是科学研究真实性、连续性的重要依据。二是在缺乏道德规范的情况下,原始记录的审查是防止造假、防止学术不端行为的重要措施。从

---

① 该法第五十六条:"国家鼓励科学技术人员自由探索、勇于承担风险。原始记录能够证明承担探索性强、风险高的科学技术研究开发项目的科学技术人员已经履行了勤勉尽责义务仍不能完成该项目的,给予宽容。"

另一意义上解读，原始记录也是保护知识产权和保护科技工作者成果的法律证据。

依托单位对原始记录进行管理和监督是查看制度。《国家自然科学基金条例》第二十三条规定，"项目负责人应当按照项目计划书组织开展研究工作，作好基金资助项目实施情况的原始记录"，依托单位应当"查看基金资助项目实施情况的原始记录"。第二十六条规定"依托单位审核结题报告，应当查看基金资助项目实施情况的原始记录"。这就是依托单位对原始记录的查看制度。依托单位对原始记录进行查看时，应当从内容和形式两方面进行查看。在内容上，应当结合项目计划书，查看原始记录中是否包含了项目计划书中所确定的关键实验、重要会议等内容，并对这些实验、会议所取得的成果进行查看。在形式上，需要查看原始记录的记载事项是否全面，记载形式是否正确等。虽然《国家自然科学基金条例》规定了在提交年度进展报告和结题报告时，依托单位应当对原始记录予以查看。但从对项目研究进行管理和监督的角度上看，在日常研究过程中，依托单位也应当进行不定期查看，从而督促项目负责人认真组织开展项目研究。至于具体的查看方式，依托单位主要查看项目负责人提交的原始记录；必要时，也应当到项目组成员工作的办公室、实验室等场所查看原始记录。实践中有的依托单位对于原始记录制度还存在理解误区，没有分清项目负责人的义务是做好原始记录并保存，而依托单位的义务则是查看原始记录。因此，"依托单位的管理人员由于专业的限制无法对原始记录进行专业上的鉴定，仅仅进行是否存在的鉴定。如果原始记录造假，依托单位管理人员不承担造假的责任，仅承担审查的责任。审查之后，如果能够证明由于专业上的原因根本就无法辨别原始记录的真伪，依托单位管理人员就不需要承担责任"。[①]

（3）研究进展报告审核制度

年度进展报告是研究者对基金资助项目一年中研究状况的一种总结，将一年中所有的研究行为和成果进行一定的整理和归类，选择其重

[①] 韩宇等：《关于落实〈国家自然科学基金条例〉依托单位职责制度的几点法律思考》，《中国科学基金》2010年第2期。

点和关键问题形成的报告，其内容包括：研究工作进展情况、经费使用状况等。要求项目负责人提交项目年度进展报告，实际是督促项目负责人认真开展研究工作的一种形式，通过撰写报告，总结一年来研究工作情况，使依托单位和基金管理机构了解获资助项目的进展。项目年度进展报告是基金管理机构核准后续拨款的重要依据。实践中依托单位审核年度进展报告制度包括：

一是审核重点。主要从项目研究进度是否符合项目计划书的要求，年度进展报告是否存在虚构成分，是否可以由完整的原始记录提供证据支持；经费使用是否合理，是否与项目研究的实际情况相匹配等方面对年度进展报告进行审核。

二是审核方式。依托单位对项目年度进展报告进行审核，除了查看原始记录之外，还可以组织项目负责人进行答辩，要求项目负责人对项目年度进展报告中的关键问题予以说明。

三是审核结果。主要有以下几种：①对于项目年度进展报告符合项目计划书要求、报告内容真实、经费使用合理的，依托单位应当在审核之后将年度进展报告提交给基金管理机构；②对于项目年度进展报告中与项目研究事实不符的内容，依托单位应当要求项目负责人予以更正；③对于未按项目计划书要求开展研究工作，或者经费使用不合理，而且已经无法予以更正或者补救的，依托单位应当如实作出说明，并提交给基金管理机构。

（4）变更程序管理制度

科学研究具有探索性，事先确定的研究思路和研究路径往往需要根据实际情况进行调整。基金资助项目在实施过程中，不可能完全按照事先制订的研究计划进行，也需要作些调整，甚至作出重大调整。但是，基金管理机构和评审专家之所以同意资助申请人提出的基金资助项目，很重要的原因是基于申请人提出的研究内容、研究计划、研究方法等，如果这些内容发生了重大变化，也就意味着产生了一个新的研究项目，对该研究项目是否予以资助，评审专家、基金管理机构可能会有不同的看法。因此《基金条例》规定了变更的审批制度。但是就科学基金法律制度规范而言，项目变更程序并不是我们一般所理解的内容项目变更。从法律意义上而言，项目实施主体发生变更也属于项目变更。《基金条例》在第二十四条和第二十五条①中分别规定了项目负责人的变更和项目内容变更两种情况。

从《基金条例》的基本规定来看,坚持了"以不变更为原则,以可变更为例外"的基本立法原则。可变更的情况需要经过严格的审批程序,而发起或者启动这项审批程序的主要主体就是依托单位。从赋予权利的角度而言,《基金条例》首先赋予依托单位对变更情况的审查和提交的权利,因为依托单位对本单位科学技术人员的项目实施情况最为清楚,对出现变更的法定事由能够及时发现,及时审查或者提出变更的申请,有利于在法律程序上保障项目的顺利实施。如果依托单位怠于行使这项权利,不履行审查或提交的职责,那么项目无法顺利开展,或者基金管理机构发现了法定的变更情况作出相应的处理措施,给项目实施带来的不利后果,依托单位也要承担未审查或提交的责任。对此,《基金条例》第二十四条明确规定,"基金管理机构也可以直接作出终止基金资助项目实施的决定"。可见《基金条例》也赋予了基金管理机构对于依托单位不启动项目变更程序的处理权利。而基金管理机构一旦直接作出处理决定,也就意味着依托单位项目实施的服务保障职责履行不力,应当承担相应的法律责任。②

(5) 依托单位对结题报告的审核制度

基金资助项目结题是基金资助项目负责人以及参与者按照项目计划书的要求完成基金资助项目研究的标志,意味着基金管理机构的资助工作就此结束。基金资助项目一旦结题,需要项目负责人向基金管理机构提交结题报告,总结基金资助项目资助期限内的科学研究情况,客观真

---

① 《国家自然科学基金条例》第二十四条规定:"基金资助项目实施中,依托单位不得擅自变更项目负责人。项目负责人有下列情形之一的,依托单位应当及时提出变更项目负责人或者终止基金资助项目实施的申请,报基金管理机构批准;基金管理机构也可以直接作出终止基金资助项目实施的决定:(一)不再是依托单位科学技术人员的;(二)不能继续开展研究工作的;(三)有剽窃他人科学研究成果或者在科学研究中有弄虚作假等行为的。项目负责人调入另一依托单位工作的,经所在依托单位与原依托单位协商一致,由原依托单位提出变更依托单位的申请,报基金管理机构批准。协商不一致的,基金管理机构作出终止该项目负责人所负责的基金资助项目实施的决定。"第二十五条规定:"基金资助项目实施中,研究内容或者研究计划需要作出重大调整的,项目负责人应当及时提出申请,经依托单位审核报基金管理机构批准。"这就是项目实施出现问题时依托单位的管理制度。

② 韩宇等:《关于落实〈国家自然科学基金条例〉依托单位职责制度的几点法律思考》,《中国科学基金》2010年第2期。

实地反映研究人员的研究状况,包括取得的研究成果等。

结题报告是项目负责人以及参与者按照项目计划书的要求完成基金资助项目研究时,对项目资助期限内的科学研究情况以及取得的研究成果等进行总结所形成的报告。结题报告制度是项目负责人组织撰写结题报告后,经依托单位审核之后提交给基金管理机构进行审查;基金管理机构对结题报告进行审查后,对符合结题要求的予以结题并相应终止基金资助项目研究,对不符合结题要求的,提出处理意见后由项目负责人组织进行补救的一系列制度。

《国家自然科学基金条例》第二十六条规定:"自基金资助项目资助期满之日起60日内,项目负责人应当通过依托单位向基金管理机构提交结题报告;基金资助项目取得研究成果的,应当同时提交研究成果报告。依托单位应当对结题报告进行审核,建立基金资助项目档案。依托单位审核结题报告,应当查看基金资助项目实施情况的原始记录。"虽然《国家自然科学基金条例》未对依托单位结题审核主要内容和程序进行明确规定,但是2009年基金委制定的《国家自然科学基金重点项目管理办法》的部门规章对基金管理机构的结题审查作出了比较细致的规定,依托单位在审查结题报告时可以参考这些审查标准。

一是审核重点。依托单位应当对项目负责人的结题进行决算审查,审查结题手续是否完备。这是《重点项目管理办法》中基金管理机构对依托单位的要求,因此依托单位应当先行审查。此外《重点项目办法》中列举了结题评估专家的审查要点,也应当成为依托单位审查的标准。主要包括项目计划执行情况、研究成果情况、人才培养情况、国际合作与交流情况、资助经费的使用情况等方面。此外还有:依托单位还应当审查项目是否按照项目计划书的要求开展研究;项目研究是否取得预期成果,如果未取得预期成果,其原因主要是什么;结题报告是否存在虚构成分,是否可以由完整的原始记录提供证据支持;经费使用是否合理,是否与项目研究的实际情况相匹配等相关问题。

二是审核方式。依托单位对结题报告进行审核,除了查看原始记录之外,还可以组织项目负责人进行答辩,要求项目负责人对结题报告中的关键问题予以说明。对于项目未能取得预期成果,但项目负责人已经按照项目计划书开展研究,但由于各种客观原因而无法取得预期成果的，可以根据项目实际情况，组织有关专家予以咨询讨论。

三是审核结果。对于项目符合项目计划书要求取得预期成果、报告内容真实、经费使用合理的，依托单位应当在审核之后将结题报告提交给基金管理机构；对于结题报告中与项目研究事实不符的内容，依托单位应当要求项目负责人予以更正；对于未按项目计划书要求开展研究工作，或者经费使用不合理，而且已经无法予以更正或者补救的，依托单位应当如实作出说明，并提交给基金管理机构。

(6) 档案、成果以及成果转化管理制度

资助项目结题之后，虽然从资助机构和科研人员的角度，资助法律行为终结，但是依托单位对基金资助项目的管理还没有结束。这些管理行为包括档案管理制度、成果管理制度以及成果转化法律制度等内容。对于这些制度《国家自然科学基金条例》以及相关规章规定较少，或者规定得比较宏观。《基金条例》中仅仅规定了成果的标注义务，但这项义务更多的是约束科研人员的，依托单位仅在一定范围内承担监督责任。此外《基金条例》第二十六条规定："依托单位应当对结题报告进行审核，建立基金资助项目档案。"这是有关依托单位建立基金资助项目档案制度的原则性规定。对于成果管理制度未在《国家自然科学基金条例》中明确规定，但《国家自然科学基金委员会关于加强依托单位对科学基金项目管理工作的意见》要求依托单位"加强科学基金成果管理"，具体包括加强基金项目研究成果管理、进一步做好项目跟踪管理等内容。而这项规定也比较笼统，操作性不强。对于研究项目的知识产权的规定则更为缺乏，尽管《基金条例》以及部门规章中都作出了援引性规定，即按照我国有关法律法规执行。那么立法中可以援引的法规只有《中华人民共和国科学技术进步法》第二十条规定："利用财政性资金设立的科学技术基金项目或者科学技术计划项目所形成的发明专利权、计算机软件著作权、集成电路布图设计专有权和植物新品种权，除涉及国家安全、国家利益和重大社会公共利益的外，授权项目承担者依法取得。"但是具体到科学基金法律制度中"项目承担者"作何种立法解释是一个需要讨论的问题，此外对于知识产权的使用、转化等制度《科技进步法》本身规定得也很宏观，科学基金的制度构建只能总结自

(7) 经费管理制度

对基金资助经费使用的管理是基金管理工作的重要内容，也是社会各界关注的焦点。几年来随着我国自然科学基金经费数额的逐年迅速增长，对于经费日常使用的管理越加引起基金管理机构、依托单位、社会人士等各方的关注。依托单位对于资助项目经费管理和监督是基金资助经费管理的核心和关键。依托单位对基金资助经费的监管主要是依据《国家自然科学基金条例》、《国家自然科学基金项目资助经费管理办法》等展开。此外，由于基金资助经费属于国家财政资金拨款，因此还应该遵守国家《预算法》等有关国家财政资金使用和管理的法规。依托单位对经费的监管主要是基于基金管理机构和《基金条例》等相关法规的授权。因此，依托单位对于基金资助经费的管理与监督行为中具有的一些特殊法律性质值得注意。

首先，依托单位对于经费的管理与监督既是权力也是义务。对于具体的项目负责人来讲，依托单位对于经费的管理是基于授权行使行政管理权力的行为，依托单位依据授权具有监管经费的权力。同时对于基金管理机构来讲，基于《基金条例》第九条及第二十二条等法规的规定，依托单位具有对本单位的项目经费进行监管的义务，依托单位不能随意抛弃其承担的管理职责。

其次，依托单位的管理与监督行为是基于行政授权行为进行。"在我国，行政授权有特定的内涵，指法律法规直接将某些行政职能及行政权授予行政机关以外的组织行使的法律制度，行政授权的出现，主要是基于管理和控制行政规模的需要。"基金管理机构虽然是将基金资助经费拨付到依托单位的账户，但是《基金条例》等法规都要求自然科学基金资助经费必须专款专户、独立核算使用。因此，依托单位对于基金经费的管理是基于基金管理机构和相关法规授权进行的行政管理行为，不同于对本单位人员进行的日常行政管理行为。即使与项目负责人等之间因聘用而具有关系，依托单位在经费监管的过程中也无权基于对其使用经费的行为进行不合理、不合法的干涉。

---

① 具体内容将在本书知识产权一章中论述。

一是经费预算制定制度。在自然科学基金项目的申请过程中,依托单位的相关人员应该协助、指导项目申请人合理、合法编制项目计划书中的经费预算。依托单位应该协助项目申请人制定合乎规范要求的预算。这项职责要求依托单位在合法的范围内为项目申请人编制预算提供必要的指导。在基金管理机构发布当年的项目申请指南和申请规则要求时,依托单位应该在充分理解基金管理机构关于预算的要求的条件下,面向本单位所有的项目申请人发布书面的指导。这样能够基本保障项目申请人制定的预算合乎基金管理机构的形式要求,也使项目申请人能够基本把握预算制定的基本规则和实质内容方面的规范。此外,在之后的项目申请阶段,考虑到预算制定具有一定的专业财务知识和法律知识,依托单位应该根据本单位的情况安排人员为项目申请人解答预算制定过程中遇到的具体问题,如"项目依托单位的科研和财务部门要为科研人员提供政策法规咨询服务"[①]。依托单位在预算制定中的协助工作,除了能够有效减少本单位的项目由于预算制定不合乎规范要求被拒绝的风险外,也能够在一定程度上减少基金管理机构审核预算的工作量。考虑到我国近年来自然科学基金项目申请数量逐年递增的态势,依托单位协助制定预算的工作更加具有实际意义。

二是拨付经费的通知制度。只有拨付了经费,项目负责人才能真正启动科研项目的研究,在项目实施过程中使用经费的各项程序才真正开始,依托单位对经费使用的管理也才由于经费的实际到账产生实效。为了确保资助经费及时发挥效益,《基金条例》第二十二条中要求依托单位收到资助经费后有通知的义务,通知的对象包括基金管理机构和项目负责人。通知基金管理机构,是基于依托单位对基金管理机构拨款行为的一种对应义务,便于基金管理机构及时了解经费拨付情况,避免出现漏拨、重拨、缓拨等不正常现象,加强财务监督。通知项目负责人,是依托单位对基金资助项目实施管理的必要手段,也是对项目负责人所履行的必要义务,是项目负责人真正开始项目研究的一个必要条件。该通知义务的履行期限为7日,即依托单位自收到资助经费之日起7日内,

---

① 徐玉娣、马新南:《规范科学基金项目经费管理 提高财政资金使用效益》,《中国科学基金》2007年第2期。

必须通知基金管理机构和项目负责人。

作为基金经费重要管理者的依托单位，在基金经费拨付到账的同时，除了承担通知项目负责人资金到账情况的义务外，尚且应该有责任在通知的同时对与项目经费合理使用有关的制度和法规再次向项目负责人作出指导和强调。依托单位在经费拨付时对经费使用管理规则的指导可以通过统一的书面指导、面对面的个别指导以及安排专人对特殊问题进行解答等方式进行。如果能够要求依托单位承担这样的指导职责，不仅有利于保障国家自然科学基金的有效利用，同样也有利于依托单位后期经费管理任务的开展。

三是经费日常使用管理制度。项目负责人如何使用资助经费，依托单位如何对经费的日常使用进行有效的管理，是基金经费管理工作的重点和难点问题，也是社会各界关注的焦点问题。在实践中基金资助经费的使用问题比较复杂，不同项目、不同依托单位的情况之间差异较大，《基金条例》难以对经费的日常使用作出全面规范。在总结实践经验和各方意义的条件下，《基金条例》对经费的使用与管理作了两方面规定：①对依托单位和项目负责人使用资助经费进行原则规定，即项目负责人必须严格按照项目计划书的要求使用项目经费。项目计划书是项目负责人依照其申请书、专家评审意见、基金管理机构核定的资助额度确定的，是项目负责人项目实施的计划，其内容包括了资助经费的使用，基金管理机构正是通过对项目计划书的审核才为其拨款的。项目负责人按照项目计划书的要求使用资助经费，相当于兑现计划书的承诺。为了确保项目负责人依照项目计划书的规定使用资助经费，《基金条例》赋予依托单位对项目负责人使用资助经费进行管理的权力。同时，为了防止依托单位不当干预项目负责人正常的经费使用，还对依托单位侵占和挪用资助经费作了禁止性规定，即依托单位不得非法侵占和挪用资助经费。②授权国务院财政部门会同基金管理部门制定基金资助经费使用和管理的具体办法。通过制定具体办法，进一步明确资助经费的使用范围、使用方式以及管理的具体措施等。

在依托单位对于基金资助经费的日常使用进行管理的过程中，存在以下几个问题。其一是依托单位在经费中收取的管理费的数额和比例。在实践中，依托单位为了保障自然科学基金项目的顺利实施，的确需要付出很大的人力、物力。以基金经费管理为例，依托单位从项目申请阶段直到项目结题之后，在各个阶段都需要利用本单位的人力资源和设施等为经费的管理提供使用规则指导、问题解答、日常使用行为管理、经费账户管理等服务。因此，依托单位理应在规则允许的范围内从基金资助经费中提取部分管理费。但是，应该对依托单位提取管理费的行为进行更为严格的明确规范，否则依托单位可能会基于对本单位利益的考虑过度提取管理费。在实践中，除了提取数额缺乏精确的限制，导致一些依托单位过度提取外，还存在层层提取管理费这样一些不规范的做法，如大学科研处收一次，系上又再次收取等。由于基金资助经费是按照项目计划书的科研预算经过严格审批拨付的，这样的行为可能会严重影响科研人员的研究安排。在《经费办法》的第八条中已经规定管理费不得提取超过5%，且协作单位不得重复提取。但是这样的规定缺乏对依托单位内各级机构重复提取管理费的限制性规定和惩罚性措施。并且统一规定不得提取超过5%的管理费也在一定程度上忽视了不同依托单位和不同规模项目之间存在的差异性。

另外，在实际的经费使用和管理中，依托单位应该严格按照项目计划书中的预算，管理项目负责人日常使用经费的情况。在《经费办法》的第八条中，也对资助经费按照不同的开支项目和这些开支项目大致可以涵盖的范围等作出了规定。此外，在该规定中还对经费中一些开支项目，如国际合作与交流费用、劳务费等在经费使用中最大可占比例的上限作出了规定。这样具有可操作性的规定为依托单位对经费的管理提供了很大的便利。

对于经费违规使用的情况，依托单位理应严格管理并为违规使用经费的行为向基金管理机构承担一定的责任。对基金资助经费的各项使用作出更为合理、精确的规定，才更有助于依托单位在实践中对经费的使用进行管理。对经费的使用作出更为精确的规定同样有利于避免依托单位在经费管理过程中以管理为借口不当挤占基金资助经费，或是出于不当理由以经费管理为借口对项目负责人的科研活动和项目的顺利开展施加不合理的干涉。

四是经费调整制度。在项目的进行过程中，有时难免会发生一些在编制项目计划书时难以预料到的问题，此时为了保障项目科研活动的顺利进行，可能会出现对经费作出调整的需要。但是，由于基金资助经费来源于国家财政资金，经费如果频繁发生调整，会给国家财政资金的管理和基金管理机构的正常工作带来巨大不便。

因此，在《基金条例》的第二十一条中规定："依托单位和项目负责人自收到基金管理机构基金资助通知之日起20日内，按照评审专家的意见、基金管理机构确定的基金资助额度填写项目计划书，报基金管理机构核准。依托单位和项目负责人填写项目计划书除根据评审专家的意见和基金管理机构确定的基金资助额度对已提交的申请书内容进行调整外，不得对其他内容进行变更。"在《经费办法》的第十一条中也规定："经批准的项目资助预算一般不做调整。由于项目研究目标、重大技术路线或主要研究内容调整，以及不可抗力造成意外损失等原因，对项目资助经费预算造成较大影响时，必须按程序报自然科学基金委批准。"依据这些规定，项目计划书一经批准，原则上经费不做调整，经费的使用应该按照申请项目时制定的预算或根据基金管理机构审议意见调整的预算严格进行。

在项目批准获得资助时经基金管理机构审核、批准的项目计划书是基金管理机构和项目负责人之间的有效协议，在不出现重大原因的情况下，按照协议确定的经费数额理应得到遵守。毕竟，允许经费任意进行调整，不但不利于基金管理机构的项目管理和整体资助的预算制定工作，也可能引发极少数项目申请人通过少报预算争取基金资助获批准后再谋求经费调整的不当行为。实践中很多调整都存在着不少问题，"尽管绝大多数课题在实施中实际发生了预算调整，但很少有课题组和依托单位按政策要求办理有关手续"。[①]

因此，依托单位基金资助经费管理的过程中，在经费调整的管理环节也可以承担一定的管理职责。首先，依托单位在项目申请阶段应该合理调配单位内的科研力量，指导、协助项目申请人合理制定预算，适当评估项目开展的风险。尽力防范后期可能出现的不当调整经费的风险，为保障基金资助经费在推动我国科研发展方面发挥最佳效用做出贡献。

[①] 傅裕贵、伍新玲、伍莹莹：《我国科技经费管理政策全解读与执行情况解析》，《科技进步与对策》2006年6月号。

其次，如果确实发生需要调整经费的情况，依托单位应该协助、指导项目负责人向基金管理机构提出经费调整申请，以保证科研开展的持续性。如果经评估项目的继续进行已经基本丧失申请时的意义，依托单位应协助项目申请人做出合理的选择以避免国家财政资金的浪费。再次，如果基金管理机构批准了经费调整的申请，依托单位应尽力协助项目负责人根据经费调整的情况重新安排项目科研实施的计划和进度。

五是经费决算制度。结题时基金管理机构对于决算报告的审核不仅关系到项目负责人的项目结题审查结果，同样也是对依托单位基金资助经费管理工作的重要审核。如果决算报告无法顺利通过审核，不但会影响基金管理机构和项目负责人的科研计划，也将严重影响依托单位经费管理工作的成效，进而可能会影响依托单位今后申请自然科学基金项目的能力。因此，经费决算管理是基金资助经费管理收尾阶段的工作，依托单位应该高度重视经费决算管理工作的开展。

《基金条例》第二十六条中规定："自基金资助项目资助期满之日起60日内，项目负责人应当通过依托单位向基金管理机构提交结题报告……依托单位应当对结题报告进行审核。"《经费办法》中也规定："自然科学基金项目研究结束后，项目负责人应会同依托单位财务部门清理账目，根据批准的项目资助经费预算，如实编报资助项目经费决算，由项目依托单位科研管理部门、财务部门审核签署意见后存档备查。项目依托单位科研管理部门根据审查后的项目资助经费决算表，编报项目决算汇总表并签署审核意见后，于每年3月31日前报送自然科学基金委。"

依托单位在决算管理中应该在职责范围内指导、协助项目负责人做好决算表的编制工作。这样可以避免项目负责人由于不熟悉基金管理机构的经费决算制度而无法顺利完成项目结题工作，也可以有效减少基金管理机构的工作量，提高其结题审核的工作效率。同时，依托单位应该在自身应负职责的范围内对经费决算表等信息、文件的真实性、准确性承担一定的审查责任。依托单位由于对本单位科研人员使用经费情况的掌握具有天然的信息优势，因此，依托单位作为管理基金资助经费管理义务的具体承担者，应该对经费决算表中信息的准确性、真实性承担一定范围内的责任。

六是结余经费管理制度。《基金条例》中仅规定依托单位不得挪用、侵占基金资助经费。《经费办法》第十四条则规定:"在研资助项目的年度结余经费,结转下一年度继续使用。结题项目的结余经费,仍用于项目依托单位的自然科学基础研究或部分应用研究工作。"根据这一规定,依托单位对于基金资助经费结余部分的管理可以分为在研项目年度结余经费管理和结题项目结余经费管理两大部分。

首先,对于在研项目结余经费的管理,依托单位应承担两方面的工作。第一,依托单位应该协助项目负责人做好相关结余经费的使用管理。由于基金资助经费是按照批准的预算分年度拨付,依托单位应该协助项目负责人按照结余经费和本年度新拨付经费的整体数额以及项目科研进展的整体情况合理使用项目经费,以保障科研项目的顺利进行。第二,由于基金管理机构是按照项目计划书的预算分年度拨付项目所需的经费,因此当在研项目出现年度结余经费时,依托单位有责任在不干涉正常科研活动的条件下,对项目的实施进程做适当关注。这样可以从经费使用情况及时发现项目实施中可能出现的问题,以保证基金资助经费能够发挥最大效用,或避免不必要的损失发生。只有依托单位在经费管理中积极主动地发挥管理职能,才能最大限度地做好基金资助经费的管理工作。

其次,对于结题项目结余经费的管理。根据《经费办法》的规定,结题项目结余经费归属依托单位在限定的范围内使用。这样的规定不同于《国家重点基础研究发展计划专项经费管理办法》等规范的规定,这些规定一般是要求依托单位在结题后将结余经费及时上交有关经费管理机构,还对依托单位不及时、足额上交结余经费的情况规定了一些处罚措施。相比之下,《经费办法》的规定更有利于促进依托单位科研的发展,在某种程度上也有利于鼓励依托单位对项目经费合理使用进行积极管理。但是,这样的规定也可能会引发不良后果,由于结余经费归属依托单位所有,极个别的依托单位出于为本单位自身利益考虑的目的,可能会在经费管理中不当干涉项目负责人对经费的正常使用,甚至在指导项目申请人编制预算申请时鼓励多报预算以提高结余大量经费的可能性,这样的行为都不利于基金资助经费最大限度地为推动我国科研的发展发挥作用。因此,如果规定结余经费归属依托单位所有,基金管理机构就需要对依托单位对结余经费的管理工作加强控制,以避免个别依托单位利用规定不当牟取利益。

第三章

评审专家管理法律制度

同行评议（peer review）是科学基金法律制度的生命线。同行评议最早的实践可以追溯到1665年皇家学会的《哲学会刊》成立之初，要求其授权出版的时候首先应当由该领域的一些成员进行评议。到了20世纪40—50年代，同行评议作为一种研究资助分配的机制率先在美国建立起来。对于联邦政府资助申请同行评议的实践肇始于1937年美国国家咨询癌症委员会，当时的立法中明确规定，评议被当做从国家癌症研究所获得研究资助的前提条件。[①] 1950年美国国家科学基金会成立之初，第一任主任阿伦·T.沃特曼就引进了同行评议制度。经过近半个世纪的发展和完善，美国、澳大利亚等西方国家都把同行评议作为科学基金组织资助基金项目的关键环节，通过项目指南、管理办法等明确同行评议的基本规则和程序。加拿大还专门制定了《同行评议手册》。因此，同行评议成为世界各国科学基金制度的核心制度。

同行评议解决了两个方面的问题：一是对科学的评价问题。尽管科学研究是一项专业知识的生产和传递，但是它仍然需要评价，尤其对于国家财政资助的科学研究行为，需要对社会公众有一个交代和回应。因此，同行评议首先解决了评价对象问题，即科学进行评价的问题，打破了科学神秘主义的羁绊。二是由科学共同体自身评价的问题。那么对于科学的评价由谁承担，评价主体如果不具备合适的资质和能力无疑是对评价的一种滥用以及对科学的损伤。因此对于科学的评价必须由科学共同体本身进行，才可以避免上述的问题。同行评议又解决了评价主体问

---

① ［美］达里尔·E.楚宾等：《难有同行的科学》，第19页。

题,且避免了普通公众、政治等评价主体对科学的非专业介入。因此,同行评议一方面维护了科学共同体的专业和权威地位,另一方面向社会大众传递了科学研究的一种民主和公正的信息。

对于同行评议的争论在英美国家从来没有终止过,但是一个基本的原则被更多的科学同行以及公众所接受。那就是"对同行评议的某些评价处于这两极之间——承认系统的弱点,而继续坚信同行评议是做好的分配机制。"[1] 同行评议地位之所以无法撼动,那是因为科学是一门专业的知识,是少数人的民主,不是一种大众的民主,所以享有"民主权利"的评价主体具有严格的准入资格,具有特定性和不可替代性。这只能在科学共同体内部产生,否则科学的民主就成为一种抽签的游戏。而同时同行评议的弱点同样来自于科学共同体,评价主体成为政治等势力的附庸或者评价主体自身的异化[2]往往成为大多数同行评议被攻击的命门之所在。而无论是评价主体受到外部势力的影响,还是自身的异化,克服和改进的根本源头还在于评价主体自身,也就是同行评议的实施者,即评议或者评审专家。因此,评审专家的规范和管理是同行评议制度的基石是有一定道理的。

一 评审专家的多重角色与制度规范

评审专家首先是科学家,但同时又是科学行政管理者授权的评审人,这种双重身份使评审专家在价值选择上需要不停地调和纯粹科学家和行政管理者的矛盾,并试图在评审行为上能够融合这一根本分歧。这正如下面论述所言:"巴尔的摩、雅洛和缪勒都是顶尖科学家,他们促进科学研究的兴趣与政治家和行政管理者对效率、问责性以及科学的社会导向的关注不一致。科学家想削弱科学管理者的控制,而管理与预算办公室(OMB)担心决策权正从当选官员的手中被夺走;科学家希望公共资金用于推动科学革命,而OMB则抱怨同行评议允许科学家将公共资金用于自己的目的。然而,同行评议的目的之一是调和科学家和政

---

[1] [美]达里尔·E. 楚宾等:《难有同行的科学》,第18页。
[2] 此处的异化包括科学家的不当行为和科学的社会责任被忽视。

策制定者的显然不同的作用,将科学家吸引到科学管理中来。"① 因此,评审专家承担的角色更应当定位为科学管理者,通过同行评审行为应当更多地把科学自治和科学社会导向的张力不断缩小。

正因为评审专家在价值层面具有如此重要的意义,各国对于评审专家的管理和规范都十分重视。但是从规范的特征来看,西方各国都把对评审专家的管理放到评审程序中进行规范,比如美国基金会关于评审程序以及学术不端行为的办法中有关于评审专家的规范内容。这种规范方式紧密围绕评审程序十分具有针对性,但是其缺点也十分突出。对于评审专家的活动虽然主要是评审行为,但是评审专家的准入、退出以及监督机制等无法整体地反映出来,而且评审程序的规范对象除了评审专家还包括基金管理机构的工作人员,这不利于评审专家系统准确地了解自身的权利和义务。基于此,一种统一和专门规范评审专家的立法模式是必要的。

从我国科学基金评审专家制度发展的实践来看,虽然还没有建立起系统和规范的评审专家的法律制度,但是这种立法思路和立法的实践已经倾向于此了。科学基金成立之初就采用了同行评议制度,"在科研资源配置中引入同行评议方法,是我国的科研管理实现与国际接轨的重要举措。在当初中国科学院 89 位学部委员提议设立国家自然科学基金时,就明确提出科学基金的运行应借鉴美国国家科学基金会(NSF)的做法与经验,接受科学家自由申请的研究项目,并以同行评议的方式遴选受资助项目,这就从根本上改变了计划体制的科研资源配置方式"。② 随着科学基金制的不断发展和完善,评审专家管理制度也日臻完善。1995年10月30日国家自然科学基金委员会委务会议通过《国家自然科学基金委员会学科评审组组建试行办法》,该办法的内容包括:评审组及其成员的职责与任务、组成评审组的基本原则、评审组的数量与人数、评审组成员的任期、回避与保密、评审组换届程序。虽然这仅仅是关于学科评审组的规定,但从这个办法的立法思路上看,对于评审专家的管理成为核心内容。2007 年正式公布实施的《国家自然科学基金条例》虽

---

① [美]达里尔·E. 楚宾等:《难有同行的科学》,第 30 页。
② 龚旭:《科学政策与同行评议——中美科学制度与政策比较研究》,浙江大学出版社 2009 年版,第 118 页。

然不是专门针对评审专家管理的法规，但是其构建了对于评审专家进行管理的整体思路和制度框架。也正是在贯彻落实《基金条例》的基础上，基金委形成了36部部门规章体系，其中《国家自然科学基金项目评审专家管理办法》赫然在列。这就是一种完全以评审专家这个主体为核心的立法模式构建，它可以极大地克服评审行为、评审程序立法的诸多不足。这个办法最近曾经连续多年列入立法计划，虽然还没有正式颁布实施，但是科学基金评审专家管理的实践以及《基金条例》的相关规定足以成为我们论述科学基金评审专家管理法律制度的依据。

《基金条例》明确了评审专家的法律地位，确立了评审专家和基金管理机构的基本法律关系，这是构建评审专家法律制度的基础。在评审专家管理过程中，基金管理机构与评审专家之间将以民事法律关系为基础形成一种特殊的行政法律关系。原因在于：一是法律依据是行政法，即调整基金管理机构与评审专家之间法律关系的主要依据是《国家自然科学基金条例》，该《基金条例》在性质上属于行政法。二是法律关系主体不是平等的主体。基金管理机构作为国务院直属的事业单位，负责管理国家自然科学基金，监督基金资助项目的实施，因此在评审专家对基金资助项目申请进行评审的过程中，基金管理机构虽然不能干涉评审专家独立作出评审意见，但需要对评审专家进行相关的评估、管理和监督工作，属于评估者、管理者、监督者。而评审专家在评审活动的管理过程中，需要接受基金管理机构的评估、管理、监督，属于被评估者、被管理者、被监督者。三是法律关系的内容具有强制性，既不能随意转让，也不能任意放弃。根据《国家自然科学基金条例》的规定，基金管理机构在同行专家库的建立、评审专家的聘请、通信评审与会议评审中评审专家的随机选取、评审专家评审活动的管理与指导、评审专家评审意见的整理与公布、评审专家评审行为的评估以及在评审专家违法时给予处罚等具有行政职责性质，既是基金管理机构的权力，也是基金管理机构的义务。同时，评审专家接受基金管理机构的管理和监督等，也是评审专家的法定义务，不能任意放弃，更不存在转让问题。此外，根据《国家自然科学基金条例》第三十七条的规定，评审专家在基金资助项目申请的评审活动中有违法行为的，由基金管理机构给予相应行政处罚（包括警告，责令限期改正，情节严重的通报批评，基金管理机构不得再聘请其为评审专家），进一步表明基金管理机构对评审专家进行的是一种管理行为，具有行政性质。

值得注意的是，基金管理机构与评审专家之间行政法律关系的形成，具有特殊性。即，基金管理机构与评审专家之间的行政法律关系是以民事法律关系为基础形成的。这是指，评审专家在评审活动中与基金管理机构间具有行政法律关系，但评审专家并不是由于与基金管理机构间具有行政隶属关系而参与评审活动的。

评审专家本身是基于与基金管理机构之间的聘用可以理解为一种民事法律关系，具有参与评审活动的资格的。因此，从这一意义上讲，评审专家与基金管理机构之间的行政法律关系的形成具有特殊性，即，这一行政法律关系是基于民事法律关系的存在而形成的。这种聘用关系也可以理解为一种行政委托关系。无论是民事法律关系还是行政委托法律关系，评审专家与基金管理机构之间所具有特殊的、复合型的法律关系将直接对评审专家与基金管理机构之间的关系、对评审专家管理法律问题研究的展开、对评审专家管理方式与管理内容的具体设计产生重要影响。

二 如何确保选到合适的评审专家

评审专家的遴选制度包括两个层面的内容，一是基金管理机构将专家选入评审专家库。二是基金管理机构根据项目申请的情况在专家库中选择实施评审行为的专家。在第二个层面上因为评审程序包括通信评审和会议评审，因此专家的选取又包括通信专家选取和会议专家选取。会议专家的选取目前采取的是学科评审组制度。因此，完整意义的评审专家遴选制度包括评审专家库制度、通信专家选择制度和学科评审组制度三个方面。

1. 评审专家库制度

评审专家库是评审专家遴选的第一道环节，通信评审专家和学科评审组都必须来源于评审专家库，因此评审专家库制度是一个基础性和根本性制度。评审专家库制度应当包括评审专家的准入实体制度、专家库的维护以及评审专家准入或维护程序制度等方面内容。

（1）评审专家准入实体法律制度。《国家自然科学基金条例》明确规定了专家进入专家库的基本实体条件。即较高的学术水平和良好的职业道德，这是评审专家应当具备的基本条件。这两个基本条件分别从学术和道德两个层面对评审专家的准入作出了原则性的规定。具有较高的学术水平是对评审专家在专业上的要求，只有评审专家具有较高的学术水平，才能够对本研究领域的基金资助项目申请作出科学合理的评价，才能够得到基金管理机构以及申请人的认可。同时要求评审专家在所评价的研究领域具有较高的学术造诣和一定的研究成果，具有宽广的学术视野，熟悉国内外相关学科发展趋势与学科前沿，等等。具有良好的职业道德是对评审专家在职业道德上提出要求。评审专家具有较高的道德水准、良好的学术作风和求真的科学品德。确保评审专家对申请材料以客观、公正、实事求是的态度进行评价，可以保证科学基金制的公平、公正。

但是这两个条件都过于笼统，立法实践中需要对较高学术水平和良好职业道德进行细化，使其更具有可操作性。具体的立法思路可以包括积极的列举立法和消极的排除立法两个模式。积极的列举立法主要是通过列举较高学术水平的内涵，比如学历学位、职称、研究经历、研究成果等客观条件来界定较高的学术水平。而消极的排除立法则是通过规定一些不得进入专家库的情况，比如曾经有学术不端行为的专家即被视为不符合良好的职业道德要求，进而被排除在专家库之外。立法实践中往往可以将两个模式结合起来，通过正反两个方面的规定来明确评审专家库的准入条件。

（2）评审专家库的维护制度。评审专家被遴选到评审专家库之后，由于各种法定或者事实原因，可能由此影响到评审的正常开展，因此需要基金管理机构对专家库进行维护。这包括评审专家的变更和评审专家资格终止两种主要情况。评审专家的变更主要指评审专家工作单位变更和研究领域变更等情况。根据《国家自然科学基金条例》第十九条第三款的规定，评审专家与申请人、参与者属于同一法人单位的，评审专家应当申请回避。为避免出现在选定具体项目评审专家时未按规定回避的现象，基金管理机构应当及时、准确地掌握评审专家的工作单位。因此，当评审专家的工作单位发生变更的，基金管理机构应当在同行专家库中及时进行相关信息的变更，以免直接影响到评审专家的回避管理。此外在被聘请为评审专家之后，可能因为评审专家自身工作任务、学术兴趣等原因，导致个人研究领域的变更，或者由于学科的发展，导致评审专家所在的专业领域界定与划分发生变更。评审专家研究领域发生变更，会直接影响到对评审专家的使用以及基金项目评审的科学性。因此，在评审专家研究领域发生变更时，需要及时进行相关信息的变更。

发生评审专家评审资格终止的情况，应当及时维护评审专家库，确保信息准确和评审工作的顺利开展。导致评审专家的评审资格终止的情形，既包括由于客观情形，比如死亡、失踪等导致评审专家丧失履职的能力，也包括因评审专家存在违法违规行为，不宜再聘请其为评审专家；此外还包括主观情形，如评审专家缺乏履职的意愿。《国家自然科学基金条例》第三十七条规定作出了明确规定：一是不履行基金管理机构规定的评审职责。二是未依照《国家自然科学基金条例》的规定申请回避。三是披露未公开的与评审有关的信息。四是对基金资助项目申请不公正评审。五是利用工作便利牟取不正当利益。

（3）准入和维护的程序制度。评审专家进入专家库的程序应当包括基金管理机构主动认定程序和依托单位或专家自我推荐程序。实践中基金管理机构大多采用主动认定程序，把符合条件的专家直接遴选到专家库中，但是该程序中需要注意的问题是，基金管理机构将专家遴选到专家库中后，应当履行告知的义务。告知的内容除了被选为评审专家之外，着重应当对评审专家的权利和义务进行告知。依托单位或者专家的自我推荐程序，则包括推荐申请程序和基金管理机构审批认定程序两个环节。该程序中对基金管理机构的审批认定要求比较高，因为相比基金管理机构主动认定而言，自荐程序对专家资格的审查需要更加严格。专家库的维护程序需要着重指出的是，发生法定的或者事实的需要变更或者终止的事由时，评审专家以及依托单位都有义务将该情况及时告知基金管理机构，否则基金管理机构了解这些信息的难度较大，不利于专家库维护行为的开展。实践中可以采用专家每年备案制度来防止基金管理机构不能知晓变更事由的情况发生。

2. 通信专家选择制度

《基金条例》的第十四条规定："基金管理机构对已受理的基金资助项目申请,应当先从同行专家库中随机选择3名以上专家进行通信评审,再组织专家进行会议评审;对因国家经济、社会发展特殊需要或者其他特殊情况临时提出的基金资助项目申请,可以只进行通信评审或者会议评审。"由此可见,通信评审专家的选择应当包括选择的基础、选择的程序和选择的结果三个主要问题。选择的基础是指通信评审专家的选取必须是在同行专家库中选择,这是通信评审的专家选择的前提和基础。选择的程序主要是随机选择程序,而选择的结果需要每一个项目至少有3份评审专家意见。

(1) 选择的基础。通信评审专家选取的基础就是同行专家库,实践中还有"大同行"和"小同行"的争论,但不管是哪种"同行",真正能够做到对所评审的项目涉及的学术问题进行准确判断是唯一标准。因此,同行专家库是能否选择合适的通信评审专家的基础,而且针对不同的项目,其同行专家库可能是变化的,这都需要基金管理机构对此有一系列的应对措施。

(2) 随机选取程序。《基金条例》之所以规定项目评审中同行专家库的专家选取必须采取随机的方式,主要是为了避免对专家的人为指定可能给项目的评审工作带来的不公正问题。因此,随机选择程序中采取的具体实施方式能否最大限度地排除人为因素的不当干扰,保证评审结果的公正性十分重要。为了达到这一目的,随着科技水平和管理水平的提高,能否在随机程序中引入计算机的应用,通过计算机程序的设计,由计算机自动执行随机选取程序值得考虑。

采取计算机方式执行随机选取程序的确能够排除人为因素的不当干扰,但是,这一方式必须建立在慎重分析的基础上。第一,计算机方式对同行专家库的建立和维护提出了更高要求。如果由计算机执行同行专家库的随机选取程序,在特定项目的专家选取过程中,只能是通过计算机识别专家研究领域关键词的方式随机选取专家。因此,同行专家库建立过程中专家研究领域的资料是否准确、关键词设定是否合理就成为专家选取能否符合评审工作需要的关键。此外,随着科学研究的不断发展,根据一些新兴学科、边缘学科、交叉学科的发展和变化,能否及时更新同行专家库的资料同样会对评审工作产生巨大影响。第二,计算机方式对基金管理机构提出了更高要求。利用计算机进行随机选取工作,首先需要基金管理机构在计算机配置、计算机程序编制、系统维护等方面投入资金和人力。其次,这一方式的引入由于对同行专家库的维护和管理都提出了更高的要求,因而对基金管理机构的相应工作人员的知识素养和管理技能等方面也提出了更高的要求。这都会增加基金管理机构的资金和人力成本。总之,采取计算机方式的确有利于提高专家评审工作的公正性与效率,也是评审工作未来的发展方向。但是,对于采取计算机方式可能带来的困难也需要有清晰、准确的认识。只有在有能力、有条件解决上述困难的基础上,在随机选取工作中引入计算机方式才能真正达到推动评审专家选取工作趋向完善的目的。

(3) 选择的结果。基金管理机构对一份基金资助项目申请材料,至少应交给 3 名以上的评审专家进行评审,即每一个基金资助项目申请至少要有 3 名专家评审意见。实践中有的项目类型,比如重点项目,其通信评审都选择 5 名评审专家。这样规定的目的,是为了最大限度地获取同行专家的意见,倾听不同专家多角度的评审意见,为基金管理机构作出决定提供较为充分的依据。这既让同行专家充分发表了民主意见,又保证了对基金申请项目评审的公正性和客观性。

3. 学科评审组制度

与通信评审是随机选取评审专家不同,会议评审采取的是组建学科评审组的制度。《国家自然科学基金委员会学科评审组组建试行办法》(以下简称《办法》)是一个专门规范学科评审组的管理办法。《办法》规定:"国家自然科学基金委员会根据学科发展和评审工作需要,设立若干学科评审组,进行国家自然科学基金项目资助的评审和成果评议等工作。"从《办法》的内容来看,学科评审组主要制度可以包括选聘资格、数量与任期、换届程序等制度。

(1) 选聘资格。《办法》的第二条中规定:"聘请学科评审组成员应从多方面综合考虑,包括学术造诣较深,知识面较广,熟悉国内外本学科发展情况,分析判断能力较强,学风严谨,办事公正,热心科学基金事业,在任期内有时间和精力参加评审工作。"因此,应当从学术能力、职业道德与评审精力保证等三方面分别分析会议评审组成员遴选过程中作为评审专家选择标准的实体条件。《办法》第二条规定:"评审组的构成,应考虑到不同研究分支学科的覆盖面,学术观点的代表性,地区分布及年龄结构。特别注意选择优秀的中青年科学家参加。与'863'计划领域关系密切的评审组,要有相应的'863'领域专家组成员参加。应用性较强的学科还应吸收部分产业部门的工程技术专家参加。"会议评审组的构成原则可以参考这一规定的要求,对评审组构成过程需要遵守的名额分配规则进行分析。一般来讲,在分配各学科评审组名额的过程中,应当注意对全面性、代表性、特殊性、公平性等原则在评审组构成中的指导作用。

(2)评审组的人数与任期。不同评审组成员的数量应当综合本学科评审组的工作量进行设定。但是,考虑到评审组组成人员过多可能影响评审意见集中的效率,人数过少可能会影响评审意见的公正性,因此,评审组组成成员的数量应当在一定范围内浮动。根据我国评审活动的实践需要,结合相关规定的要求,可以考虑将不同评审组成员的数量原则上限定在10—20人的范围内,再由基金管理机构在遴选过程中根据符合条件的备选专家的数量与评审工作的需要在这一范围内决定不同评审组专家的具体数量。

会议评审组成员的任期规定为两年。任期过长,可能影响评审工作的公正性;同时由于评审专家在任期内需要在申请项目资助等方面受到限制,因此,过长的任期也可能对专家造成过大负担,影响符合条件的权威专家承担评审职责的积极性。而且通过任期的设定定期更换评审组成员,不仅能够给更多的专家参与评审工作的机会,同时,更多的专家有机会参与会议评审也有利于评审资助项目的多样化发展趋势。如果任期过短,如一年,可能会给专家的遴选工作带来过大的时间与人力成本。

(3)评审组的换届。《办法》明确规定:"评审组成员实行任期制,每届任期两年,两年届满进行换届,更换二分之一成员。连任不得超过两届(四年)。"评审组的换届主要是对新一届评审组成员进行遴选,其中需要分析的是原评审组成员能否连任的问题。需要注意几个问题。

第一，可以连任的任期。应当合理限制可以连任的届数，以避免评审组僵化问题的发生。因此，将连任届数限制在两届之内。第二，连任限制的例外情况。如果在评审组遴选的过程中，除了已经担任两届评审组成员的专家外，确实不存在足量的其他符合条件的专家，且已经连任届满的专家在任期内没有不良记录，优秀地履行了评审职责，可以考虑适当放宽连任届数限制。第三，连任专家必须在连任当时仍符合遴选条件，且需要经过遴选程序的筛选，即连任专家不得自动连任，需要与其他备选专家一起参加遴选程序，依据统一的标准进行选择。第四，应优先遴选未当选过的专家进入评审组。即，在同等条件下，基金管理机构应当优先遴选尚未参与过会议评审工作的专家成为评审组成员。

三　评审专家的能为与不能为

评审专家评审行为的管理是评审专家管理法律制度的关键环节，评审行为主要体现在通信评审以及会议评审两个评审程序中。从评审专家角度来审视评审行为的法律意义，主要体现为评审专家在评审行为中的主要权利和义务。由于权利和义务具有主体相对性，因此，把握评审专家的权利和义务也有利于对评审过程中相关法律主体的规范和管理，更有利于系统地评审法律制度的建构。

1. 评审专家的独立评审权

评审专家的独立评审是整个评审程序问题的基本问题。独立评审权正是尊重专家、依靠专家的具体体现，也是保障专家评审客观公正的基本保障。独立评审权有利于充分尊重专家的学术能力，发挥专家的专业优势，也有助于培养专家的使命感和荣誉感，促使其积极参与评审工作。独立评审权可以排除专家以外的单位、个人的影响，从而避免其他非学术因素可能的干扰，特别是防止各种利益力量的不当干预，确保评审专家能够真正按照自身的学术判断独立自主地对申请项目作出评判，确保评审出来的项目真正具有学术价值。独立评审权有助于明确专家评审责任，促进专家认真负责。独立评审权意味着评审意见由评审专家自行独立作出判断，有利于培养专家的责任感，从而促进专家认真负责。

独立评审权是指评审专家有权依据自己的学术判断独立作出评审结论。《基金条例》专门就评审专家的独立评审权作了规定。《基金条例》第十四条第一款规定，评审专家对基金资助项目申请应当独立作出判断和评价。可见，评审专家独立提出的评审意见以学术价值为最重要的评价准则，不受科学以外的其他因素的影响和干扰，是其主观上独立的意思表示。因此，独立评审权是评审专家的一项总体性权利，具体主要体现为提出评审意见的权利。从消极意义而言，评审专家的独立评审权又指评审行为不受非法干预的权利。此外，独立评审权还应当包括评审专家不得滥用评审权的义务性规定。

(1) 依据学术判断独立提出评审意见的权利。学术判断是提出评审意见的前提和基础。评审专家学术判断的准确性和正当性来源于专家学术判断的科学性和客观性。在独立评审制度之下，专家的学术判断在评审中具有权威性。《基金条例》第十七条规定，基金管理机构根据本条例的规定和专家提出的评审意见，决定予以资助的研究项目。基金管理机构不得以与评审专家有不同的学术观点为由否定专家的评审意见。《基金条例》第十八条进一步规定，对专家的学术判断有不同意见的，不得作为申请复审的理由。

(2) 依据法定评审标准提出评审意见的权利。赋予评审专家独立评审权并不意味着评审专家可以天马行空，凭空对申请项目作出评断。明确专家评审的标准既有利于评审专家明晰对项目申请内容的评价范围，有针对性地提出评审意见，又有利于保障申请人对其申请项目受到同行具体评价的知情权，也有利于基金委监督评审专家的评审行为，对评审专家进行反评估。

《基金条例》就评审的标准作出了原则性规定。《基金条例》第十五条规定，评审专家应当从科学价值、创新性、社会影响以及研究方案的可行性等方面进行独立判断和评价，提出评审意见。《基金条例》同时还要求，评审专家对基金资助项目申请提出评审意见，还应当考虑申请人和参与者的研究经历、基金资助经费使用计划的合理性、研究内容获得其他资助的情况、申请人实施基金资助项目的情况以及继续予以资助的必要性。这些规定的评审标准事实上包含两部分内容：一是基本的评审标准，二是附加的评审标准。所谓基本的评审标准是指评审专家评审项目申请时必须依据的标准。所谓酌定的评审标准是指评审专家在评审项目申请时可以视情况考虑的标准。基本评审标准是专家出具评审意见时必须要考虑的标准，后者则是评审专家可以根据具体申请项目的情况考虑适用的标准。

（3）依法提出规范评审意见的权利。评审专家是否能够公正、客观、有效地撰写评审意见书，对项目申请人合法权益的保护以及基金项目管理秩序的维护都具有重要影响。因此，评审专家在提出评审意见时应当遵守规范的评审意见书的要求。这种规范可以体现为基金委提出的标准化或者格式化的评审意见书。在这些格式化的评审意见书中可以要求评审专家提出评审意见时：一是要严格依据项目申请的资料和基金管理机构设置的评价标准进行分析，不要针对项目申请的研究问题过多地阐释自身的学术观点或看法。二是要严格按照项目评审标准对项目申请逐项、客观地分析，不要不当地在评审意见书中加入自己对项目申请人、参与者、依托单位的研究能力的主观认识与看法。三是应该严格要求评审专家在意见书中不要进行非学术性的评价与阐释，如不当地对项目申请人与参与者的学术能力进行主观猜测，对其职业道德或学术道德进行缺乏事实根据的分析，或对依托单位的实力进行缺乏具体根据的攻击等。四是专家的评审意见应该是较为详细的和明确的。专家意见书中的评审意见应该是具有详细内容的陈述性意见，含有对项目申请不同内容的分析，含有对专家作出的结论性的评审意见的分析与论证，特别是应该含有对得出的评审意见具有支持作用的原因与理由的分析。五是意见书中内容的撰写应该具有充分的论证作为支撑。评审意见书最终得出的结论性意见需要以前面作出的分项评审意见为基础，分项评审意见必须在逻辑上和事实上能够支持这一整体结论意见的得出。

基金管理机构还可以通过定期对已经结束评审的项目的专家评审意见书进行随机抽查，建立有效的申请人反馈机制等途径对评审专家评审意见书进行约束。

（4）评审免受非法干预的权利。独立评审权的制度目的在于保障专家可以自主作出学术判断，为此就需要相应地禁止其他单位或者个人干预评审专家的评审工作。这种干预可能来自于以下几个主要方面：一是基金管理机构及其工作人员的干预。《基金条例》第十七条第一款明确规定，基金管理机构不得以与评审专家有不同的学术观点为由否定专家的评审意见。与此同时，基金管理机构的工作人员也不能干预专家评审工作。对此，《基金条例》第二十条第一款也有明文规定。基金管理机构的工作人员具有特殊地位，一旦干预评审专家的评审工作，将严重影响评审质量，影响评审的公正性。因此，基金管理机构工作人员不得干预评审专家的评审工作。《基金条例》第三十八条规定了基金管理机构工作人员干预专家评审的法律责任。实践中，国家自然科学基金委员会十分重视规范所属工作人员的行为，并制定了《国家自然科学基金委员会工作人员公务活动八项规定》，明确了工作人员所应当履行的义务，这对于保证科学基金的公开、公正和公平起到了很好的制度屏障作用。二是依托单位的干预。项目依托单位在基金管理过程中扮演重要角色，其职责在于组织基金资助申请，审核申请材料的真实性，提供基金资助项目实施保障，以及跟踪基金资助项目的实施，监督基金资助经费的使用。项目依托单位出于自身利益考虑，也有可能采取一些不正当手段干预专家评审过程，例如游说、拉拢专家等，应当予以禁止，以免影响评审的公平性。三是项目申请人的干预。项目申请人由于个人利益驱动，可能会采取一些不正当手段来干扰专家评审，例如请客送礼、请托人情、利益交换、施加压力等，试图获得有利于自己的评审结果。这种干预不利于专家对申请的项目客观地加以评审，因此应当予以禁止。

（5）滥用独立评审权的防范。独立评审权是法定的权利，但是评审专家不得滥用自己的权利，否则独立评审权利的基础就会丧失，因此从法律制度上对于评审权利的滥用作出了明确要求，而这种要求本质上属于评审专家应当履行的义务的一部分。因此，在保障独立评审权的同时，也应有其他配套制度对独立评审权加以规范和制约，保障独立评审权的正确行使。一是避免利益冲突制度。一旦评审专家存在利益冲突的情况，势必会影响独立评审权的实施，因此《基金条例》通过规定回避制度以及申请人选择权[1]制度来防范评审专家利益冲突的产生，进而防止评审权利的滥用。二是评审标准的统一和评审意见的规范制度。评

---

[1] 《基金条例》特别赋予基金资助项目申请人对评审专家一定的选择权。《基金条例》规定，基金资助项目申请人可以向基金管理机构提供3名以内不适宜评审其申请的评审专家名单，基金管理机构在选择评审专家时应当根据实际情况予以考虑。

审标准是专家进行评审时必须遵循的评价标准，通过统一评审标准，可以避免专家自行其是，真正将评审关注点集中到申请项目的学术价值以及其他确需考虑的因素上来，保证基金资助的效果。此外规范化的评审意见也是制约评审专家评审过程中不负责任以及滥用评审权利的重要制度。具体的要求，本节之前已有论及，在此不再赘述。三是独立评审的程序性控制制度。为了防止独立评审被滥用，除了维持专家的公正地位，明确评审标准之外，最主要是通过适当的程序控制确保评审的客观公正，透过程序正义来防止和矫正实质性评判可能出现的偏差。这种程序控制应当体现在专家评审的全过程之中。例如在评审之前的专家组成环节，专家的遴选、组成等应有相应的要求。在专家评审实施阶段，如何具体开展评审亦应有一定要求。在评审结束之后，还应有一定的补救程序。目前，《基金条例》规定了"非共识项目"的会议评审制度和资助申请被否定后的复审制度。

2. 会议评审中讨论、投票表决的权利

在会议评审中评审专家具有对所评审的项目进行讨论、表决的权利，这是形成评审意见的基础。在讨论过程中，评审组中的专家需要对项目申请分别发表自己的意见，与会专家在对项目申请充分进行讨论的过程中会逐渐形成自己对项目能否获得资助的最终意见。但是在评审专家行使权利的时候应当遵守如下规则：一是讨论内容限于按照评审标准对申请项目进行讨论。基金管理机构依据《基金条例》等规范设置的项目申请评审标准是专家对项目申请作出评审意见的重要依据。专家在针对项目申请发表意见的过程中必须紧紧依据评审标准进行。二是应当限制发表倾向意见。会议评审中的讨论是为了对项目申请的内容依据评审标准进行充分评议。专家在参与讨论的过程中应仅能发表自己对项目申请的意见，而不能发表针对项目申请是否应当获得资助的倾向性意见。三是对专家的发言时间要进行合理要求，保证专家良好地履行自己的评审职责。在总体讨论时间有限的情况下，需要对每一位参与评审的专家在讨论中的发言时间进行必要限制。每位专家的发言时间应该既有上限，保证专家不要过多发表个人意见影响其他专家发言，也应存在合理的下限，以督促专家履行自己的评审职责，避免专家在讨论过程中消

极对待评审工作,不发言或少发言。四是投票过程中应当采用匿名投票的方式。"无记名投票可让专家在决策时大胆选择不同意见。"① 这样可以有助于专家更为客观地发表自己对项目申请是否应获得资助的意见,减少专家的个人评审意见受到人为因素干扰的可能性,也可以有效减少参与评审的专家的个人评审意见被不当公开的可能性。对最终评审意见投票方式在程序上进行规范化的管理,在我国这样一个人情大国显得尤为必要。

3. "非共识项目"推荐权利

《基金条例》第十六条的规定以我国科学基金资助制度的工作实践为基础,对创新性强、在通信评审中难于形成共识的基金资助项目申请,给予进一步评审的机会,在满足一定条件的基础上将项目申请直接提交会议评审。从评审专家的角度,评审专家就具有对于"非共识项目"的署名推荐权利。因此,评审专家在行使这项权利的时候应当注意以下问题:一是推荐权利的基础是该项目本身符合法定的条件。根据《基金条例》规定该项目必须具备创新性强的基本条件。二是推荐必须是评审专家共同的行为,也即有 2 名参加会议评审的评审专家署名推荐。单独一名评审专家无法行使该项权利,必须借助其他评审专家的共同行为才可以行使自己的权利。三是推荐权利的行使必须满足一定要示性要求,包括署名而且该署名推荐意见应被公开等要求。公布 2 名署名评审专家的推荐意见是为了加强社会监督,促使评审专家真正是出于提高基础研究水平的目的,以体现科学基金管理工作公开、公平、公正的原则。四是行使推荐权利还应当符合特殊的表决和投票规则。凡是"非共识项目"的表决都应当采取 2/3 以上同意的多数表决方式。

4. 主动退出评审的权利

在《基金条例》的第十四条第二款中规定:"评审专家对基金管理机构安排其评审的基金资助项目申请认为难以作出学术判断或者没有精

---

① 邢以群、陈梅:《专家评审方式:利弊分析与改善思路》,《科学管理研究》2003 年第 6 期。

力评审的,应当及时告知基金管理机构;基金管理机构应当依照本条例规定,选择其他评审专家进行评审。"这条规定实际上是赋予了专家在项目评审过程中具有依据一定条件对是否参加评审活动进行自行选择的权利。

在基金资助项目的评审工作中,依法赋予专家适当的评审选择权是基金管理机构尊重专家的体现,也有利于提高评审结果的科学性,更有利于基金管理机构项目评审工作的开展。专家与基金管理机构之间毕竟缺乏直接的行政隶属关系。因此,基金管理机构如果不赋予专家评审选择权,在特定的项目中违背专家的意愿强行要求其进行评审,可能会引发后续评审工作出现无法顺利实施的情况或严重影响评审工作的质量。如果允许专家行使选择权,反而可以使基金管理机构及时采取补救措施,保证评审工作的顺利进行。

根据《基金条例》第十四条中的规定,专家可以合法行使评审选择权的两种客观条件:一是客观上不具备评审能力,即认为自身的学术能力难以对特定项目的评审申请做出学术判断;二是客观上不具备评审条件,即自身当前由于健康或时间方面的限制没有精力合乎要求地完成特定项目申请的评审任务。主观条件而言,专家也可能出于主观上的意愿拒绝承担特定项目的通信评审工作。

评审专家在行使该项权利的同时还应当履行相应的义务,主要体现为:在专家行使评审选择权的过程中,应该遵守基金管理机构的规定,及时将自己不能参与特定项目通信评审工作的意愿与具体的理由以书面形式在规定的时间内告知基金管理机构的相关工作人员,以保证项目评审工作的顺利进行。

具体体现为:一是告知时间。对专家评审选择权行使中的告知时间的基本要求应当是及时性。及时性的判断标准应该是不能对后续的评审工作的顺利进行产生实质性影响。即专家如果在规定时间内告知不愿承担评审工作,基金管理机构有足够的时间寻找替代专家,能够保证之后的评审工作的进行不会影响特定项目获得公正的评审过程和评审结果,也不会对基金管理机构的日常工作产生不合理的影响。二是告知方式。评审专家应当以标准化的书面形式正式提出拒绝特定项目评审工作的请求。三是告知理由。对告知理由的要求是指,基金管理机构应该要求专家对自己拒绝特定项目评审工作的行为作出合理、详细的解释。便于基金管理机构掌握专家拒绝评审工作的真实原因，便于基金管理机构对专家拒绝的理由进行核实与审查。

5. 评审专家回避问题

《基金条例》第十九条中对评审专家需要回避的实体条件作出了详细规定："在基金资助项目评审工作中，基金管理机构工作人员、评审专家有下列情形之一的，应当申请回避：（一）基金管理机构工作人员、评审专家是申请人、参与者近亲属，或者与其有其他关系、可能影响公正评审的；（二）评审专家自己申请的基金资助项目与申请人申请的基金资助项目相同或者相近的；（三）评审专家与申请人、参与者属于同一法人单位的。"该规定的应当申请回避的主体有两类，评审专家是重要的一类。有两项的内容是专门对评审专家的回避而提出的。因此，评审专家应当履行《基金条例》规定的义务，遇到法定的回避情况，应当主动申请回避。

主动申请回避是评审专家在遇到利益冲突的时候应当履行的最为基本的义务。但是实践中，对于通信评审和会议评审，专家申请回避的方式存在一定差别的。对于通信评审程序，除了评审专家自己提出回避外，《基金条例》还规定了申请人在提出申请时候，可以提出3名不适宜评审其项目的评审专家，这本质上也是一种对评审专家回避的申请。而对于会议评审中，由于专家评审组是一种相对固定化的组织，因此无法向通信评审那样随时更换评审专家，实践中采用的是讨论回避的制度，即在讨论与评审专家有利益相关者的项目时候，该专家应当主动申请回避。这种回避方式很灵活，而且发生的频率也很多，不像通信评审那样需要采取书面申请的方式，往往通过口头申请，即可实现，其批准程序也很简单。实践中在投票表决时，该会议评审专家还是有投票权。理论上会议评审专家在会议评审召开前也可以向基金管理机构提交正式书面申请要求回避参与具体的会议评审工作。在《办法》中的第五条规定："评审组成员凡当年在其评审组所在科学部有作为第一申请人的申请项目时，不出席当年该科学部的评审会议。"上述评审专家申请回避的情况，以及对申请回避这一事实与处理意见，基金管理机构应正式记录在案，作为后期监督评审工作与评审结果公正性的基础，作为对在申请回避问题上存在不当行为的人员进行处理的依据。

6. 评审专家保密问题

《基金条例》的第二十条第二款中规定："基金管理机构工作人员和评审专家不得披露未公开的评审专家的基本情况、评审意见、评审结果等与评审有关的信息。"这一规定是界定通信评审工作中评审专家应该遵守的保密范围的基础性依据。因此，评审专家在评审过程中应当保密的内容主要包括评审专家的基本情况、评审意见、评审结果等与评审有关的信息。

任何与评审工作相关的、可能对评审工作产生不利影响或可能影响申请人、评审专家合法权益的信息，都应该属于不得披露的范围。结合项目评审工作的实际情况，除了评审专家的基本情况、评审意见与评审结果外，评审专家需要对项目申请资料中涉及的内容进行保密。除了对项目申请中的科研内容需要保密外，评审专家对从项目申请资料中获取的申请人与参与者的其他个人信息，如电话、个人简历等，同样具有保密义务，以免侵害项目申请人与参与者的个人隐私权。这也是对评审专家在评审工作中应当具有的职业道德的要求。

为了实现评审专家的保密义务，评审专家可以通过和基金管理机构签订保密协议的方式完成。基金管理机构与评审专家签订的保密协议至少应该包含三部分内容：第一，对在通信评审的信息保密问题中，基金管理机构与评审专家所负有的义务与具有的权利分别进行规定，特别需要注明专家一旦违反保密协议可能需要承担的法律责任及其他可能受到的处罚；第二，对需要专家在评审工作中承担的保密事项，特别是其中涉及的具体需要保密的事项分别进行说明与解释，务必使专家在通常情况下能够通过保密协议中的内容完全了解自己需要承担的评审保密职责，如提示专家不得披露评审意见等；第三，考虑到评审工作中与专家签订的保密协议一般是格式化合同，在保密协议中应留有必要的空白条款，针对特定项目申请评审问题中的特殊需要进行填写，如针对聘请的海外评审专家对其提出一些保密上的特殊要求等。会议评审专家除了签署格式化的保密协议，在参加评审前还应当签署一份保密承诺书。保密承诺书的内容比较简单,一般应当主要包括对专家特别需要注意的保密义务的提醒与告知。如提示专家不得在会议评审期间在不当场合以不当方式与他人交流对项目申请的评审意见,提醒专家不得将在会议评审进行过程中获得的按照规定不得带离讨论会场的资料违规带走,或提醒专家不得在会议评审期间对其他评审专家的评审意见违规进行记录或使用,等等。

基金管理机构应当从多个层面采取措施促进评审专家的保密工作制度化建设,为评审专家履行保密义务提供保障性条件,比如可以在会议评审期间为与会专家提供专用的装有监控软件的电脑。

四 评审行为的监督制度

充分发挥专家在基金资助工作中的作用,是基金资助工作所遵循的一项重要原则。评审专家在基金资助工作中起着举足轻重的作用。评审专家对申请人提交的基金资助申请所作出的评审意见,很大程度上决定着该申请能否获得基金资助。在专家评审工作实践中,绝大部分评审专家都能够认真履行评审职责,但也有个别评审专家不认真履行评审职责,敷衍了事,甚至于徇私舞弊。这些问题尽管属于极个别现象,但却造成了不良的社会影响,损害了自然科学基金的声誉。为了提高评审工作质量,保证专家评审的公正性,发挥专家在学术评价方面的作用,维持自然科学基金制多年形成的良好信誉,真正落实基金资助工作所遵循的"公开、公平、公正"的原则,除了选择责任心强、学术水平高的专家担任评审工作,制定良好的评审标准,设计有效的评审程序之外,还必须建立健全对专家评审工作的监督机制。

监督机制重点是防范和制止专家评审过程中可能出现的滥用学术评价权力、不认真履行评审职责等,真正实现尊重专家、依靠专家和管理专家、规范专家的有机统一,在充分尊重专家学术评价的同时,也切实保障申请人的合法权益,维护科学基金的公开、公平、公正。对评审专家开展监督的路径主要包括基金管理机构对评审专家的监督、申请人对专家的监督、社会公众对专家的监督等。具体包括专家信誉档案制度、评审专家评估制度以及社会公众的监督制度。

1. 专家信誉档案制度

《基金条例》要求基金管理机构应当根据对专家的评估结果，建立评审专家信誉档案。建立信誉档案有助于鼓励评审专家讲究诚信，珍惜信誉，更好地服务评审工作。评审专家的信誉档案由基金管理机构负责管理。实践中，基金管理机构已经专门建立了评审专家数据库，该数据库囊括了全国知名的从事基础研究的科学家、工程技术专家和管理专家。每年都从中选择一些专家参与基金资助项目申请的评审。信誉档案可以作为评审专家数据库的一个子库，对每一位专家都在其数据库中建立相应的信誉数据库，即信誉档案。

信誉档案的主要内容包括：一是评审专家参与评审工作的情况。包括评审专家历年参与评审的项目，项目评审过程中是否遵守评审程序，是否有违规行为，对项目的评审意见，项目最终评审结果，项目研究实施情况等。二是申请人对其评审意见的反映，主要是申请人是否就评审专家提出过相关意见以及基金管理机构的调查处理情况。三是对社会公众评价等进行评估，主要是社会公众是否针对评审专家的工作提出过举报，相应的调查、处理结果。四是基金管理机构对其作出的评估，包括工作行为规范、工作态度、工作能力、评审工作绩效等分项评价结论，以及综合评估结论（包括最终的评估等级）等。

为了充分发挥信誉档案对评审专家的监督作用，基金管理机构应当采取相应的措施不断完善信誉档案制度。一是信誉档案的建立和保管制度。基金管理机构应当制定专门的部门负责建立、保管评审专家的信誉档案，明确专家信誉档案数据的报送责任人、报送时间、报送路径、报送方式，明确专家信誉档案的建立和保管要求。二是信誉档案数据更新制度。为保证评审专家信用评价体系的科学性和时效性，专家信誉档案应当建立数据更新制度；专家每参加一次基金项目评审活动，相关的信用信息和评价都应记录在案，并随时根据新的记录修正专家的信用评价结果。三是信誉档案数据查询制度。为了发挥信誉档案数据的作用，充分利用信誉信息，同时防止信誉档案信息不当外泄，合理保护评审专家的个人信息，专家信誉档案的数据查询应当采取分类、分级管理原则。基金管理机构内部应当建立信誉档案数据查询授权制度，按照档案信息敏感程度的不同实行不同的查询授权。具体而言，例如对于年度评估结论、综合评价结果等敏感度较低的信息可以开放给专家管理人员进行查询，但对于评审专家具体违规表现等较为敏感的信息则可以考虑需要一定的查询权限，只有经过特定授权的工作人员才可以查询到具体的信息。

2. 评估制度

对评审专家进行评估严格来说，包括基金管理机构依据管理职权对评审专家的评估和申请人对评审行为的反评估两个种类。对于后者，本书将其纳入社会监督制度中论述，此处着重对基金管理机构的评估进行论述。《基金条例》第三十条规定，基金管理机构应当定期对评审专家履行评审职责情况进行评估。评估是基金管理机构对专家进行监督的主要手段。评估对象分为两类：一类是参加通信评审的专家，另一类是参加会议评审的专家。

（1）评估内容

《基金条例》明确，基金管理机构应当对评审专家履行评审职责的情况进行评估。因此，基金管理机构对评审专家进行评估的内容限于专家履行评审职责的情况。对于履行评审职责情况的具体内容，《基金条例》没有作出进一步规定。此处建议对评审专家履职情况可以下几个方面进行评估：

一是评审行为规范：评审专家应当遵守《基金条例》、基金管理机构相关评审行为规范，保持客观公正地位和形象，同时注意保护申请人的合法权益，防止因为自己的疏忽对申请人的利益造成损害。具体包括：评审项目的情况，申请回避的情形，保守评审活动中知悉的未公开信息的情况等。

二是评审工作态度，具体包括：在通信评审中能否按时完成评审任务，是否有无故拖延的现象，在会议评审中能否按时参加评审活动，是否有擅自离开评审现场的现象。无法评审的，是否履行告知义务。出具的评审意见是否认真负责等。

三是评审工作能力。包括是否具有相关学科较为深厚的学术基础和较高学术水平，了解相关研究前沿，对所评审的申请项目能否作出恰当的学术判断,是否出现评审错误。对于基金资助政策、评审准则的了解和把握程度,等等。

(2) 评估程序

评审专家评估应当遵循一定的工作程序,具体包括:一是评估时间:《基金条例》要求基金管理机构应当定期对评审专家进行评估。结合基金资助项目评审的工作安排,基金管理机构宜在每一年度评审工作结束之后,就评审专家在该年度的评审工作情况进行一次评估。

二是评估具体程序:在年度项目评审工作结束之后,基金管理机构应择时启动对评审专家的评估工作。初评工作可以由直接负责组织专家评审的工作人员提出初步评估意见,由相关学科管理工作人员复核。具体评估时,应当先分别就"行为规范"、"工作态度"、"评审能力"和"工作成效"作出评价,再按一定权重进行综合评估,得出评估结论。对于评估结论应当附有相关的证据或者说明,以避免基金工作人员滥权或者产生偏差。复核人员应当注意把握评估标准的统一性,避免不同评估人员在评估标准运用上出现重大差异。

基金管理机构在对评审专家履行评审职责情况进行评估时,应当将申请人对评审专家的评审工作提出的意见和建议作为评估的参考材料,以提高评估工作的针对性,进一步改进评审工作。

三是评估结论。基金管理机构应当对评估结论划分不同评估等级。每一位评审专家根据评估意见,分别归入不同的评估等级。

四是通知与异议:对于评估形成的结论是否应当通知评审专家本人,《基金条例》并没有作出相应的规定。为了保证评估的客观公正,也为了充分利用评估手段促进专家认真履职,建议相关评估结论通知评审专家。评审专家认为评估所依据的事实有出入的,可以提出异议。

(3) 评估的法律效果

对评审专家进行评估,目的在于通过科学评价专家的工作情况,实现对专家的动态管理,更好地督促和激励专家发挥好作用。为此,基金管理机构应当将对评审专家的评估结论和对评审专家的聘请、使用、激励联系起来。具体包括:

一是对于连续一定期限以上评估结论良好、无不良行为记录的评审专家,可以加大使用力度,适当增加邀请其参与评审项目。

二是对于连续一定期限评估结论较差的专家，应当及时提醒，加强监督，可以根据专家聘请管理办法的有关规定视情节暂停邀请其评审项目或者终止聘请其作为评审专家。

三是对于评估中发现评审专家有不完全遵守评审行为规范的，应当采取事后劝诫等措施，对于具有《基金条例》规定的法律责任情形的，根据《基金条例》依法追究其法律责任。

四是对于评审专家队伍中有学术不端行为的专家，根据《基金条例》的规定，不得再聘请作为评审专家。评审专家作为决定基金资助项目申请能否获得资助的重要因素，应具有良好的职业道德和较高的社会威望，能够公平、公正地开展评审工作。假如评审专家自身有学术不端行为，如有剽窃他人科学研究成果或者在科学研究中有弄虚作假等行为，无论这种行为是发生在实施基金资助项目中，还是发生在其他科学研究中，该专家都失去了作为评审专家的资格，必须离开评审专家队伍。因此，在评审专家出现学术不端行为时，基金管理机构都应当立即解除与该评审专家的聘请关系。这样规定，对评审专家会起到较好的约束作用，促使评审专家更加珍视自己的信誉，更加审慎地、负责任地对待自己的言行。

3. 社会监督制度

除了基金管理机构对专家进行的监督之外，还应当发挥社会各界力量，允许社会各界对评审过程中违反《基金条例》规定的行为进行检举或者控告，通过社会各界的监督，构筑一张广泛而有效的监督网络。

（1）申请人对评审专家的监督或反评估

基金资助项目申请人作为评审工作的利害关系人，对专家的评审意见非常关注。《基金条例》第十七条第三款要求基金管理机构应当整理专家评审意见并向申请人提供。这就是申请人反评估制度的法律依据。

申请人得到专家的评审意见后，一方面可以了解专家对其申请基金资助的研究项目的总体评价、主要意见和建议，在实施基金资助项目或者再次提出申请时予以参考。另一方面，申请人也可以对专家的评审意见进行评价。申请人作为直接利害关系人，如果认为评审专家有不当评审、不客观公正的现象，应当允许基金资助项目申请人就专家的评审工作向基金管理机构提出意见和建议。

对于申请人对评审专家提出的意见，基金管理机构区分情况加以处理。一般而言，对于申请人所提出的意见，基金管理机构在对评审专家履行评审职责情况进行评估时，应当作为评估的参考材料，以提高评估工作的针对性，进一步改进评审工作。如果申请人提出评审专家存在违规行为的，基金管理机构应当与处理社会公众的举报一样，进行必要的调查、核实，并根据调查结果作出相应处理。

（2）评审专家之间的相互监督

评审专家作为申请项目所在领域具有较高学术水平的专业人员，对于其他评审专家的评审意见是否客观公正具有相应的判断能力，同时也有途径了解其他评审专家的行为，因此评审专家相互开展监督对于提高监督有效性十分必要。

评审专家认为其他评审专家存在违规行为的，可以向基金管理机构提出监督意见。基金管理机构受理之后，应当进行相应调查，包括请被检举或者控告的评审专家说明情况，向相关评审专家、基金管理机构工作人员、项目依托单位等了解情况。对于问题属实的，基金管理机构应当依法作出处理，并告知提出监督意见的评审专家；对于问题不符合实际情况的，基金管理机构应当向提出监督意见的评审专家作出说明。为了保护评审专家行使监督权，基金管理机构应当为提出监督意见的评审专家保密。

（3）公众举报制度

基金管理机构受人力、物力、财力等条件的限制，难以对涉及专家评审工作的所有专家、所有环节和事项实施普遍监督，也不可能做到随时随地监督。而与基金资助工作有关联或者与评审专家、依托单位负责基金资助项目管理的人员，基金资助项目的申请人、项目负责人等有关人员打交道的公民、法人或者其他组织却很多，他们能够及时发现评审过程中存在违反条例规定行为的信息。因此，只有调动全社会的力量，调动广大人民群众的积极性，才能对专家评审工作实施更有效的监督，及时发现违法行为、及时作出相应的处理。

依照《基金条例》第三十二条第二款的规定，社会公众对基金资助工作享有监督权，任何单位或者个人对发现基金管理机构及其工作人员、评审专家、依托单位及其负责基金资助项目管理工作的人员、申请人或者项目负责人、参与者有违反本《基金条例》规定行为的，可以检举或者控告。

在《基金条例》制定过程中，有关方面提出，对基金评审工作应当引入第三方机构或者邀请民间人士、申请人代表参与评审工作的监督，以确保评审的公正性。经过反复研究，多数人认为，邀请部分申请人参与评审监督，对其他申请人是不公平的；科学基金评审机制强调依靠专家、实现科学共同体的民主决策，再引入第三方机构或者邀请民间人士参与不利于专家把学术关。因此，《基金条例》没有采纳该意见。

任何单位和个人发现评审专家存在违规行为的，可以向基金管理机构提出检举或者控告。检举或者控告既可以是实名，也可以是匿名，可以采取信件、电邮形式，也可以采取当面检举、控告的方式。这样可以充分发挥社会公众的监督作用，鼓励社会公众积极举报发生的违规行为。基金管理机构接到人民群众的检举或者控告后，对于提出具体对象、具体违规行为内容的检举或者控告，应当及时予以受理。

基金管理机构受理之后，应当进行相应调查，包括请被检举或者控告的评审专家说明情况，向相关评审专家、基金管理机构工作人员、项目依托单位等了解情况。对于检举或者控告的问题属实的，基金管理机构应当依法作出处理，并告知检举人或者控告人；对于检举或者控告的问题不符合实际情况的，基金管理机构应当向检举人或者控告人作出说明。同时，为了保护社会公众行使监督权，基金管理机构应当为检举人或者控告人保密。

基金管理机构应当对人民群众检举或者控告提供便利条件。基金管理机构作为国务院负责管理国家自然科学基金、监督基金资助项目实施的授权机构，有责任为人民群众行使监督权提供便利条件。根据《基金条例》的要求，基金管理机构公布联系电话、通信地址和电子邮件地址，目的是方便人民群众及时举报或者控告基金管理机构及其工作人员、评审专家、依托单位及其负责基金资助项目管理工作的人员、申请人或者项目负责人、参与者违反本条例规定行为的情况。基金管理机构对外公布的联系电话应当有专人接听，公布的通信地址、电子邮件地址应当能确保检举人或者控告人提供的信息安全送达基金管理机构。

第四章

资助管理法律制度

科学基金资助项目的管理法律制度是科学基金法律制度的核心。科学基金制度能否取得成功，取得何种资助效益，资助项目是否满足了法律基本价值和理念，这都和资助管理法律制度息息相关。此处的资助管理应当是一个开放的整体和连续的资助管理观。实践中在时间节点上往往把项目经过同行评议之后，确定予以资助作为资助管理的开始，而把项目的结题报告提交作为项目资助管理的终结。比如美国国家科学基金会的资助管理手册就是以上的定义。我们认为这是一种"狭义管理观"，应当坚持"广义的资助管理观"，资助管理应当包括从项目申请到项目成果转化这样一个整体的、全过程的管理。这种广义的资助管理观有利于资助管理实现更多的法律价值。资助管理还应当坚持一种"连续"的管理观，各个资助管理的环节都是紧密相连，各个环节制度设计都应当考虑到与其他环节的衔接。比如项目的结题审查制度设计应当包括对项目知识产权的报告要求，这就有利于项目成果转化的相关制度的构建和实施。

一 多元的管理制度

国外的科学基金项目管理制度呈现多元化的管理特征。首先，法律依据多元。大多数国家的科学基金机构都属于政府部门或者机构，因此对于基金资助项目的管理都是依据一种行政法律来进行管理。这类以美国国家科学基金会（NSF）为代表，它是一个隶属于联邦政府的独立的政府机构，属于典型的行政管理。也有的国家的资助机构倾向于公益性机构，在管理上公权力的性质比较弱化，管理上采用行政合同甚至是民事合同的管理模式进行。比如澳大利亚的研究理事会隶属于科技部，其行政权力的管理并不是十分突出。其次，管理状况多元。在基金资助项目管理法律制度的构建上，各个国家的差异也很大，有的国家十分重视项目的后期管理具有相当完备的资助项目管理[1]的法律制度。比如美国受资助者除了要遵守资助项目管理指南（Award & Administration Guide，简称AAG）外，还要遵守联邦政府行政法规中一些特殊性的规定，以及美国基金会有关格式合同的条款。也有的国家不是十分重视资助项目的管理，在法律制度上对于项目的资助管理更多地从科学伦理、学术不端行为、信息公开等保障性制度来规范，而真正按照受资助项目管理流程规定的内容十分有限，这在日本的学术振兴会以及澳大利亚的研究理事会等的法律制度上表现得十分突出。最后，管理规定亦粗亦细。不同国家对于资助项目管理内容规范的侧重点存在很大差异，在规范内容上有的内容比较宏观，有的内容比较细致。比如美国科学基金会对于无毒品工作场所的规定就比较细致。整个联邦政府规章第45部分第630节都是无毒工作场所的规定[2]，主要针对资助项目实施过程中应当遵守研究场所的无毒化的特殊要求。尤其针对受资助者制定了较为系统的研究场所管理制度，并就其中的违法行为认定及法律后果作出了具体规定。而这种规定在其他国家的法律制度中很少看到。对于资助项目知识产权的规定，不同国家详略差异也很大，日本学术振兴会和澳大利亚研究理事会都作出了十分原则性的规定，具体的产权归属虽然明晰，但是内容不具体。而美国则设有专章规定了科学基金资助的项目专利权的归属和行使的各项具体制度。

我国科学基金项目资助管理法律制度是伴随着科学基金的发展不断积累和完善而形成的。呈现出系统和整体的管理理念，遵循了程序优先的管理原则。在发展历程上先后经历了三个主要时期。一是萌芽期，主要从1986年科学基金成立到2002年。这段时期科学基金资助管理法律制度更多的是在"一穷二白"的基础上，借鉴国

---

[1] 西方国家的资助项目管理一般在时间节点上从资助决定作出后算起。比如美国的资助项目指南（Award & Administration Guide，简称AAG）。

[2] 见CFR45，630。

外的经验并不断摸索的时期。二是发展期，主要是2002年到2007年《国家自然科学基金条例》颁布实施。2002年基金委发布了《国家自然科学基金项目管理规定（试行）》，并在此基础上出台了一系列的项目资助管理的办法，这标志着科学基金资助项目管理制度进入了一个相对平稳的建设时期。三是完善期，主要是《基金条例》颁布之后各类项目管理办法的制定。2007年《基金条例》的颁布实施为科学基金资助项目管理法律制度的完善提供了良好的契机，2008年科学基金建立了由36部部门规章组成的规章体系，其中项目管理程序类规章有22部。2009年基金委先后出台了《国家自然科学基金面上项目管理办法》等6部程序类规章，使科学基金资助项目管理程序有了更加完备的法律依据。尤其是针对《基金条例》中对科学基金项目资助管理的规定作出了明确或者细化。从《基金条例》以及各项管理办法的规定来看，科学基金的资助项目管理采取的是一种从项目申请、评审到成果转化的整体和连续的资助管理观。具体包括申请制度、评审制度、项目计划书制度、项目变更制度、项目抽查制度、项目结题制度、知识产权制度[①]、复审制度、回避制度等十个大方面。

二 申请制度

国家设立自然科学基金的目的是资助科学技术人员从事基础研究，提高我国基础研究水平。因此，从理论上讲，凡从事基础研究的科学技术人员都有资格申请国家自然科学基金资助。但是，考虑到自然科学基金资助经费有限，基础研究有其特殊性，对自然科学基金的资助对象必须规定一定的资格条件，即建立科学的准入制度；不具备规定条件的人员申请自然科学基金资助，基金管理机构有权不予受理。

1. 自由申请并不是随意申请

《基金条例》所规定的准入制度体现了申请人自由申请的基本理

---

① 由于知识产权制度设专章论述，因此本章对此不作论述。

念。但是这种自由申请并不是随意地申请,必须符合《基金条例》所设定的条件。正如西方自由主义鼻祖洛克所指出的:"在一切能够接受法律支配的人类状态中,哪里没有法律,哪里就没有自由。这是因为自由意味着不受他人的束缚和强暴,而哪里没有法律,哪里就不能有这种自由。"① 因此,对科学基金项目的自由申请也应当是在科学基金法律法规基础上的自由。《基金条例》以及科学基金各类项目管理办法对于自由申请的资格条件进行了明确的规定,在科研平等和基金使用效率之间找到了一种平衡。总结这些资格条件可以分为三个层次:科研能力资格条件、科研环境要求和特殊项目的要求。

一是科研能力的资格要求。如何来判断申请者的科研能力?《基金条例》通过规定了职称、研究经历、学位、推荐等标准来进行判断。根据《基金条例》的规定:(一)具有承担基础研究课题或者其他从事基础研究的经历;(二)具有高级专业技术职务(职称)或者具有博士学位,或者有2名与其研究领域相同、具有高级专业技术职务(职称)的科学技术人员推荐。规定基础研究能力是因为国家自然科学基金用于资助科学技术人员从事基础研究,使研究工作得以顺利开展,只有承担过基础研究课题或者其他从事基础研究经历的科学技术人员,在获得自然科学基金资助后,才可能促进其基础研究,提高基础研究水平,才符合国家设立自然科学基金的目的。规定申请自然科学基金的科学技术人员具有高级职称或者博士学位,目的是资助具有基础研究能力的人员从事基础研究,使那些受过严格训练、长期致力于基础研究、在基础研究领域有造诣的人员能够顺利开展研究工作。当然,具有基础研究能力的人员不一定都有高级职称或者博士学位。为了公平竞争,避免唯职称、唯学历,使那些因各种原因没有获得高级职称或者博士学位但从事基础研究、有真才实学的科学技术人员也能得到自然科学基金资助,《基金条例》作出了例外规定,即没有高级职称或者博士学位的科学技术人员,在得到同一研究领域2名具有高级职称的人员推荐后,也可以申请自然科学基金资助。

二是科研环境要求。因为基础研究有其特殊性,在许多基础研

---

① [英]洛克:《政府论》(下篇),商务印书馆1964年版,第36页。

究领域，仅凭科学技术人员自身的努力难以开展研究工作，需要借助依托单位等科研环境的条件。因此，《基金条例》规定科学技术人员除了具备科研能力外，还应当具有依托单位或者能够找到依托单位为其提供科研条件支撑。《基金条例》实施前，国家自然科学基金资助的对象均是依托单位的科学技术人员，即只有受聘于中华人民共和国境内的高等学校、科学研究机构或者其他公益性研究机构的科技工作者才有资格申请基金资助；对从事基础研究但没有依托单位的科学技术人员的申请，基金管理机构不予受理。因为依托单位不仅能为科学技术人员提供基础研究的条件，还能协助基金管理机构督促获基金资助项目的实施，监督基金资助经费的使用，防止基金资助经费的流失。而《基金条例》为那些具有基础研究能力但无依托单位的科研人员申请基金资助找到了一条出路。除了具备申请科学基金的科研能力要求外，如果科学技术人员没有依托单位的，可以在取得在基金管理机构注册的依托单位的同意的情况下从该单位申请科学基金项目。该规定是要求在非依托单位从事基础研究的科学技术人员，根据其从事的基础研究的性质，寻找一个合适的在基金管理机构注册的依托单位，并与其协商，征得对方同意作其依托单位。这样规定的主要理由是考虑到科学基金制的重要特点是依靠依托单位，因为国内外的实践证明，依托单位可以协助基金管理机构工作，为获得基金资助的项目提供相应的研究条件，对基金资助经费的使用与管理进行监督，保障基金使用效率与效益。因此，《基金条例》对非依托单位科学技术人员申请自然科学基金资助，仍纳入到对具有依托单位的科学技术人员的管理轨道，使依托单位切实担负起责任，保证基金工作的顺利开展。

　　三是特殊基金项目类型的要求。科学基金项目资助的项目类型有几十种，各个种类还有一些体现项目特色的特殊性要求，比如国家杰出青年科学基金项目支持在基础研究方面已取得突出成绩的青年学者自主选择研究方向开展创新研究，促进青年科学技术人才的成长，吸引海外人才，培养造就一批进入世界科技前沿的优秀学术带头人。因此《国家杰出青年科学基金项目管理办法》中就对国籍、研究时间、年龄等作出了特殊规定①。再比如重点项目支持科学技术人员针对已有较好基础的研究方向或者学科生长点开展深入、系统的创新性研究，促进学科发展，推动若干重要领域或者科学前沿取得突破。重点项目应当体现有限目标、有限规模、重点突出的原则，重视学科交叉与渗透，有效利用国家和部门科学研究基地的条件，积极开展实质性的国际合作与交流。因此，《国家自然科学基金重点项目管理办法》中对职称、研究经历、研究环境等都做出了更为严格的要求②。

2. 申请权利的保障：性别、年龄、区域等

除了规定法定条件下自由申请的基本原则外，科学基金法律制度中对于申请权利的保障还体现在防止年龄、性别、区域等方面的歧视，促进平等申请，确保公正的申请秩序。

一是性别保障。国家自然科学基金委员会针对女性科研人员的自身特点，提出一系列举措。在申请条件上放宽女性申请青年科学基金年龄到 40 岁。因为女性科研人员在青年时期承担着哺育下一代和从事科研的双重责任。为了让女性科研人员既能安心地完成生育任务，又不影响未来科研事业发展，国家自然科学基金委员会研究决定从 2011 年开始，将女性申请青年科学基金的年龄从原先的 35 岁放宽到 40 岁。这集中体现了对女性科研人员成长发展的现实关切和终极关怀，是大力促进女性人才全面发展的重要措施，是积极落实男女平等基本国策的重要体现。

二是年龄保障。在制度层面，《科学技术进步法》明确规定了青年科学人才的平等权利，《基金条例》明确规定了"国家自然科学基金应

---

① 该《办法》第七条　依托单位的科学技术人员申请国家杰出青年科学基金项目应当具备以下条件：（一）具有中华人民共和国国籍；（二）申请当年 1 月 1 日未满 45 周岁；（三）具有良好的科学道德；（四）具有高级专业技术职务（职称）或者具有博士学位；（五）具有承担基础研究课题或者其他从事基础研究的经历；（六）与境外单位没有正式聘用关系；（七）保证资助期内每年在依托单位从事研究工作的时间在 9 个月以上。不具有中华人民共和国国籍的华人青年学者，符合前款（二）至（七）条件的，可以申请。

正在博士后工作站内从事研究、正在攻读研究生学位以及获得过国家杰出青年科学基金项目资助的不得申请。

② 该《办法》第九条　依托单位的科学技术人员具备下列条件的，可以申请重点项目：（一）具有承担基础研究课题的经历；（二）具有高级专业技术职务（职称）。

正在博士后工作站内从事研究、正在攻读研究生学位以及《基金条例》第十条第二款所列的科学技术人员不得申请。

当设立专项资金,用于培养青年科学技术人才"。而对青年科学人才的培养和扶植一直是科学基金重要的制度倾向,从国家杰出青年基金项目、青年基金项目到优秀青年基金项目,再到青年基金的 renew 资助模式,科学基金不仅确保了青年科学技术人员平等的申请资格,而且通过各种制度的创设来不断推进青年科学技术人员的发展。

三是地区保障。2010 年基金委实施的"科学基金资助与管理绩效国际评估"报告中高度赞赏科学基金对民族地区的支持。地区基金是科学基金对欠发达地区的科学家进行扶持,少数民族地区进行扶持的产物。目前少数民族地区自治州基本列入地区基金资助范围。近年来,科学基金地区基金项目保持 50 万/4 年的资助强度和 25% 的资助率,这有助于这些地区比较优秀的科学家竞争面上项目等一般科学基金项目,既能够扩大欠发达地区获得的资助规模,也能促进其优秀科学家在更高层次的竞争中不断成长。

三 同行评审制度

同行评审[①]制度是科学基金管理制度的基石,是有效避免"科学共同体自治"和政府管理张力的缓冲地。美国国家科学基金会几乎所有的课题经费都是通过同行评议的竞争性机制资助给研究人员。在俄罗斯,所有有关基金资助项目的批准都建立在同行评议的基础上,与研究人员的年龄或者科学上、行政上的地位等因素无关。同行评议被认为是最客观的评审机制。通过同行专家进行评议来遴选资助项目是世界各国基金资助管理过程中长期摸索和总结出来的有效机制。因为通过科学基金制资助基础研究,不同于行政机关通过行政命令向下级单位拨付行政经费。同行评审的关键是让专家把学术关,让专家审查申请基金资助的研究项目是否具有科学价值、是否具有创新性、是否具有积极的社会影响、是否具有可行性和发展前景。《基金条例》对同行评审的程序、标准、保障措施等制度进行了明确规定。

---

① 一般称为"同行评议",但是此处按照《基金条例》的表述,对于我国的制度暂且使用"同行评审"一词,语义上和国外的"同行评议"相同。

1. 多元的评审程序

《基金条例》明确规定:"基金管理机构对已受理的基金资助项目申请,应当先从同行专家库中随机选择3名以上专家进行通信评审,再组织专家进行会议评审;对因国家经济、社会发展特殊需要或者其他特殊情况临时提出的基金资助项目申请,可以只进行通信评审或者会议评审。"这是同行评审程序的法律依据。因此,科学基金的评审程序包括基本的评审程序和特殊的评审程序,呈现多元化的特征。

一是关于同行评审的基本程序。经过对基金资助项目申请进行初步审查后,符合受理条件的,则进入实质审查阶段,即由基金管理机构组织专家对已经受理的基金资助项目申请进行专家评审。同行评审包括两个基本程序:通信评审和会议评审,这两个程序是必经程序。

所谓通信评审,是指基金管理机构以信件、电子邮件等通信方式,请同行评审专家对已经受理的基金资助项目申请提出书面评审意见。通信评议在国内外已经是比较成熟的评审制度,美国国家科学基金会、加拿大自然科学与工程研究理事会等国外许多基金管理机构都采用这种评审制度。我国科学基金管理机构在管理实践中对通信评审也积累了丰富的经验。为了确保评审工作的顺利开展,基金管理机构在开展评审前,应当根据基金资助项目的研究内容和研究范围的不同,聘请评审专家,建立同行评审专家数据库,并根据基金管理机构制定的聘请评审专家的具体办法,对数据库进行维护,及时增减评审专家。基金管理机构在选择评审专家对基金资助项目申请进行评审时,应当从数据库中随机选择评审专家,不能人为地指定评审专家。这样规定的目的是保证选择评审专家的公正性,最大限度地排除人为因素,避免基金管理机构的工作人员通过指定评审专家对指定的申请材料进行评审,出现对申请人有利或者不利的评审意见。基金管理机构对一份基金资助项目申请材料,至少应交给3名以上的评审专家进行评审,即每一个基金资助项目申请至少要有3名专家评审意见。这样规定的目的,是最大限度地获取同行专家的意见,倾听不同专家多角度的评审意见,为基金管理机构作出资助决定提供较为充分的依据。这既让同行专家充分发表了民主意见,又保证了对基金申请项目评审的公正性和客观性。

会议评审是承接通信评审的一个重要程序，是指由基金管理机构组织专家对经过同行通信评议的基金资助项目申请进行评审的程序。会议评审程序是在通信评审程序的基础上对基金资助项目申请的再评审。会议评审的专家意见和通信评审的专家意见共同成为基金管理机构对基金资助项目申请作出是否予以资助决定的依据。会议评审程序更加有利于根据资助计划整体上把握资助情况，有利于从科学基金总体资助战略上提出资助建议，有利于对非共识创新性项目进行鉴别，同时，会议评审也是更加广泛地征求同行专家评审意见的过程，是保证基金资助项目申请获得客观、公正评审的重要手段。

二是特殊同行评审程序。实践中，因国家经济、社会发展特殊需要或者应对突发性事件等，基金管理机构需要对某研究领域临时提出资助计划，比如，为制止"非典"流行而临时发布基础研究资助计划等。考虑到这类特殊基金资助项目申请时间紧、数量小，为了加快研究进程，在评审程序上可以作适当变通，即对这类特殊基金资助项目申请在评审程序上可以在通信评审和会议评审中选择一种，也即基金管理机构可以只对这类基金资助项目申请进行通信评审或者会议评审。对这类特殊基金资助项目申请的评审，并没有否定通信评审和会议评审两种程序同时进行，也就意味着如果条件允许，也可以按照上面的基本程序进行，而选择何种程序进行评审，可以由基金管理机构根据实际情况决定。

2. 弹性的评审标准

《基金条例》明确规定了科学基金同行评审的标准，即："评审专家对基金资助项目申请应当从科学价值、创新性、社会影响以及研究方案的可行性等方面进行独立判断和评价，提出评审意见。评审专家对基金资助项目申请提出评审意见，还应当考虑申请人和参与者的研究经历、基金资助经费使用计划的合理性、研究内容获得其他资助的情况、申请人实施基金资助项目的情况以及继续予以资助的必要性。"这并不是一个刚性的准则，而是颇具弹性。这体现为基本的评审准则和参考评审准则相结合的模式为评审专家留下了足够的空间，而具体评审标准由于缺乏进一步明确的规范，实践中留给评审专家的"自由裁量权"也尽管世界各国的评审准则大多呈现这种宏观、弹性的状况，比如美国基金会在1997年把原来实施的四个评审准则修订为"内在的学术价值"和"广泛的影响或者社会影响"两个准则，但是，美国通过一系列配套措施，具体化和操作化这些相对模糊的准则①。科学基金项目评审的基本准则包括科学价值、创新性、社会影响以及研究方案的可行性等方面，这是任何科学基金项目评审都必须坚持的"底线性"准则。实践证明，一个基金资助项目申请能否获得资助，仅考虑其科学价值、创新性、社会影响、可行性是不够的，还应当考虑影响基金资助项目实施的一些参考因素。为了提高资助经费的使用效益，确保获得资助的研究项目能够达到预期的效果，《基金条例》也规定了科学基金项目的参考评审准则，而科学基金的各类项目管理办法还根据项目的特殊情况，规定符合项目情况的评审准则。比如《国家自然科学基金地区科学基金项目管理办法》就明确规定了评审地区基金应当考虑的特殊准则。② 通过这些准则的判断可以发挥进一步初步判断项目承担者的研究能力，完成拟资助项目的可行性，防止"一题多报"问题，鼓励申请人依法实施获得基金资助项目的积极性等作用。

3. 诸多的评审保障

为了确保评审专家评审意见的客观公正，评审专家提出的评审意见应当是以学术价值为最重要的评价准则，不受科学以外的其他因素的影响和干扰，是其主观上独立的意思表示，任何单位和个人不得干预评审专家的评审工作，尤其是基金管理机构工作人员、申请人等相关主体。因此，在制度上应当对这种同行独立评审作出保障性规定，《基金条例》明确规定了会议评审意见的产生程序、基金管理机构工作人员不得

---

① 详见龚旭《科学政策与同行评议——中美科学制度与政策比较研究》，浙江大学出版社2009年版，第176页。
② 《国家自然科学基金地区基金项目管理办法》第十三条第二款规定：评审专家提出评审意见时还应当考虑以下几个方面：（一）申请人和参与者的研究经历；（二）研究队伍构成、研究基础和相关的研究条件；（三）研究内容与该地区经济、社会与科技发展的关联性；（四）项目实施对该地区人才培养的预期效果；（五）项目申请经费使用计划的合理性。

干预评审的原则、回避和保密①等诸多保障同行评审程序的内容。

会议评审与通信评审不同。在通信评审中，每个评审专家只要提出自己的评审意见即可，无须评审专家之间进行讨论。而会议评审则是在同行专家对提交会议评审的基金资助项目申请提出各自意见的基础上进行讨论，最终要形成相对集中的评审意见。为了保证会议评审工作的公平、公正，在总结实践经验的基础上，《基金条例》明确规定：会议评审的评审意见应当通过会议投票表决的方式产生。而具体的表决程序《基金条例》并没有直接规定，因为在基金管理实践中不同类型的项目评审意见要求的一致性存在差异。而基金委制定的具体项目的管理办法中都对此作出了规定，有的要求参加会议的评审专家2/3以上同意，而有的要半数以上同意，达不到这个要求，对相应的基金资助项目申请就不应当予以资助。②

四 项目计划书制度：一个行政合同

通过多年的工作实践，项目计划书制度已在基金资助工作中得到广泛应用。项目计划书是项目负责人开展基金资助项目的依据，也是项目负责人和依托单位对基金管理机构作出的一种承诺，更是基金管理机构以及依托单位对基金资助项目实施状况进行监督和检查的标准。从程序上讲，依托单位和项目负责人向基金管理机构提交的项目计划书，经核准后才具有正式的法律效力，才能成为各方履行或者监督的唯一依据。换言之，经核准的项目计划书是基金资助行为开始的证明。项目计划书在法律性质上如何界定呢？从各方当事人的法律性质和地位来看，属于一般民事合同的依据不够充分。③而能否归属于行政合同，还有待于进

---

① 由于"回避和保密制度"后文将单独论述，故此处不展开论述。
② 比如《国家自然科学基金面上项目管理办法》规定："会议评审专家应当充分考虑通信评审意见和资助计划，结合学科布局和发展对会议评审项目以无记名投票的方式表决，建议予以资助的项目应当以出席会议评审专家的过半数通过。""多数通信评审专家认为不应当予以资助的项目，2名以上会议评审专家认为创新性强可以署名推荐。会议评审专家在充分听取推荐意见的基础上，应当以无记名投票的方式表决，建议予以资助的项目应当以出席会议评审专家的三分之二以上的多数通过。"
③ 民事合同要求双方当事人主体地位平等、完全的意思自治等内容似乎不适用于项目计划书。

一步进行理论和实践中的研究和探讨。

《基金条例》明确把项目计划书作为资助项目拨款以及后期管理和监督的依据,明确了项目计划书的制作、提交等实体和程序性问题。基金委各类管理办法对此也作出了明确规定,比如《国家自然科学基金面上项目管理办法》规定:"核准后的项目计划书作为项目实施、经费拨付、检查和结题的依据。"

一是项目计划书的制作制度。项目计划书作为基金资助工作中的一份重要文件,其主要内容来自于项目负责人在基金资助项目评审前提交的申请书。因为申请书是项目负责人对基金资助项目研究内容和研究方法的最初设想,评审专家正是基于对申请书的评价,才对项目负责人的基金资助项目作出了予以资助的学术判断,而基金管理机构也正是基于评审专家的学术判断才作出了予以资助的决定。换言之,基金资助项目申请书实质上是项目负责人对评审专家和基金管理机构的一种承诺,这种承诺不能随便变更。因此,项目负责人在实施该项目时,必须以其提交的基金资助项目申请书为依据,除了法定情形外,不得作出变更。当然,项目计划书不等于基金资助项目申请书,在一定情形下也可以变更申请书的内容。只有在两种法定情形下,项目负责人可以在制作项目计划书过程中变更项目申请书内容的情况:①依照评审专家的评审意见变更申请书的内容。评审专家对予以资助的申请项目往往能提出一些建议,以完善申请人的研究思路或者研究方法,便于项目负责人更好地开展项目研究。在这种情况下,项目负责人可以根据评审专家的意见,在填写项目计划书时进一步完善其研究内容或者研究方法。②依照基金管理机构确定的基金资助额度变更申请书的内容。基金资助额度是基金管理机构根据每年的财政预算确定的,超出了资助额度,则资助计划将难以完成。因此,项目负责人填写项目计划书时,应当根据基金管理机构确定的资助额度来变更申请书的内容。

二是项目计划书的提交制度。依照《基金条例》的规定,依托单位和项目负责人在接到基金管理机构予以资助的通知之日起 20 日内,应当向基金管理机构提交项目计划书,接受基金管理机构的审查。这明确限定了项目计划书的提交时间。但是实践中,如何确定依托单位和项目负责人接到基金管理机构予以资助通知的时间呢?《基金条例》并未对此作出规定。基金委制定的各类项目管理办法中，通过公告的方式解决了《基金条例》规定的实施性问题。比如《国家自然科学基金面上项目管理办法》第二十一条规定："自然科学基金委应当公告予以资助项目的名称以及依托单位名称，公告期为5日。公告期满视为依托单位和项目负责人收到资助通知。"

三是项目计划书的审查制度。基金委应当对提交的项目计划书进行审查。基金管理机构主要审查项目计划书的内容是否与项目申请书一致，是否体现了评审专家的意见，是否按照基金管理机构确立的资助额度对申请书的内容作了变更。对符合要求的，基金管理机构予以核准。经过基金管理机构核准的项目计划书具有法律效力，成为基金资助项目实施的重要依据。需要指出的是，如果依托单位和项目负责人逾期不提交项目计划书，或者所提交的项目计划书不符合本条规定，基金管理机构不予核准，可以要求依托单位和项目负责人限期改正。逾期未提交、不改正且不说明理由的，会产生放弃资助的法律效果，《国家自然科学基金面上项目管理办法》规定："逾期未提交项目计划书且在规定期限内未说明理由的，视为放弃接受资助。"

五 项目实施报告和记录制度

为了确保获得资助的项目能够顺利实施，各国都通过设定一定制度来保障项目负责人、依托单位依法履行实施义务，这就是项目实施的报告和记录制度。比如美国国家科学基金会就规定了所有资助审批时必须提交项目技术报告，这些报告中的信息将记录在递交给国会的年度报告中。[①] 这些报告也提供给 NSF 计划办公室和管理办公室，有关支持项目的成果信息以及资助资金是被如何使用的。这些报告中反映的信息可能通过《信息自由法案》（FOIA）被一般大众获知。此外还规定了项目实施记录制度，即财政记录、支持性文件、数字记录和其他有关资助的记录在提交最终报告后的3年内由被申请人保存。有关特殊项目收入的记

---

① 这体现了1993年《政府计划和结果法案》（GPRA）关于基金会行为的强制性要求。

录①将在该收入审批期满之后再保存三年。

我国科学基金也确立了类似的法律制度，我国《科学技术进步法》第五十六条规定："国家鼓励科学技术人员自由探索、勇于承担风险。原始记录能够证明承担探索性强、风险高的科学技术研究开发项目的科学技术人员已经履行了勤勉尽责义务仍不能完成该项目的，给予宽容。"《基金条例》也规定了有关原始记录内容，此外《基金条例》还规定了年度报告制度。这两项制度的创设都是为了确保获得基金资助的研究项目能够按照项目计划书的要求如期开展研究，取得预期的研究效果，而这两项制度与项目负责人和依托单位都具有紧密关系。虽然项目负责人有直接作出项目原始记录和进展报告的义务，但是依托单位对此义务履行情况进行监督是其得以实现的重要保障。

一是原始记录制度。《基金条例》第二十三条规定："项目负责人应当按照项目计划书组织开展研究工作，作好基金资助项目实施情况的原始记录，通过依托单位向基金管理机构提交项目年度进展报告。"我们知道，基础研究是一项风险性很大的工作，仅仅通过研究成果来衡量基金资助项目的实施状况是不科学的，因为并不是所有的基金资助项目都能够取得研究成果，即使存在研究成果，也不能够全面准确地反映科学家的研究活动。国家设立自然科学基金就是鼓励科学技术人员自由探索，宽容科学研究的失败，只要科学家认真进行科学研究就应当给予支持。当然，不容否认的是，也有极个别受资助的研究人员弄虚作假、敷衍塞责，不按照要求开展研究工作。为了防范科学不端行为，树立良好的学术道德，有必要设计一种制度，督促项目负责人依照项目计划书的要求开展研究工作，使那些没有研究成果但认真开展了研究工作的项目负责人来证明自己的研究行为。《基金条例》创设原始记录制度则是一个比较好的选择。所谓原始记录，是指项目负责人在组织项目参与者开展研究工作时产生的历史记录，这些记录能够证明研究人员开展基金资助项目研究状况的第一手材料，比如：在实验室进行试验的结果、学术讨论的会议纪要、开展学术交流的日程安排、学术报告，等等。原始记录具有客观性、真实性和原始性。

---

① 有关特殊项目收入的内容详见 AAG 第 Ⅵ．F．3 章。

基金委不可能对每一个项目的原始记录进行审查，真正发挥监督项目负责人原始记录作用的还是依托单位，依托单位在审核项目负责人提交的年度进展报告时，应当查看项目基金资助项目实施情况的原始记录。依托单位即应当查看项目负责人提交的原始记录，也应当到项目组成员工作的办公室、实验室等场所查看原始记录。而依托单位查看原始记录的情况应当记录在案。我们知道，《基金条例》还规定了基金委对于基金项目的抽查制度，而抽查的时候，依托单位查看原始记录的记录也应当作为依托单位履行了管理职能的依据。

二是年度进展报告制度。《基金条例》第二十三条同时规定了年度进展报告的提交和审查的要求："依托单位应当审核项目年度进展报告，查看基金资助项目实施情况的原始记录，并向基金管理机构提交年度基金资助项目管理报告。基金管理机构应当对项目年度进展报告和年度基金资助项目管理报告进行审查。"这项制度是科学基金管理多年实践经验的总结。年度进展报告，是指研究者对基金资助项目一年中研究状况的一种总结，将一年中所有的研究行为和成果进行一定的整理和归类，选择其重点和关键问题形成的报告，其内容包括：研究工作进展情况、经费使用状况等。要求项目负责人提交项目年度进展报告，实际是督促项目负责人认真开展研究工作的一种形式，通过撰写报告，总结一年来研究工作情况，使依托单位和基金委了解获资助项目的进展情况。项目年度进展报告是基金委核准后续拨款的重要依据。

项目负责人撰写完项目年度进展报告后，先要提交依托单位进行审查，不能直接提交给基金委。审查由项目负责人提交的年度进展报告并将其提交给基金委，是依托单位管理基金资助项目的一项重要职责。依托单位通过审查年度进展报告，不仅可以了解研究工作的进展情况，也可以与平时的监督、检查工作相对照，确认年度进展报告的真实性；对报告中与事实不符的内容，应当要求项目负责人予以更正。另外依托单位审查年度进展报告也是为其向基金委提交年度基金资助项目管理报告的基础。依托单位应当根据本单位承担基金资助项目情况，于每年底编制基金资助项目年度管理报告。该管理报告不是针对某个具体的资助项目，而是针对所有本单位管理的基金资助项目，其内容不限于基金资助项目的研究进展情况，还包括人才培养情况、资助经费的使用情况、对资助项目监督检查情况等。通过该报告，使基金委了解依托单位的管理现状，便于对依托单位的工作进行评估。

六 项目变更制度

项目在实施过程中不可避免会出现种种情况的变化，这就涉及了项目变更制度问题。世界各国科学基金法律制度都十分注意对变更制度的规范，美国国家科学基金会在 AAG 中明确规定了项目变更的各种情形，主要包括项目研究内容变更和研究人员变更两个方面。但是对研究人员的变更规定得比较详细，包括项目负责人、参与者等主体的更换和撤销等内容。我国的科学基金法律制度对项目变更制度的规定主要依据是《基金条例》，《基金条例》明确规定了项目负责人变更、项目依托单位的变更以及项目研究内容或计划的变更等情形。

1. 复杂的变更情形

变更的概念在以往的项目管理实践中仅限于对于项目内容的变化，而依据《基金条例》的规定，对实践中"变更概念"应当进行扩大解释，包括项目内容或者计划的变更、项目负责人的变更和项目依托单位的变更三种法定情形。

一是项目研究内容或计划的变更。《基金条例》第二十五条规定："基金资助项目实施中，研究内容或者研究计划需要作出重大调整的，项目负责人应当及时提出申请，经依托单位审核后报基金管理机构批准。"这是内容变更的法律规定。一方面，科学研究具有探索性，事先确定的研究思路和研究路径往往需要根据实际情况进行调整。基金资助项目在实施过程中，不可能完全按照事先制订的研究计划进行，也需要作些调整，甚至作出重大调整。另一方面，基金管理机构和评审专家之所以同意资助申请人提出的基金资助项目，很重要的原因是基于申请人提出的研究内容、研究计划、研究方法等，如果这些内容发生了重大变化，也就意味着产生了一个新的研究项目，对该研究项目是否予以资助，评审专家、基金管理机构可能会有不同的看法。此外，不容否认的是，个别申请人在提出基金资助项目申请中，其研究内容、研究计划有迎合评审专家、基金管理机构的现象,一旦获得资助,则立即修改研究内容、研究计划,降低研究工作的难度和风险,从而影响了基金资助经费的使用效益。为了平衡这两个方面的关系,《基金条例》通过规定"重大变更"和审批程序的方式,确保研究内容的变更能够依法进行。研究内容或者研究计划的重大调整,一般是指对基金资助项目实施有根本性的调整,直接影响到对基金资助项目实施的管理和产生的研究成果。

二是项目负责人的变更。项目负责人作为获得基金资助项目最初的申请人,对该项目的研究思路和研究方式有其独到的设想,是开展项目研究不可或缺的骨干,在项目实施中起着举足轻重的作用。实践证明,没有项目负责人的基金资助项目,几乎不可能取得预期的效果。因此,为了确保基金资助项目的顺利实施,一般不应当变更项目负责人。但是,实践中,有些项目负责人因出国、调动、病休等情况不能继续担任项目负责人之职,需要变更项目负责人。因此,《基金条例》第二十四条对此进行了规定。[①]

这条规定确立了"以不变为原则以变更为例外的"的基本原则。这是总结我国基金管理机构多年来的管理经验,并在借鉴美国国家科学基金委员会的规定基础上制定的。实践证明,项目负责人在基金资助项目实施过程中是不能随意变更的。随意变更项目负责人,不利于基金资助项目研究群体按照既定的项目计划书有效开展研究工作,也不利于提高基金资助经费的使用效益,与科学基金制的规定相悖。实际上,项目实施过程中法律关系的客体是项目负责人的法律行为,其具有特定性,而不是可以随意替代的。因此,除非法定事由出现,否则不能随意变更。而且实践中可能还存在依托单位通过变更项目负责人方式侵害科学研究人员合法权益的现象。所以,禁止随意变更项目负责人,不仅有利于获资助项目的顺利实施,也有利于保护项目负责人的合法权益。

---

① 《基金条例》第二十四条:基金资助项目实施中,依托单位不得擅自变更项目负责人。项目负责人有下列情形之一的,依托单位应当及时提出变更项目负责人或者终止基金资助项目实施的申请,报基金管理机构批准;基金管理机构也可以直接作出终止基金资助项目实施的决定:(一)不再是依托单位工作人员的;(二)不能继续开展研究工作的;(三)有剽窃他人科学研究成果或者在科学研究中有弄虚作假等行为的。

原则上不得变更项目负责人，并不等于不可以变更项目负责人，只是应当符合法定条件。变更项目负责人法定条件为：第一，项目负责人不再是依托单位科学技术人员的。该种情形表明：项目负责人原来是依托单位的科学技术人员，而现在可能调离所在单位，或者从事其他非科学研究性工作，即不再是一名科学技术人员。在这种情况下，依托单位可以向基金管理机构提出变更项目负责人的申请。第二，不能继续开展研究工作的。该种情形是指项目负责人由于客观原因比如身患严重疾病、死亡、出国进修或者出现其他严重影响其科学研究能力的情形，导致其不能继续开展研究工作。在这种情况下，依托单位可以向基金管理机构提出变更项目负责人的申请。第三，有剽窃他人科学研究成果或者在科学研究中有弄虚作假的行为。该情形主要是指项目负责人在基金项目实施过程中出现了学术不端行为，即剽窃他人研究成果，或者有弄虚作假行为。这里所指的科学研究，不仅包括在基金资助项目中的研究，还包括其他的科学研究。

三是依托单位的变更。考虑到正常的人员流动是经常发生的，为了保证项目负责人调离本单位后，仍能够使其负责的基金资助项目继续得以实施，因此，《基金条例》规定了变更依托单位的制度。① 由于该条款中并没有规定太多的实体性变更条件，仅仅为"调动"一项条件，而重点在于变更的程序性要求，因此详见后文的论述。

2. 严格的审批程序

严格的审批程序是规范项目变更制度的重要保障，《基金条例》明确规定了各种变更情形的法定程序，在此基础上基金委制定的各种管理办法中为了突出基金委的管理职责，还补充规定了基金委的告知义务。②

一是项目内容变更程序。按照《基金条例》规定，研究内容或者研

---

① 第二十四条规定：项目负责人调入另一依托单位工作的，经所在依托单位与原依托单位协商一致，由原依托单位提出变更依托单位的申请，报基金管理机构批准。协商不一致的，基金管理机构作出终止该项目负责人所负责的基金资助项目实施的决定。

② 比如《国家自然科学基金面上项目管理办法》第三十条规定："发生本办法第二十五条、第二十六条、第二十八条、第二十九条情形，自然科学基金委作出批准、不予批准和终止决定的，应当及时通知依托单位和项目负责人。"本条中的第二十五条和第二十八条分别就是项目变更的规定。

究计划需要作出重大调整的，项目负责人必须履行法定程序，不得擅自作出调整。考虑到项目负责人对基金资助项目的研究内容以及研究计划最为熟悉和了解，也是整个项目的代表人，因此，只有项目负责人可以提出申请，其他成员无权提出。依托单位接到项目负责人的申请后应当进行审核，必要时组织专家进行论证，提出审核意见，然后再报请基金管理机构审批。基金管理机构接到依托单位报来的基金资助项目研究内容或者研究计划需要进行重大调整的申请后，应当进行认真审查，必要时也可以请专家进行论证，对那些确需调整的申请予以批准，而对那些弄虚作假、故意降低研究难度的申请不予批准，必要时还应当对该研究项目进行调查，对发现的问题依法作出处理。

二是项目负责人变更程序。当项目负责人出现了法定变更情形后，为了确保项目负责人所负责的基金资助项目得以顺利实施，依托单位如果有合适的人选，应当向基金管理机构提出变更项目负责人的申请；如果没有合适的科学技术人员接替项目负责人的工作，为了保证国家基金资助经费得到有效利用，防止资助经费流失，依托单位应当向基金管理机构提出终止基金资助项目实施的申请。依托单位提出申请时要明确说明理由，明确是变更项目负责人，还是终止基金资助项目。基金管理机构接到依托单位的申请后，应当进行认真审查，必要时要实地了解情况，根据实际需要，符合规定的，作出准予变更项目负责人或者准予终止基金资助项目实施的决定；不符合规定的，不能作出批准的决定。既然基金管理机构是依照依托单位的申请作出的决定，也就意味着基金管理机构不得超越依托单位的申请作出批准决定，依托单位申请变更项目负责人的，基金管理机构只能就是否批准其变更作出决定，申请终止的，就是否批准终止作出决定。此外，为了防止依托单位在出现变更项目负责人或者终止基金资助项目实施的法定事由后，不及时报请基金管理机构批准，造成国有资产流失，《基金条例》授权基金管理机构可以不经依托单位申请、直接作出终止基金资助项目实施的决定。

三是依托单位变更程序。项目负责人从一个依托单位调入另一依托单位工作时，经所在依托单位与原依托单位协商一致，由原依托单位提出变更依托单位的申请，报基金管理机构批准。考虑到项目负责人调入另一依托单位后，原依托单位与项目负责人共同开展研究的科学技术人员的研究工作会受到影响,基金资助项目管理工作也要发生变化,因此,只有征得原依托单位的同意,并由原依托单位向基金管理机构提出申请,才可以变更依托单位,调入的依托单位无权提出变更依托单位的申请。由于项目负责人调动后,对其负责的基金资助项目的实施带来诸多不便,如果两个单位无法协商一致,即使项目负责人在调入的依托单位继续开展获资助项目的研究工作,也难以取得预期的效果。如果两个依托单位之间无法达成一致的,基金管理机构可以不经申请,直接作出终止该项目负责人所负责的基金资助项目实施的决定。原依托单位对于项目负责人调入另一个依托单位后,无论双方是否达成一致意见,都有责任向基金管理机构汇报,否则,基金管理机构无法作出予以变更或者终止该项目负责人所负责基金资助项目实施的决定。

七 抽查制度

我国自然科学基金实施20余年来,在科技界一直享有良好声誉。有的学者认为,自然科学基金是"用20%的经费,推出了基础科研近80%的成果"。也有人认为,自然科学基金是"一面旗帜"、"一块净土"。在许多高等院校、科研单位,将是否获得过自然科学基金的资助,作为晋升技术职称的条件之一。但是,我们也应当看到,自然科学基金在实际运行中也存在一些问题。个别科研人员热衷于申请基金资助项目,一旦获得资助,则立即"转包"他人,即使自己直接从事研究,也是敷衍塞责、草率应付。还有的人弄虚作假、伪造科研成果。这些问题尽管属于极个别现象,但却造成了不良的社会影响,损害了自然科学基金的声誉。为了对基金资助工作中出现的不端行为予以严肃处理,崇尚科学精神,《基金条例》规定了抽查制度等重要的监督制度。

1. 检查的困境:特色的立法

由于多数获资助的研究项目资助周期都在一年以上,这就使每年度基金资助的研究项目及仍在研究、尚未结题的研究项目数量很大,往往多达几万项。此外,在基金委注册的依托单位也有2500多家。尽管基金委有专门的监督委员会负责对这些资助项目实施情况进行监督,但仅靠现有人力,不可能对所有资助项目以及上千家依托单位逐一实施监督、检查,为了克服项目检查的困境,《基金条例》创设了抽查制度,《基金条例》第二十九条规定:"基金管理机构应当对基金资助项目实施情况、依托单位履行职责情况进行抽查,抽查时应当查看基金资助项目实施情况的原始记录。抽查结果应当予以记录并公布,公众可以查阅。"这也是平衡项目实施评估的必要性和有限管理资源关系的一项特色立法。实际上,采用抽查方式不仅可以降低行政成本,也可以避免一些研究项目及依托单位的负责人存有侥幸心理,只能时刻做好准备。

2. 抽查的内容

对于基金资助项目的抽查主要是对照基金资助项目计划书的内容,检查项目负责人及其参与者是否按照项目计划书开展研究工作,是否有进展,是否按要求使用拨付的资助经费,是否存在弄虚作假、敷衍塞责的问题,是否有贪污、挪用资助经费的情况,是否培养了人才,遇到了哪些问题,等等。其中查看原始记录是抽查的重要内容。原始记录指科研人员在实施资助项目时所记录的工作成果、工作过程,如各种实验数据、小组讨论记录、发表的论文,等等。考虑到科学研究不能保证每个项目都有明确的结论,因此,对基金资助项目实施情况进行检查也不能限于取得的研究成果,只能要求项目负责人及其参与者依照项目计划书的要求开展工作。基金管理机构查看基金资助项目实施的原始记录,可以了解科研人员的工作情况,防止弄虚作假,确保科研人员将精力放在获资助项目的研究上。抽查过程中,基金管理机构还应当记录抽查的内容。基金管理机构应当对抽查的对象、时间、内容、结果等整理成笔录,以便于存档和查阅。对抽查内容进行记录,一方面是为了保证监督行为的完整性和连续性,另一方面也是为了加强对基金管理机构的监督,防止抽查人员滥用权力、徇私舞弊。

3. 抽查的处理

抽查中,如果发现基金资助项目负责人及其参与者有违反本《基金条例》规定行为的,应当依照条例有关规定及时作出处理,需要追究刑事责任的,还应当及时移送有关机关进行查处。

因为抽查过程中基金委都会有详细的抽查记录，包括对抽查的对象、时间、内容、结果等方面，同时按照《基金条例》要求基金委应当将抽查的内容公开，允许公众查阅。抽查的内容公开，就是将已形成的抽查报告向社会公开，允许公众查阅，使基金委的抽查工作以及被抽查的基金资助项目的实施情况、依托单位履行职责情况置于社会公众的监督之下。公众查阅基金委抽查的记录，可以了解一些获资助项目的实施情况以及依托单位履行职责情况，对情况不实的，公众可以检举或者控告。

抽查的结果还应当作为依托单位以及项目负责人信誉档案的重要基础。基金委把这些情况作为项目负责人和依托单位信誉档案的基础。对于那些信誉好、遵守法律制度的项目负责人、依托单位，基金委应当给予肯定，为进一步资助提供参考条件。对于那些信誉低的单位和个人应当及时提醒，加强监督；要增加违法者的违法成本，使其寸步难行。

八 项目结题制度

基金资助项目结题是基金资助项目负责人以及参与者按照项目计划书的要求完成基金资助项目研究的标志，就资助管理法律程序而言这是最后一个环节。项目结题在法律意义上标志着项目负责人和基金管理机构的资助与被资助法律关系的终结，因此，法律关系的各方需要在结题行为之前，切实审视自己的权利实现状况，审查对方义务履行情形。从各国的立法实践中来看，结题报告制度是结题制度中最为核心的要求，而有的国家单独审查结题报告，有的国家还审查结题报告相关的技术或者成果报告。从审查的要求来看，有的制度采取的是形式审查原则，有的制度采用的实质审查原则。就我国科学基金法律制度而言，《基金条例》主要规定了项目结题的要求，采用的是以结题报告为主，有条件的辅以成果报告的制度，在基金委制定的项目管理办法中，有的项目对结题报告的审查标准作出了比较明确的规定。

1. 科学研究如何评价

结题审查本质上就是一种对政府资助的科学研究行为的评价。那么是否能够评价这种科学研究，以及如何评价这种科学研究，是结题审查中首先需要明晰的问题。政府资助的科学研究与纯粹的科学研究尽管在研究内容和方法等科学自身问题上没有实质的差别，但是由于其研究经费来源的不同，使这类科学研究与纯粹个人的研究存在很大差异。政府资助的经费来源于国家财政，是公众纳税的积累，所以该研究行为本身就要接受公众的问责，这类研究行为的问责性是不能用科学研究自身的特性来规避的，因此，对政府资助项目进行评价具有充分的正当性和合理性。另一方面，科学研究自身的专业性、知识性特征，无法使我们用一种常规的方法进行评价，而像项目评审那样使用严格的同行评议方式进行，所付出的成本可能又无法承担。所以实践中许多国家都采用了结题报告制度，通过对照项目负责人的计划书来评价项目执行状况。对于需要同行评议专家进行审查结题报告的项目就更倾向于实质审查，而不需要同行专家只是由项目官员对照性审查的则更倾向于形式审查。当然这种区分只是在学理上而言的，实践中项目责任人往往都是该领域的专家，其审查也可能属于一种实质审查。美国基金会的项目结题审查相对偏重于一种形式审查，在其项目指南中仅仅明确规定了项目负责人应当及时提交项目结题报告的义务，比如美国基金会的AAG中规定："资助期满后的90天内，最终项目报告必须以电子方式通过NSF FastLane系统提交。"而对如何进行审查的规定，在指南以及其他法律规范中都不明确。科学基金的项目结题审查往往采用实质审查和形式审查相结合的方式，对于重点项目等还采取召开同行专家会议等项目结题验收方式进行审查，而对于面上项目等一般由项目官员进行审查。

2. 宽松科研环境需要制度保障

总而言之，对于科学基金的结题制度，世界各国都在试图营造一种相对宽松的环境。我国在国家资助项目的管理上也宽容科学家的失败，比如我国《科学技术进步法》第五十六条规定："国家鼓励科学技术人员自由探索、勇于承担风险。原始记录能够证明承担探索性、风险高的科学技术研究开发项目的科学技术人员已经履行了勤勉尽责义务仍不能完成该项目的，给予宽容。"而且《基金条例》规定"取得研究成果的，还应当提交研究成果报告"，这种对于研究成果的要求也是一种选择性规定,而不是强制性规定。

这些宽容的制度设计绝不是完全放任科学研究行为的任意性,科学家应当证明自己尽到了勤勉义务,还应当提交结题报告说明研究行为的执行状况,这就为宽松的科研环境提供了基本的制度保障。美国科学基金会尽管对项目结题管理也比较宽松,但是其还规定了项目结题报告、项目最终技术信息条款[①]、项目结清[②]等具体的制度。如果项目负责人违反了这些提交义务,则会影响其未来项目的资助审查。

我国科学基金法律制度通过规定了结题报告、原始记录、项目成果报告等制度切实保障宽松的科研环境和公众问责性的平衡性。《基金条例》对于结题的要求也是在总结基金管理的实践基础上形成的,主要包括要求项目负责人提交结题报告,取得研究成果的,还要提交研究成果报告。

结题报告应当总结基金资助项目资助期限内科学研究情况,客观真实地反映研究人员的研究状况。项目负责人应当通过依托单位自基金资助项目资助期满之日起60日内,向基金委提交结题报告。逾期提交,则要承担相应的法律责任。这里的期限是最低要求,当然,项目负责人可以在基金资助项目期间届满时提交。

此外,项目负责人在提交结题报告时,如果基金资助项目取得了研究成果,还必须同时提交研究成果报告。这里所指的研究成果报告不是具体的研究成果,不需要将所有研究成果都提交,项目负责人只需对研究成果进行整理和归类,撰写成报告进行提交即可。由此可以看出,国家对所资助的基础研究工作是非常宽容的,获得资助的研究项目不一定取得研究成果,只要按照项目计划书的要求开展了研究工

[①] 美国基金会的项目指南规定:有效的最终技术性信息条款应在项目一结束便马上提交给 NSF,以供其管理项目所用。主要包括以下内容:第一,论文摘要;第二,引用刊物和文章再版书;第三,关于科学合作的数据;第四,与发明有关的资料;第五,项目和结果的技术描述;第六,资助审核要求的或被认为对 NSF 有用的其他原料;第七,项目生成的电子出版物的统一资源定位符号(即 URL,在 Internet 的 "WWW" 服务程序上用于指定信息位置的表示方法)。

[②] 资助结清(Grant closeout)是 NSF 确定所有适当的管理活动和开展资助的工作要求都已经结束的一种程序。在资助期届满后,最终成本报告在联邦财政报告(Federal Financial Report, FFR)里时满3个月,资助将被从财政上停止给予。最终项目报告被 NSF 接受,并且 NSF 认为已经符合资助的其他行政性要求的,对资助行政性管理也将被停止。

作，就可以予以结题。这对于促进科学技术人员自主探索、勇于创新十分必要。

《基金条例》还规定依托单位对项目结题报告有审核义务。项目负责人提交结题报告要通过依托单位。这样规定的目的是要求依托单位对结题报告进行审查、把关。由于依托单位更了解项目负责人以及参加者的情况，其审核意见能够为基金委的审核提供重要的参考。依托单位在审核结题报告时，应当查看基金资助项目实施状况的原始记录。这是对依托单位审核结题报告的法定要求。这样规定主要是考虑到依托单位熟悉其所属人员开展的研究工作，方便查看基金资助项目实施情况的原始记录。通过查看原始记录，可以发现基金资助项目实施中存在的问题，增强对基金资助项目实施状况的监督力度，促使项目负责人在研究工作中就认真履行职责，避免资助期满无法结题。另外依托单位必须注意本单位科学技术人员提交结题报告的60日期限，做好提前时间量的准备。因为不及时提交结题报告依托单位也要承担相应的法律责任，最严重的甚至会被取消申请资格。

基金委有义务对项目结题报告进行审查，《基金条例》对于如何审查以及审查的标准并没有作出明确规定。基金委制定的部分项目管理办法对此作出了明确规定，比如《国家自然科学基金重点项目管理办法》第三十四条规定："有下列情况之一的，自然科学基金委应当责令依托单位和项目负责人10日内提交或者改正；逾期不提交或者改正的，视情节按有关规定处理：（一）未按时提交结题报告的；（二）未按时提交资助经费决算的；（三）提交的结题报告材料不齐全或者手续不完备的；（四）提交的资助经费决算手续不全或者不符合填报要求的；（五）其他不符合自然科学基金委要求的情况。"这是对提交结题报告的形式审查的规定，而同时该办法还规定了采用同行专家会议评价的方式对重点项目进行结题审查，并明确了专家的评价标准。即《国家自然科学基金重点项目管理办法》第三十六条规定："评审专家应当从以下方面审查重点项目的完成情况，并向自然科学基金委提供评价意见：（一）项目计划执行情况；（二）研究成果情况；（三）人才培养情况；（四）国际合作与交流情况；（五）资助经费的使用情况。"此外，《基金条例》和各类项目管理办法都规定了基金委应当对结题报告进行公布的义务,这也是对公众负责、接受公众监督的重要制度体现。

九 复审制度

复审制度是基金管理机构通过受理申请人提出的复审申请,对于其作出的有争议的决定进行审查并重新作出决定的制度。复审制度是《基金条例》为保障科学技术人员合法权益所设立的救济制度,从另一个方面而言,也是基金委及时纠正科学基金管理过程中一些错误的监督制度。

1. 创新的行政救济措施

科学基金项目的复审制度是我国行政救济法律制度的一个创新制度,在《基金条例》颁布之前,我国的行政救济制度主要包括行政复议法以及行政诉讼法为核心的制度体系,其同样适用于国家财政基金资助项目的救济。但是科学研究毕竟存在许多特性,对于科学研究项目行政行为的救济也呼唤一种适应科学研究行为的救济方式,为此《基金条例》规定了复审制度。《基金条例》第十八条规定:"申请人对基金管理机构作出的不予受理或者不予资助的决定不服的,可以自收到通知之日起15日内,向基金管理机构提出书面复审请求。对评审专家的学术判断有不同意见,不得作为提出复审请求的理由。基金管理机构对申请人提出的复审请求,应当自收到之日起60日内完成审查。认为原决定符合本《基金条例》规定的,予以维持,并书面通知申请人;认为原决定不符合本《基金条例》规定的,撤销原决定,重新对申请人的基金资助项目组织评审专家进行评审、作出决定,并书面通知申请人和依托单位。"这也是我国自然借鉴国外科学基金法律制度的基础上,结合我国自然科学基金发展实际而提出来的。比如美国科学基金会的申请指南中规定:"如果项目申请人不满意项目官员所作出的解释,可以要求相应的NSF助理主任或办公室主任进行复审,以确定此申请是否真正依照程序进行了公正、合理的评审。要求复审的项目主持人必须在否决文件发出后90天内提供书面文件并寄回到NSF。如果申请人对复审的结果仍不满意,可以在复审结果出来后 60 天内要求 NSF 的副主任复审。假如一个申请是由于不符合 NSF 其他要求而被否决,项目申请人也可以要求复审。"因此,这项制度对于依托单位和科学技术人员甚至是基金管理机构而言都是新的制度,所以做好复审的受理和审查工作也成为科学基金项目管理活动的重要内容。为此,基金委专门发布了有关复审工作的意见,同时复审方面的管理规章已经列入规章体系建设方案中。

2. 复审制度的构成

根据《基金条例》的规定,结合基金委有关复审工作的意见,复审制度主要包括如下具体内容:

一是复审的范围。为了对申请人实施有效救济,只有基金管理机构作出的不予受理和不予资助的决定才可以成为申请人提出复审的范围。这两个决定分别属于对基金资助项目申请的初步审查和实质审查,关系着申请人的基金资助项目申请能否获得资助。除此之外,申请人不得对基金管理机构的其他决定提出复审请求,即使提出,基金管理机构也可以不予受理。

二是复审申请人和受理机构。基金资助项目申请人为提出复审的申请人,基金资助项目的参加人、依托单位都不能以自己的名义提出复审请求。换言之,基金资助项目的申请人是唯一有资格提起复审的主体,因为基金管理机构作出决定时所面对的对象是基金资助项目申请人。实践中许多依托单位都对本单位的科学技术人员的复审申请有所掌握,或者将本单位科学技术人员提出的复审申请也像递交申请书那样统一报送基金委,虽然《基金条例》中没有明确作出这样的要求,但是这样无论对于我们的复审受理还是申请者有关复审权利的保障都是有利的。复审的受理机构是基金管理机构,即只有基金管理机构才能受理申请人的复审请求。基金管理机构的内设部门可以根据内部分工具体履行受理职责,但不能成为对外的法律主体,只能以基金管理机构的名义答复申请人。

三是复审的提出期限和形式。申请人在收到基金管理机构不予受理或者不予资助的通知之日起 15 日内,对该决定不服的,可以提出复审请求。这里规定的 15 日期限不是指工作日,15 日的起算点是申请人接到基金管理机构的通知之日,而不是基金管理机构作出决定之日。若申请人在15日后提出复审请求,基金管理机构对该复审请求不予受理。申请人提出复审请求,直接递交的,以递交之日为申请人提出复审的日期;以信件方式发出申请的,以申请人发出日为提出复审的日期,不是基金管理机构收到信件之日,即以发出的邮戳日为准。申请人对于基金管理机构的决定不服,必须以书面方式提出复审请求,口头方式不具有法律效力。

四是提出复审的理由。依照《基金条例》规定,除了对评审专家的学术判断有不同意见不得提出复审之外,申请人可以就其他方面提出复审的理由。除了专家的学术判断不得提出复审请求外,专家学术判断之外的观点也是可以提出复审的。基金管理机构对申请人提出的复审请求将进行审查,经审查发现原决定有瑕疵、不符合本《基金条例》规定的,应当重新作出决定,认为需要进行同行评审的,可以重新组织专家进行评审。换言之,复审程序决不意味着无条件地重复审查,只有具备本《基金条例》要求条件和理由的才可以提出复审请求,必要时才可以启动同行评审程序。

《基金条例》将专家的学术判断排除出了复审理由的范畴。这主要是科学基金制的特点决定的,是依靠专家、尊重专家的具体体现。但是不要认为专家的学术观点就绝对不可动摇,即使申请人对于专家的学术判断有不同的观点,虽然不能作为复审的理由,但是可以作为基金委对于评审专家进行评估、信誉档案建立的重要基础,因为这方面内容《基金条例》在对评审专家的监督管理方面有专门的规定。

五是复审期限。复审期限是基金管理机构对基金资助项目的申请人提出的复审请求进行审查并作出决定的期限。依照《基金条例》规定:基金管理机构应当自收到复审申请之日起60日内完成审查并作出复审决定。这里60日的规定就是复审期限。法定期限是对于基金管理机构的义务性规定,基金管理机构必须在60日内作出相应的处理决定,否则就是不作为的违法行为,应当承担相应的法律责任。

3. 复审的法律效果——复审不是万能的

《基金条例》规定了两种复审决定,即维持原决定和撤销原决定。

第一，基金管理机构经过审查认为原决定符合本《基金条例》规定的，应当维持原不予受理或者不予资助的决定。即复审申请人的理由不充分，原决定符合本《基金条例》的规定，复审申请人的复审请求得不到支持，但基金管理机构仍应当将维持原决定的通知，以书面方式及时通知复审申请人。第二，基金管理机构经过审查认为原决定不符合本《基金条例》规定的，应当作出撤销原不予受理或者不予资助决定的决定。基金管理机构一旦作出了撤销原不予受理或者不予资助决定的复审决定后，就有义务对复审申请人的基金资助项目申请按照本《基金条例》的规定重新组织专家进行评审，并及时作出新的决定。新的决定作出后，基金管理机构应当及时通知复审申请人和依托单位。基金管理机构对申请人的复审请求应当依照本《基金条例》的规定进行审查，不能降低标准或者有任何例外；有错必纠，但正确的决定也必须严格遵守，不能因申请人提出复审请求就不坚持原则。

实践中有的申请人把复审当成"尚方宝剑"，复审绝对不是万能的。对于基金委的"不予受理"或者"不予资助"决定不服，一定是要有充分理由的"不服"，任何人的项目被刷下来肯定都"不服气"，但是要区分不同情况，比如违反限项规定被初筛下来，还提复审请求，这种"情感的冲动"不能构成复审的理由，这样无论给依托单位还是我们的科学基金管理都会带来不必要的麻烦。再有一种情况就是，很多科学家错误地理解了"复审"的内涵，明明知道自己项目被刷下来是有道理的，但是还抱着试试看的态度，以为复审就是重新审查，说不定就会侥幸通过审查。这都是没有理解"不服"。我们认为"不服"主要是管理过程中存在着程序性的违法行为，或者管理上的疏忽，导致自己的研究项目申请受到了不公正的待遇，而且还要有充分的证据证明以上的情况。依托单位也应当做好本单位科学技术人员的思想教育工作，做到"绝不轻易放弃自己的权利，也绝不轻易乱用自己的权利"。

十　回避制度

回避制度，是指基金管理工作人员和评审专家因某种原因可能影响评审公正性而不宜参加某些基金资助项目申请评审的情形时，退出该项目评审活动的制度。回避制度设立的目的是保证基金管理工作人员和评审专家的中立和公正，没有任何利益上的偏向，以保证评审结果的公正性。国外一般采用的是利益冲突制度（Conflict of Interest），主要是指政府官员公职上代表的公共利益与其自身具有的私人利益之间的冲突。这里的利益，不仅是经济利益，还包括专业利益、个人声誉等。美国有专门《利益冲突法》，涉及刑事法律责任，规定了相应的罚金和有期徒刑等刑罚方式。而美国基金会在其专门制定的《NSF工作人员利益冲突和道德行为规范》对各种利益冲突的行为作出了明确规定。同时也规定了工作人员因为利益冲突而应当采取的法律措施，即部分回避制度（prohibition）和完全回避制度（disqualification）。因此，回避制度和利益冲突制度是一个问题的两个方面，利益冲突制度重在从法律行为的原因来理解，而回避制度重在法律行为的法律后果上来理解。当然，利益冲突制度较回避制度而言，涵盖的范围更广泛，涉及的内容更多。科学基金的回避制度是科学基金长期以来就一直实施的一项重要制度，《基金条例》将该制度进一步固定化。《基金条例》第十九条规定："在基金资助项目评审工作中，基金管理机构工作人员、评审专家有下列情形之一的，应当申请回避：（一）基金管理机构工作人员、评审专家是申请人、参与者近亲属，或者与其有其他关系、可能影响公正评审的；（二）评审专家自己申请的基金资助项目与申请人申请的基金资助项目相同或者相近的；（三）评审专家与申请人、参与者属于同一法人单位的。基金管理机构根据申请，经审查作出是否回避的决定；也可以不经申请直接作出回避决定。基金资助项目申请人可以向基金管理机构提供3名以内不适宜评审其申请的评审专家名单，基金管理机构在选择评审专家时应当根据实际情况予以考虑。"这其实规定了回避的适用对象、回避的法定情形、回避的程序以及回避申请的特殊情况等制度。

1. 公正与利益相关者——回避的对象和情形

依照《基金条例》规定，基金管理机构工作人员和评审专家为评审回避的适用对象。这是因为，基金管理机构工作人员在基金资助项目申请的评审中发挥着重要的组织和协调职能，其可能存在着影响评审公正的因素，需要回避某些项目评审。这里所指的基金管理机构的工作人员，特指参加评审工作的、履行组织、协调等相关职能的工作人员，并不是指所有的基金管理机构的工作人员。依靠专家是基金评审工作的基本原则，如果评审专家存在可能影响公正的情形，对于基金评审公正性的破坏是严重的，因此，评审专家中有法定回避情形的，应当予以回避。这里的评审专家包括通信评审专家和会议评审专家。

基金资助项目评审回避主要包括三种情形：一是基金管理机构工作人员和评审专家同申请人或者参与者之间存在近亲属或者其他的关系、可能影响公正评审的事实。这里所指近亲属的范围没有作出明确规定，可以适用国家有关法律、行政法规或者司法解释的有关规定。《中华人民共和国刑事诉讼法》第八十二条规定，"近亲属"是指夫、妻、父、母、子、女、同胞兄弟姊妹。《最高人民法院关于执行〈中华人民共和国行政诉讼法〉若干问题的解释》第十一条规定，行政诉讼法第二十四条规定的"近亲属"，包括配偶、父母、子女、兄弟姐妹、祖父母、外祖父母、孙子女、外孙子女和其他具有扶养、赡养关系的亲属。考虑到本《基金条例》属于国家基金管理机构对科学基金管理方面的行政规范，偏重于行政部门法律规范，因此可以参照《最高人民法院关于执行〈中华人民共和国行政诉讼法〉若干问题的解释》第十一条的规定来确定本条中近亲属的范围。本《基金条例》规定的"有其他关系可能影响公正评审的"的范围较为广泛，比如师生关系、同学关系等，基金管理机构可以在具体实践中依照公平公正的原则灵活掌握。二是评审专家自己申请的基金资助项目与申请人申请的基金资助项目相同或者相似。一般而言，评审专家除了参与评审基金资助项目申请外，也往往作为申请人申请国家自然科学基金资助。当评审专家自己申请的基金资助项目与申请人申请的基金资助项目相同或者相似时，为了确保评审的公正性，评审专家应当予以回避。三是评审专家与申请人、参与者属于同一法人单位。实践中，一个基金资助项目申请的申请人和参与者可能来自多个法人单位，评审专家可能与其中的某个人属于同一个法人单位。为了避免评审专家评审其所在单位的基金资助项目申请，出现可能的不公正性，在这种情形下，评审专家应当予以回避。

2. 回避的程序

《基金条例》规定了两种回避程序，即基金管理机构工作人员或者评审专家自行申请回避程序和基金管理机构直接决定回避。(1) 关于自行回避。基金管理机构工作人员或者评审专家认为自己符合法定回避情形，应当自行向基金管理机构申请不参加某个基金资助项目申请的评审工作。基金管理机构接到自行回避的申请后应当进行审查，认为需要回避的，应当作出回避决定。需要注意的是，由于有些研究领域的专家比较少，如果参与评审的专家都符合回避情形都予以回避，则可能影响评审工作。因此，对于提出自行回避的申请，基金管理机构具有最终决定该申请回避是否予以批准的权力。(2) 关于基金管理机构直接决定回避。基金管理机构发现基金管理工作人员或者评审专家存在本《基金条例》规定的回避情形时，即使基金管理工作人员或者评审专家没有提出回避申请，基金管理机构也可以作出回避决定，被要求回避的基金管理工作人员或者评审专家应当予以接受。

3. 回避制度的特殊情况

为了保障基金资助项目评审的公正性，《基金条例》规定了基金资助项目申请人对评审专家的选择而引起回避的制度。即基金资助项目申请人向基金管理机构提出不适宜评审其申请的评审专家名单，由基金管理机构在选择评审专家时予以考虑。该规定是赋予基金资助项目申请人对评审专家一定的选择权，避免一些评审专家的不公正评审。这种选择实质上是申请一些评审专家回避，但与一般回避程序不同，一般的回避程序都是对已经决定的评审专家提出回避，而该规定是对于未决定的评审专家的一种提前回避申请。基金资助项目申请人最多可以向基金管理机构提出3名不适宜评审其申请的评审专家的名单，超出3名则无效。《基金条例》没有规定基金资助项目申请人提出的期限，但应当在评审程序开始前提出，否则，基金管理机构无法操作。基金管理机构接到基金资助项目申请人提供的3名不适宜评审其申请的名单后，应当在有其他评审专家可选择的情况下，满足申请人的要求。但是，如果没有其他评审专家可选择，基金管理机构也可以不对评审专家进行调整，但应当将申请人提出的要求记录在案，对其提出的评审专家的评审工作进行监督，确保其评审的公正性。

第五章

科研诚信法律制度

科研诚信是科技创新的前提和基础，是科学精神的诠释和反映，是科学共同体科学活动生生不息的动力和源泉，是社会公众对科学家以及科学活动进行评价和问责的底线。正如2009年科技部、教育部、基金委等十部委共同发布的《关于加强我国科研诚信建设的意见》所定义的那样："科研诚信主要指科技人员在科技活动中弘扬以追求真理、实事求是、崇尚创新、开放协作为核心的科学精神，遵守相关法律法规，恪守科学道德准则，遵循科学共同体公认的行为规范。"科研诚信是科学研究活动的行为规范，也是科学技术人员的道德规范，更是科学共同体的基本职业准则。科研诚信承载着科学活动的行业尊严，正是有科研诚信的存在，科学活动才能在和其他各种社会活动的竞争、沟通和交融中得以生存。科研诚信也是科学家共同体肩负的责任，正是存在科研诚信才让社会公众对科学家产生无限的崇敬和尊重。相反，科研诚信的缺失就是科学活动以及科学共同体的"阿喀琉斯之踵"。当科学面临着一系列的荣誉和光环的时候，科研诚信成为科学续写辉煌的关键，同时也可能成为科学走向"风口浪尖"的"蚁穴"。

一 发达国家立法模式概论

实现科研诚信不能仅仅停留在道德层面的要求，更需要制度甚至于法律制度的约束和激励。因此科研诚信法律制度就成为必要。科研诚信法律制度应当包括两个主要的方面。其一是积极地倡导负责任的研究行为；其二就是惩处和防范学术不端行为。前者是法律的积极规制，主要表现在一种"应当"或者"必须"的法律规范模式，对行为人提出一系列的强迫性的行为要求。简言之,行为人"必须做或者应当做……"而后者是法律的消极规制,主要表现为一种"不得"的法律规范模式,对行为人提出禁止性的行为要求,简言之,行为"不能做或者不得做……"虽然通过法律制度来促进科研诚信建设是世界各国通行的做法,但是在规制的侧重点上还是有显著的差异。主要有三种模式:

其一,倡导负责任行为主导模式。采用这种模式的国家多以倡导负责任的研究行为为主要的立法趋向,尽管内容中也会涉及一些不端行为的处罚,但是侧重点还在于前者。典型的就是加拿大的科研诚信制度。加拿大三大科研资助机构,即加拿大卫生研究机构(Canadian Institutes of Health Research)、自然科学及工程研究理事会(Natural Sciences and Engineering Research Council of Canada)以及社会科学与人文学科研究理事会(Social Sciences and Humanities Research Council of Canada)于2011年12月联合发布《加拿大科研资助机构工作框架:负责任的研究行为》(Tri-Agency Framework: Responsible Conduct of Research)。该文本取代了之前多个零散文件,作为伞状文件,它规定了项目申请、资助资金使用、科研行为、科研成果公开以及违反三大科研资助机构政策的处理程序等几方面主要法律问题。

其二,惩处学术不端行为主导模式。在立法上偏重对学术不端行为进行规范和惩处的典型国家就是美国。其最直接的原因就是美国学术不端行为在科学界以及美国社会逐步产生了诸多不良影响。"20世纪60年代到70年代早期,很少公开披露学术不端行为,广为人知的案例只有寥寥几个。但是到了70年代末,人们开始看到一些被疑为不端行为的研究行为受到了公开批判……科学丑闻的存在终于进入了大众视野!人们认识到,科学也会成为某些研究人员不道德和不恰当行为的牺牲品。20世纪80年代初,随着美国国会为生物医学研究中的欺诈行为召开听证会,科研诚信的重要性显得更加突出。在随后的十年间,一些国会议员积极追究一些案件的进展,进一步刺激了媒体的狂热报道。90年代初,美国制定了科研不端行为的定义和法规,接受联邦资助的机构也必须出台处理不端行为的政策。"[1] 20世

---

[1] 《科研诚信——负责任的科研行为教程与案例》,何鸣鸿、陈越等译,高等教育出版社2011年版,第7页。

纪80年代以来，美国政府逐步建立了系统遏制学术不端行为机制。尤其是通过立法的方式界定了学术不端行为的内涵，明确了处理学术不端行为的程序，规定了学术不端行为的处罚措施。美国国家科技政策办公室（OSTP）于2000年12月6日公布并实施的《联邦处理学术不端行为的政策》（Federal Research Misconduct Policy）。为了贯彻落实这个规定，美国交通部、劳工部、环保局、国家科学基金会（NSF）、卫生与人类服务部、教育部等已经发布了相应规定，其大多以联邦政府行政法规的方式发布。比如NSF规制学术不端行为的行政法规45CFR689[1]。

其三，兼顾模式。澳大利亚政府对科研诚信的法律规制在立法上更加折中，内容上兼顾了负责任的研究行为和学术不端行为的处罚。2007年澳大利亚研究理事会和国家健康与医学研究理事会共同起草的《澳大利亚负责任研究行为准则》，以联邦政府的名义正式发布。该《准则》是迄今为止澳大利亚联邦政府发布的最重要的学术诚信法律规范。"《准则》开篇即明确其适用于澳大利亚国内的所有接受公共财政资助的高校以及其他科研单位，且遵守其规定是取得联邦政府科技创新资助的前提条件。"[2] 虽然该《准则》的名称为"负责任研究行为"，但是其实际规范的内容涵盖了科研不端行为的构成要件、表现形式以及处理程序等具体内容，在篇幅上和"负责任的研究行为"并列。因此，澳大利亚政府的科研诚信法律制度是一种典型的兼顾模式。此外日本的科研诚信制度亦属此模式，在立法上除了日本文部科学省《关于应对研究活动中不正当行为的指导方针》侧重从认定和处罚学术不端行为角度规范外，还有日本学术会议[3]制定的《科学工作者行为规范》从正面要求科学家自律，共同遵守科学研究行为的基本规范，积极承担科学以及社会责任。

我国的科研诚信法律制度也是一种兼顾模式。从内容而言涵盖倡导负责任的科研行为和惩处学术不端行为。主要的立法表现形式包括分散

---

[1] 该法规的全称是 Code of Federal Regulations, Title 45 Public Welfare, Part 689 Research misconduct，专门针对NSF资助管理中的不端行为的行政性法规。

[2] 唐伟华等：《澳大利亚联邦政府学术诚信法律制度概论》，《国家行政学院学报》2011年第6期。

[3] 日本学术会议是日本政府在政府总理府内设立了另一个总理所辖的特别机构，该机构现在隶属于日本总务省。

的立法和专门的立法两种。分散的立法包括《中华人民共和国科学技术进步法》、《国家科学技术奖励条例》等。尤其是2007年修改、2008年7月开始实施的《中华人民共和国科学技术进步法》，在诸多条款中规定了科技人员要遵守科研诚信、不得弄虚作假、建立学术诚信档案等方面的内容，对我国科研诚信建设作出了原则性的法律规制。此外，《专利法》有关侵犯专利申请权的规定以及《著作权法》有关著作权侵权行为的规定，也是规范由于学术不端行为而引起的民事侵权责任的法律规范。专门的立法主要包括一些部委发布的部门规章以及政策性文件。主要体现在：1999年11月18日，科技部、教育部、中国科学院、中国工程院和中国科协联合发布了《关于科技工作者行为准则的若干意见》；2007年1月1日，科技部开始施行《国家科技计划实施中科研不端行为处理办法（试行）》；2007年2月，中国科学院发布了《关于加强科研行为规范建设的意见》；2007年1月16日，中国科协通过的《科技工作者科学道德规范（试行）》；2009年3月19日，教育部教社科［2009］3号《教育部关于严肃处理高等学校学术不端行为的通知》；2005年3月16日国家自然科学基金委员会监督委员会第二届第三次全体会议审议通过《国家自然科学基金委员会监督委员会对科学基金资助工作中不端行为的处理办法（试行）》。

  从我国科研诚信的立法特点来看，体现为如下特征：一是缺乏统一和专门的科研诚信立法。正如有学者指出的："目前国内的科研诚信建设并无国家层面、统一的专门立法，相关规定散见于各种法律、法规以及部门规章等规范性文件之中，亟须整合与优化。"[①] 目前，我国科研诚信的立法还缺乏国家法律层面或者至少是行政法规层面的专门立法。现有的立法中《中华人民共和国科学技术进步法》属于法律，《国家自然科学基金条例》属于行政法规，但是并非专门的科研诚信立法。而其他的规范大多停留在部门规章的层面，甚至还有一些部门的规范性文件。由于部门规章权限以及效力等级的制约性，使其对科研诚信进行统一规范受到了一定程度的影响。二是各部门立法具有鲜明的部门性特征。更具操作性的规范科研诚信的法律制度主要体现在国家科技相关的

[①] 焦洪涛等：《科研诚信建设的立法思考》，《中国高校科技与产业化》2010年第8期。

管理部门的部门规章或者规范性文件类。这些部门规范呈现比较明显的部门倾向，这是可以理解的，因为每个部门都是针对各自所管辖的事项进行规范。但是任何一个科研人员都存在着身份上的重叠，所从事的科学研究活动会与很多部门产生法律关系，这种分散式的立法为科研人员认知、了解以及遵守法律规范都带来一定的障碍。一旦这些部门规范之间存在不一致或者不协调之处，无论对于守法者还是执法者而言都会十分困难。三是立法的原则性规范特征突出。无论是分散的立法，还是专门的规范，我国科研诚信法律规范在内容上都呈现出较强的原则性，原则性法律规范占很大的篇幅。除了个别的不端行为处理办法中有一些具有可操作性的法律规则，很多法律规范中都以法律原则为主。法律规则和法律原则具有各自的优势和特征，过分强调任何一点都不利于整个法律规范体系的建立。对于《中华人民共和国科学技术进步法》这样的基本性的科学法律而言，法律原则条款较多尚可以理解，而部门的规章或者规范性文件过于原则就不利于实际的执行，更不利于对科研人员产生一个更加明晰的法律概念以及法律界限的意识，进而可能会造成"有法却不知法"的怪现象。比如很多规范中都有"剽窃"的规定，但是具体何种行为是剽窃，其构成要件以及处罚措施、幅度等内容都很少涉及，这样科研人员无法判断行为的违法性，也无法对可能受到的处罚产生畏惧心理，守法和违法的成本都无法准确衡量，法律规范的实际效力就可想而知了。四是立法相互衔接性有待加强。立法协调性和衔接性也是我国科研诚信立法体系构建的重要考虑因素，而协调性和衔接性的亟待完善也是我国当前科研诚信立法的重要特征。这包括两个方面：一方面是各类立法之间的衔接。这主要体现在部门性规章或规范性文件和上位法之间的衔接，比如《中华人民共和国科学技术进步法》中明确规定了科研诚信档案制度。学术诚信档案，作为对科学技术人员聘任专业技术职务或者职称、审批科学技术人员申请科学技术研究开发项目等的依据。而相应的部门规章或规范性文件就缺乏对这项制度的落实和细化性的规定。此外还存在部门规制或规范自身的衔接和协调问题。比如对学术不端行为内涵的界定在各个部委的规章或者规范性文件中存在很大的差异。另一方面是科研诚信立法和与相关法律部门比如民法、刑法等的衔接。科研人员的学术不端行为必然要涉及法律责任的问题，而目前的科研诚信立法中，无论是分散的法规还是专门的规范都缺少和相关法律部门的衔接，比如剽窃就涉及民事侵权，骗取国家科研经费也可能涉及刑法的有关罪名。因此，在科研诚信立法中建立一种和相关法律部门的协调和对接的制度，对于科研诚信法律体系的完善以及科研诚信法律制度的实效都具有重要意义。

二 科学基金科研诚信法律制度沿革

科学基金科研诚信法律制度是我国科研诚信法律制度的重要组成部分，科学基金的科研诚信管理为我国科研诚信法律体系的构建提供了丰富的理论和实践经验。科学基金科研诚信法律制度伴随着科学基金的发展而不断完善。科学基金成立26年来，科研诚信法律制度的构建和完善从来没有停止过，先后经历了探索阶段、发展阶段和完善阶段三个历史时期，目前已经初步形成了科学基金科研诚信法律制度体系。

探索阶段。国家自然科学基金委自1986年成立以来就高度重视科研诚信建设，通过资助项目的管理和监督不断积累科学基金项目科研诚信的经验，同时借鉴国外科学基金组织的成功经验，不断探索科学基金科研诚信的制度。经过十余年的经验积累并借鉴了美国科学基金会的经验，1998年12月10日，国家自然科学基金委设立监督委员会。专门负责对基金项目申请和执行中的科研不端行为进行监督和查处。监督委员会隶属于自然科学基金委，独立开展科学基金监督工作，向自然科学基金委全体委员会议报告工作。监督委员会成立之初，就制定了《国家自然科学基金委员会监督委员会工作条例》，对监督委员会职责、监督委员会委员权力和义务等内容作出了明确的规定，为监督委员会开展独立监督工作提供了制度依据。2001年5月23日，国家自然科学基金委员会党组会议通过了《国家自然科学基金委员会监督委员会工作条例》的修正案，共11条，进一步明确了包括监督委员会的设立、组成以及委员的义务和权力等方面的主要内容。此外2001年6月12日委务会议通过后公布实施的《国家杰出青年科学基金异议期试行办法》，既为国家杰出青年基金项目的科研诚信提供了制度保障，也为其他项目类型的科研诚信管理提供了示范作用。这些法律文件为科学基金科研诚信法律制度的构建奠定了良好的基础。

发展阶段。自2004年起，监督委员会在总结过去有关科学基金监督工作经验的基础上，加大了建章立制工作。2005年3月16日，国家自然科学基金委监督委员会发布了《对科学基金资助工作中不端行为的处理办法（试行）》，明确规定了学术不端行为处理种类、处理规则、处理细则和处理程序等十分具有针对性和操作性的内容。2005年4月14日根据《国家自然科学基金委员会章程》和有关规定公布的《国家自然科学基金委员会监督委员会章程》，对监督委员会的职责、监督委员的权力和义务等进行了规定。2006年发布了《关于在科学基金工作中加强科学道德建设的若干意见》。同时针对我国科学道德建设的实际，结合科学基金监督工作的经验和体会，设定了开展科学基金项目评审会议评审专家会前承诺制度，向科学部评审会派驻监督代表，实地了解科学基金评审情况，对基金评审过程和会风进行监督。"《章程》、《处理办法》和《若干意见》三个文件的制定和公布，适应了我国科学基金工作中加强科学道德建设的现实需求，反映了科学界渴望学术风气根本好转的呼声，受到科技界的广泛关注，对于防范和遏制科学基金资助工作中科研不端行为的制度化和规范化起到了积极作用。"[①]

完善阶段（条例颁布实施后）。2007年《国家自然科学基金条例》颁布实施对于科学基金诚信法律制度建设意义重大。因为诚信法律制度除了倡导负责任的行为外，很重要的方面就是对于学术不端行为的处罚。而按照我国《行政处罚法》第十二条的规定："国务院部、委员会制定的规章可以在法律、行政法规规定的给予行政处罚的行为、种类和幅度的范围内作出具体规定。尚未制定法律、行政法规的，前款规定的国务院部、委员会制定的规章对违反行政管理秩序的行为，可以设定警告或者一定数量罚款的行政处罚。"也就意味着《基金条例》颁布实施前，基金委仅仅可以做出警告和一定数量的罚款的行政处罚，其他的行政处罚方式都是缺乏法律和行政法规授权的。而《基金条例》颁布实施之后，其第六章法律责任中明确规定了申请人、项目负责人等相关主

---

① 朱道本：《认真贯彻〈国家自然科学基金条例〉，弘扬科学道德，营造和谐科研环境》，《中国科学基金》2008年第5期。

体学术不端行为的表现形式，明确了基金管理机构可以进行的行政处罚种类包括：资格罚、训诫罚、财产罚等多种处罚方式。这为基金管理机构更加有效地预防和惩处学术不端行为发挥了基础性作用，也为科学基金科研诚信法律制度建设开启了一个全新的时代。为了贯彻落实条例，国家自然科学基金委员会2010年5月11日委务会议修改了《国家自然科学基金委员会监督委员会章程》。将《国家自然科学基金项目学术不端处理办法》的修订也列入了立法工作计划。同时基金委还通过制定《国家自然科学基金委员会工作人员职业道德和行为规范》，采取专家评审组定期轮换、在评审会后对会议评审专家进行公正性调查等措施，对管理人员和专家进行有效约束，打造立体化的、全方位的科学基金科研诚信法律制度。

三　科学基金科研诚信法律制度的主要内容

科研诚信法律制度主要针对科学基金项目从申请到项目结题的整个过程中所产生的行为。这些行为当中有的是合法的，对此需要科研诚信制度有一种倡导和激励的制度，而对于违法行为则需要一种处罚制度，因此在制度的内容上就包括积极地倡导负责的科研行为和消极惩处学术不端行为两个类型。而这些行为的主体则包括研究人员、依托单位工作人员、评审专家以及基金管理机构工作人员。因此按照内容和主体两个维度就形成了一个立体的、多元的科学基金科研诚信法律制度体系。

1. 对科学道德以及科研诚信的倡导

科学道德建设是创新文化建设的重要组成部分，是增强自主创新能力、建设创新型国家的重要保障。科学基金科研诚信法律制度正是在从正面积极倡导科学道德方面给予了规范。虽然2006年发布的《关于在科学基金工作中加强科学道德建设的若干意见》还不属于正式的部门规章，仅仅是一个行政规范性文件，但是其涵盖内容之广、涉及主体之多、规范要求之细，都为科学基金科研诚信倡导负责任的研究行为提供了坚实的制度基础。该意见分为坚持求真务实，反对不端行为；坚持严谨治学，反对浮躁学风；坚持学术规范，反对不当竞争；坚持科学管理，反对违规操作；完善监督机制，提供制度保障等五个部分共十八条意见。这些意见涵盖了科学基金科研诚信法律制度中分别对研究人员、评审专家、依托单位以及基金管理机构四类主体的规范性要求。

（1）研究人员的科学道德要求。科学道德水平是科研诚信建设的前提和基础。（2005年诺贝尔医学奖得主巴里·马歇尔与他的合作者发现了幽门螺杆菌及其导致胃炎、胃溃疡与十二指肠溃疡等疾病的机理，但因与当时医学界的教条不符合，没有受到重视。他为了证明自己是正确的，居然以身试药。）而研究人员的科学道德水平直接决定了科学基金项目资助过程中科研诚信的状况，是科学基金科研诚信法律制度建设的核心和基础。因此，该《意见》着重对研究人员的科学道德水平做出了规范，规范的事项包括项目申请、项目实施、成果管理、研究交流、科学伦理以及科学风气等诸多方面。一是倡导项目申请的客观和真实要求。《意见》规定："申请科学基金要客观、真实地填报申请材料，保证所提供材料的真实性和有效性；不得在依托单位、个人学历、专业技术职务、履历以及签名等方面有弄虚作假，甚至伪造的行为。要客观、准确地评述他人的研究成果和自己的贡献，并注明出处；反对伪造、篡改科学数据、抄袭他人申请书、剽窃他人学术成果等行为。"二是倡导项目实施的认真和真实原则。《意见》规定："从事科学基金项目研究的人员要科学设计、精心实施，合理使用研究经费，保证项目的研究质量和科学数据的可靠性，要真实地提供评估、验收和结题材料，在论著中引用他人的成果，必须注明出处；反对抄袭、剽窃他人学术论著、伪造科学数据等行为。"三是倡导研究成果的公开和责任原则。《意见》中规定："坚持科学实践，保障科学观测、科学实验原始数据的真实性，确保科研档案的完整性，基础研究的科学数据应采取适当方式向社会公开，实行共享；努力提高科学论著的质量，摒弃重量轻质之风；发表论文（或专著）的第一作者（或通信作者）应为研究成果的主要贡献者，对整体内容和质量负责；所有署名作者都应对研究工作有实质性贡献，承担共同责任，并不得重复投稿。"四是倡导研究活动的开放和进取原则。《意见》要求："虚心学习和借鉴国内外科学家的研究成果，积极开展学术交流与合作，关注学科交叉研究，勇敢探索未知领域；反对封闭保守、固步自封等不良作风。"五是倡导科研伦理的严肃和责任要求。《意见》规定研究人员应当:"严格遵守科学伦理,自觉维护国家安全以及基因、生态环境和网络信息等安全,增强为民族、国家、社会服务的责任意识;乐于与大众沟通,准确有效地说明新知识和新发现可能带来的后果,维护科学的严肃性和纯洁性;不得通过新闻媒体渲染、炒作研究成果。"六是倡导科研作风的创新和平和原则。《意见》要求研究人员:"遵循基础研究的科学规律,发扬独立思考、理性怀疑、敢为人先的创造精神,崇尚甘于寂寞、淡泊名利的科学情操,潜心研究、长期积累、正确对待失败;防止避难求易、心浮气躁、急功近利和短期行为。"

(2)评审专家的科学道德要求。评审专家虽然在资助项目中不具体从事研究活动,但是其科学道德水平的提升对于科学基金项目资助管理起着重要的促进作用。因为无论是决定项目资助与否的评审还是决定项目实施状况的评估以及检查,都对科学基金项目管理并最终对科学基金科研诚信体系建设发挥着重要影响。而实践中个别评审专家的一些不道德行为对于科学基金科研诚信的破坏作用也十分明显。为此《意见》对评审专家的科学道德也作出了专门的规定和要求。一是倡导评审专家评审行为的客观和公正性。《意见》中规定:"评审者要对所评科学基金项目的创新性、科学价值、研究目标、研究方案及研究人员的研究基础等独立做出判断和评价,要明确具体、科学准确、实事求是地提出评议评审意见。"二是倡导评审专家评审的职业道德。这突出表现为反对借用评审的机会窃取申请人的研究内容或者研究思想。《意见》中规定:"自觉维护申请者的权益;反对抄袭剽窃申请书的内容和学术思想。"三是倡导评审专家评审风气的客观与包容。《意见》中规定:"倡导严肃认真的学术讨论与评论,营造宽松和谐的项目评审、评估、验收等工作环节的学术氛围;不得夸大或贬低项目研究价值和研究者的素质,反对门户偏见、学科壁垒及学霸作风,反对中伤、打击、报复等恶劣行为。"

(3)依托单位的科学道德要求。依托单位是研究人员科学基金项目从申请到实施全过程的重要保障主体,因此,依托单位的科学道德要求对于科学基金项目科研诚信具有重要保障作用。依托单位的科研道德要求既包括自身行为的要求,也包括对研究人员的监督要求。前者主要是指依托单位不能为了自身利益，鼓励甚至协助研究人员在科学基金项目的申请以及实施等环节中存在学术不端行为。后者主要是指依托单位应当对研究人员在项目的申请以及实施过程中的行为进行切实监督，确保科学诚信。《意见》中突出强调了第二个方面："科学基金项目依托单位对本单位的科学基金申请、项目实施、经费使用、科研成果发表等各环节的真实性负责，并对全过程负有监督责任；不得以任何方式隐瞒、包庇、纵容科学不端行为。"

（4）管理机构的科学道德要求。基金管理机构在科学基金道德建设中发挥着引导、影响、监督和制约等全方位的职责。而基金管理机构自身在科学基金管理中的职业道德要求也对研究人员、依托单位等主体的科学道德提升起到了促进作用。为此《意见》中突出了基金管理机构的几项道德要求。一是倡导基金管理机构的服务科学的道德情操。《意见》中规定："增强服务意识，密切联系科学家，真心依靠科学家，热情服务科学家；保护科学家的首创精神，激励创新思想，培育创新人才；弘扬公正、创新、团结、奉献的风尚，谦虚谨慎、坦诚待人；防止和避免'门难进、脸难看、事难办'的衙门作风。"二是倡导基金管理机构的尊重科学的道德品质。《意见》中规定："模范遵守保密规定和回避制度，维护科学基金的科学性和公正性，客观、公正地对待每一份申请材料，不得以任何方式干扰评议评审专家独立做出学术判断。"三是倡导基金管理机构积极管理的工作作风。《意见》中规定："善于研究和认识学科前沿和科学走势，不断提高学术判断能力和管理水平；防止和避免敷衍从事、不求进取的工作态度。"此外，2005年基金委公布实施了《国家自然科学基金委员会工作人员公务活动八项规定》，严格规定了工作人员在项目管理中的八项不准实施的行为。同时为了进一步将基金管理机构的道德规范制度化，2009年基金委出台的《国家自然科学基金委员会工作人员职业道德和行为规范》，进一步把《意见》的内容细化，突出了对基金委工作人员的道德要求，建立了系统的职业道德制度。

2. 对学术不端行为的惩处制度

从世界各国来看，学术不端行为都越来越成为科学研究的羁绊，受到社会公众的关注也越来越大。"在现代社会中，科学处于一个特权位置——它几乎是一个公众受托人，尽管对大学日益强化的商业压力正在改变它——而不端行为事件是对该受托人的严重侵犯。"① 我国学术不端行为也时有发生，但并不像西方某些报刊所鼓吹的那样"中国学术造假确实泛滥"。正如有观点指出的那样："中国和美国都存在科研诚信问题，当然，本文的本意不是刻意要说我国学术不端不严重。本文要说的是我们对我国科研诚信状况应有客观清醒的认识，不要人云亦云，不要看到几篇国外有关报道就说'中国学术太黑暗了，太无诚信了'。"② 对待中国的学术不端行为一定要客观而且在制度框架下去分析和解决。科学基金在学术不端的惩处方面就形成了比较完善的制度体系，这为科学基金诚信法律制度的构建提供了坚实的制度依据。《国家自然科学基金条例》和《国家自然科学基金委员会监督委员会对科学基金资助工作中不端行为的处理办法（试行）》是科学基金惩处学术不端行为最为直接的法律依据。当然由于《国家自然科学基金条例》颁布在后，而且其又是国务院颁布的行政法规，在法理上《国家自然科学基金条例》具有优先适用的效力。因此，论述科学基金学术不端行为惩罚制度应当以《国家自然科学基金条例》为基础，对于其没有规定的或者规定得不详细的内容，如果《国家自然科学基金委员会监督委员会对科学基金资助工作中不端行为的处理办法（试行）》不违背《国家自然科学基金条例》的基本原则的前提下也是可以包括进来的。纵观世界各国的惩处学术不端行为的法律制度，大抵包括实体法和程序法两个部分。实体法主要规定学术不端行为的表现形式和处罚种类，而程序法则规定学术不端行为的处罚程序。从科学基金的法律制度实际情况来看，《国家自然科学基金条例》规定的实体内容较多，缺乏程序性规定，而《国家自然科学基金委员会监督委员会对科学基金资助工作中不端行为的处理办法（试行）》则兼具实体和程序两个方面的内容。因此，科学基金学术不端行为处罚法律制度的内容可以包括学术不端行为的表现方式、学术

---

① ［美］达里尔·E. 楚宾等：《难有同行的科学》，谭文华、曾国展译，北京大学出版社2011年版，第118页。
② 陈越、方玉东：《我国科研诚信状况浅析——以国家自然科学基金委员会处理学术不端案件为例》，《中国科学基金》2011年第4期。

不端行为的处罚种类以及学术不端行为的处罚程序三个部分。

（1）学术不端行为的表现方式。界定学术不端行为的内涵在目前我国的法律框架下是一个艰难的任务，因此，我们采用最为宽泛的、也是最为直接的界定方式。以《国家自然科学基金条例》所规定的违法行为为基础。因为任何违反科学基金项目管理法规而影响项目资助管理的行为都会对科学基金科研诚信造成影响。这些行为包括研究人员、依托单位、评审专家、工作人员四类主体在科学基金项目资助过程中的不端行为。一是研究人员的不端行为。研究人员在项目资助管理的不同阶段又分别有申请人、项目负责人以及参与者的不同称谓。申请阶段的不端行为表现为伪造和变造申请材料。伪造是自己制作，以假代真；变造是指在原有真实材料的基础上通过涂改、挖补等方式制作假材料，性质都是破坏了材料的真实性。实施阶段的不端行为表现为：不按照项目计划书开展研究；擅自变更研究内容或者研究计划；不依照本《基金条例》规定提交项目年度进展报告、结题报告或者研究成果报告；提交弄虚作假的报告、原始记录或者相关材料；侵占、挪用资助经费等五个方面。二是评审专家的不端行为。评审专家在自然科学基金管理制度中，负有客观、公正评审自然科学基金资助项目的职责。包括由基金管理机构聘请，对基金资助项目申请进行通信评审和会议评审的各方面专家。美国基金会的不端行为界定中明确规定了评审专家可能成为不端行为的主体。[1] 科学基金法律制度中对评审专家的不端行为包括不履行基金管理机构规定的评审职责、未依照本《基金条例》规定申请回避、披露未公开的与评审有关的信息、对基金资助项目申请不公正评审的、利用工作便利牟取不正当利益等五种情况。虽然有的行为是否能以不端行为来界定存在很大争议，但是这五种行为都会对科学基金项目资助管理以及科研诚信建设带来很大破坏性，因此将其全部列入。三是依托单位的不端行为。依托单位学术不端行为的表现形式为：不履行保障基金资助项目研究条件的职责；不对申请人或者项目负责人提交的材料或者报告的真实性进行审查；不依照本《基金条例》规定提交项目年度进展报

---

[1] 45CFR689明确规定学术不端行为"指在向国家科学基金会提出资助申请，实施国家科学基金会资助的研究项目，对提交的申请进行评审以及报告研究结果的过程中出现的捏造数据、篡改数据或剽窃的情形"。

告、年度基金资助项目管理报告、结题报告和研究成果报告的；纵容、包庇申请人、项目负责人弄虚作假的；擅自变更项目负责人的；不配合基金管理机构监督、检查基金资助项目实施的；截留、挪用资助经费等七种方式。四是工作人员不端行为。基金管理工作人员不端行为的表现方式为：未依照本《基金条例》规定申请回避；披露未公开的与评审有关的信息；干预评审专家评审工作；利用工作便利牟取不正当利益等四种方式。

（2）学术不端行为的处罚种类。《中华人民共和国行政处罚法》第八条第七项规定："法律、行政法规规定的其他行政处罚。"这放宽了行政处罚种类的限定，赋予法律和行政法规设定行政处罚种类的权限。《基金条例》则根据科学基金资助项目管理的实践经验设定了独特的行政处罚种类。总结《基金条例》第六章法律责任中所规定的行政处罚种类，除了自由罚之外，覆盖了行政处罚一般归类原则的申诫罚、财产罚、能力罚三个层面。一是申诫罚。这是影响违法者声誉的处罚，是行政机关对行政违法行为人提出谴责、警告，使其引起警惕，防止继续违法的措施。《基金条例》规定了警告和通报批评两种处罚种类。虽然警告也是行政处分的种类，但是《基金条例》所规定的警告不能理解为行政处分。理由在于行政处分属于内部行政行为，是由行政主体基于行政隶属关系依法作出的，而《基金条例》中所规定的处罚主体，无论是申请人、参与者还是依托单位、评审专家，都和基金管理机构不存在这种行政隶属关系。因此，《基金条例》其实非常明确地赋予了基金管理机构的申诫类的行政处罚。二是能力罚。这是行政机关对违反行政法律规范的行政相对方所采取的限制或者剥夺特定行为能力的制裁措施，是一种较严厉的行政处罚。《基金条例》规定了责令限期改正和一定期限内取消某种资格两种处罚种类。其中一定期限内取消某种资格又具体包括：3—5年内不得申请或者参与申请国家自然科学基金资助、5—7年内不得申请或者参与申请国家自然科学基金资助、3—5年内不得晋升专业技术职务（职称）、5—7年内不得晋升专业技术职务（职称）、不得再聘请为评审专家（终生）等五种方式。除了晋升职务（职称）的处罚权归属存在争议之外，其他四种处罚权都应当归属国家自然科学基金委。三是财产罚。这是指行政机关依法剥夺行政违法人财产权利的一种处罚，一般包括罚款、没收违法所得、没收财产等方式。罚款和没收财产两种处罚《基金条例》都没有规定，没收违法所得《基金条例》也没有直接规定，但是《基金条例》规定了追回已拨付的基金资助经费的处罚方式。这间接赋予了基金管理机构对相对人进行财产处罚的权力。理由在于：基金资助经费一旦拨付，财产所有权就发生了转移，属于行政相对人，基金管理机构追回本质上是对行政相对人财产权的一种剥夺和限制。《基金条例》赋予基金管理机构追回经费本身就是赋予了基金管理机构的一种财产处罚权。

（3）学术不端行为的处罚程序。科学基金项目资助管理中的不端行为处罚的法律程序主要包括受理程序、立案调查程序、决定程序、救济程序四个方面。一是受理程序。国家自然科学基金委员会监督委员会负责受理各种关于学术不端行为的投诉和举报。《处理办法》中明确规定："监督委员会办公室负责受理投诉和举报，将收悉函件情况及时告知投诉或举报者；经过初步调查核实，提出初步处理意见。"根据调查情况分别作出不予立案、立案或者转交有关部门处理的决定。[①] 二是立案调查程序。对于作出立案决定的应当组成调查组进行调查。调查的方式有查阅相关档案或材料、请求依托单位协助调查、到依托单位实地调查、听取被举报者的陈述等方式。调查结束后调查组应当撰写调查报告，并且明确规范其内容包括："调查对象与内容、主要事实与证据、与被举报者谈话情况、调查结论及处理建议等。"[②] 三是决定程序。决定程序又包括审议调查结果和处理意见、做出处罚决定两个环节。尤其是审议处理意见环节明确了审议和表决的规则，比如对于重大问题的处理，须提交全体会议审议。做出处理决定须经应出席会议成员三分之二以上同意为有效。[③] 监督委员会做出的处理决定由主任或主任委托的副主任签发，处理结果应当及时告知相关主体。四是救济程序。《处理办法》对于当事人对处罚决定不服的，可以提出异议，并严格要求了异议处理的法定时限要求。"对不端行为的处理持有异议的，可在发出处理

[①] 主要是指涉及科学基金经费使用的举报，移交自然科学基金委审计部门处理。《处理办法》第21条。

[②] 《处理办法》第22条。

[③] 《处理办法》第23条。

决定通知后 20 天内向监督委员会书面提出。监督委员会在收到异议后，20 天内予以答复。维持原处理决定的答复为最终处理结果。"①

四　科学基金科研诚信法律制度的法律实践

正如美国著名大法官霍姆斯的名言："法律的生命在于经验而不在于逻辑。"的确，科学基金科研诚信法律制度不仅需要制度的构建，更重要的是需要制度的实践，需要在不断的法律实践中创造和总结更为符合中国科学基金管理实际；更加有利于科研诚信建设的法律制度。科学基金的科研诚信制度建设就一直坚持立法和实践相结合的理路，不断丰富和发展科学基金科研诚信法律制度的实践，主要体现在以下方面：

其一，加强正面的教育和引导。为了进一步发挥科学基金在我国科学道德宣传教育中的引领作用，强化科学基金依托单位及其教学和科研人员的科学道德意识，进而营造有利于科研诚信的学术氛围，基金委充分利用在科研诚信建设和查处学术不端行为中所积累的经验，不断通过正面的宣传教育和引导，弘扬科学精神，抵制学术不端行为。2011 年，基金委组织长期从事基金管理工作的人员翻译出版了《科研诚信——负责任的科研行为教程与案例》一书，并联合教育部、科技部等六部委七个科研部门共同推荐。该书出版半年来已三次加印，销售近 9 万册。在社会上引起强烈反响。② 同时为了贯彻落实 2010 年 3 月刘延东同志主持召开的"科研诚信与学风建设"座谈会上重要讲话的精神，基金委组织开展科研诚信巡讲活动，先后在北京、天津、南昌等地开展了数次巡讲活动，受到了依托单位的好评。部分相关依托单位将巡讲活动纳入了其科研诚信教育的系列活动之一，还组织了学术诚信大会，组织学生签署学术诚信责任书等。

其二，严厉惩处不端行为。基金委一向把查处不端行为作为科研诚信建设的重要手段。据权威资料显示："在 1999—2011 年间收到举报 1522 件，处理不端行为案例 255 件，对 366 人次及 16 个依托单位做出

---

① 《处理办法》第 25 条。
② 四川大学、东北农业大学等单位将该书列为研究生选修课教材。2011 年 8 月人民网以《一本书开启科研诚信新旅程》为题发表评论。

了相应处理。"① 尤其是《国家自然科学基金条例》公布实施以来，基金委更加注重对学术不端行为处理的针对性和时效性。比如当时震惊学界的"贺海波"案件发生后，国家自然科学基金委在第一时间对此作出了处罚决定：贺海波作为第一作者发表的标注科学基金资助的文章存在恶性学术不端行为，造成了严重的负面影响。吴理茂作为基金项目负责人和上述论文的通信作者，负有不可推卸的责任。② 据有关统计数据表明，在科学基金资助项目过程中的不端行为主要表现为信息虚假和一稿多投。"经过分析发现，科研不端行为类型以一稿多投和信息虚假为主占57.11%。"③ 基金委对这类案件的处罚措施都较为严格，比如《关于××大学陈某抄袭剽窃申请书的处理决定》④、《关于××大学鲍某弄虚作假的处理决定》⑤、《关于××大学周某抄袭剽窃他人论文的处理决定》⑥ 等行为人都受到了处罚。对这些不端行为处理之后，基金委自2005年以来⑦，都注意把处理结果以《通报》的形式在网站公布，一方面可以确保行政相对人的权益维护，另一方面也通过这种公开的方式达到一种警示和教育的作用，促进科学基金资助中科研诚信的建设。

其三，加强对于评审工作的监督。应当说评审环节对于科学基金资助项目的公开、公平和公正是至关重要的，因此，基金委在评审环节加强了对评审专家的监督和管理，为科学基金项目评审的科研诚信提供保障。一是实施派驻监督工作组制度。基金委创设了向科学部的项目会议评审期间派驻监督工作组的制度，工作组组长全部由监委会委员担任，

---

① 朱道本：《弘扬科学道德 反对科研不端，构建科学基金科研诚信建设长效机制》，《中国科学基金》2012年第3期。

② 网址：http://www.nsfc.gov.cn/Portal0/InfoModule_375/27169.htm。

③ 朱道本：《弘扬科学道德 反对科研不端，构建科学基金科研诚信建设长效机制》，《中国科学基金》2012年第3期。

④ 国家自然科学基金委国科金监决定〔2007〕7号文件。本文引用中隐去了当事人和相关单位名称。

⑤ 国家自然科学基金委国科金监决定〔2007〕10号文件。本文引用中隐去了当事人和相关单位名称。

⑥ 国家自然科学基金委国科金监决定〔2006〕2号文件。本文引用中隐去了当事人和相关单位名称。

⑦ 2005年9月，美国《科学》杂志报道：中国国家自然科学基金委员会公布了三位因不端科学行为而受到处罚的科学家的姓名。这是国家自然科学基金委首次在自己的网站上公布受处罚者的姓名和所在单位。

工作组认真履行职责、严守纪律、保守秘密。以2011年为例，共计17人次参加了向8个科学部派驻的工作组，对保障科学基金评审的公平公正起到了重要作用。二是实行专家会前承诺制度。专家的承诺不仅仅要承担科学道德责任还要承担法律责任，基金委探索的这种专家会前承诺制度得到了广大项目申请人、各科学部，以及评审专家自身的普遍认可。以2011年为例，8个科学部面上项目、青年、地区和重点项目评审会议共邀请评审专家2069人次[①]，与会评审专家全部签署了专家承诺书。三是创设评审专家相互监督机制。除了通过专家自身承诺的制度外，基金委近年来探索形成了评审专家相互监督的新机制，即评审公正性评价制度。该项制度要求评审专家通过为他人打分的方式，实现对评审同行评审行为的监督，而且这种方式是匿名的。公正性调查结果及时反馈给有关部门，为评估评审专家提供了依据。据2011年的统计数据，面上项目评审会发放公正性调查表1219份，回收1202份，回收率为98.61%，有42人次被评为基本公正，占0.24%；重点项目评审会发放"公正性调查表"850份，回收839份，回收率为98.7%。其中，有31人次被评为基本公正，占0.22%，有2人次被评价为公正性较差[②]。

其四，严格审计和抽查项目经费管理。基金委一向把规范经费使用作为科研诚信建设的重要方面。从1999—2006年，抽查审计已涉及160多个单位，累计金额达7.7亿元。尤其是《国家自然科学基金条例》颁布实施以来，科学基金项目经费的抽查审计工作得到了进一步加强。基金委先后对福建、湖南、北京等地区的依托单位进行了抽查审计。抽查审计本着实事求是、为科学家服务、为科研提供宽松环境的原则，注重宣传资助经费管理办法，旨在提高项目依托单位对资助经费的监管意识，加强依托单位对资助经费的管理，对发现的问题依靠依托单位处理。从抽查结果看，科学基金项目经费整体使用情况较好。如清华大学、北京大学、浙江大学、吉林大学、上海大学、第四军医大学、中科院近代物理研究所、中科院南京古生物研究所等大部分项目依托单位的内部控制度较严谨、规范；单位内部科研经费管理办法与科学基金项

[①] 朱道本：《弘扬科学道德 反对科研不端，构建科学基金科研诚信建设长效机制》，《中国科学基金》2012年第3期。

[②] 同上。

目资助经费管理办法相符；科学基金项目资助经费开支真实，开支范围基本符合规定。[1]但也发现了项目经费管理中的一些问题，比如有的项目依托单位科研经费管理办法与基金项目资助经费管理办法相悖；有的基金项目经费预算管理失控，实际开支与预算差异较大；有的项目依托单位管理费提取超出规定标准；有的基金项目劳务费开支超出标准。正是通过抽查审计工作，使基金委更加全面和真实地了解依托单位科学基金资助经费管理中的情况，了解项目负责人科学基金资助经费的使用情况，这极大地增强了科学家用好基金、依托单位管好经费的意识，为科学基金项目的科研诚信在经费管理方面提供了保障。

五　科学基金科研诚信法律制度的完善建议

中国的科研诚信体系建设不是一朝一夕，也不是一个部门能够完成的。正如陈宜瑜主任指出的："在目前已取得成绩和经验的基础上，基金委将努力落实《关于加强我国科研诚信建设的意见》，不断完善教育、制度、监督并重的不端行为惩治和预防工作体系，与其他部门和单位一道，共同推进科研诚信体系建设。"[2] 因此，进一步完善科学基金科学诚信法律制度建设，将是一个长期而且艰巨的任务。

一，科学基金诚信法律制度急需统一的立法和机构。尽管科技界为了推进科研诚信建设，建立了由科技部联合教育部、中国科学院、中国工程院、国家自然科学基金委员会、中国科学技术协会等部门参与的科研诚信建设联席会议制度，也出台了《关于加强我国科研诚信建设的意见》等一些规范性文件，但是这些文件还停留在政策性文件的层面，而不是法律文件，全国统一的科研诚信立法还缺失。此外，中国还缺乏一个专门机构来管理和协调科研诚信制度，尽管存在着科研诚信办公室，但它和美国的国家科技政策办公室（OSTP）发挥的作用还有一定距离。这些全国统一的立法和机构的缺失为科学基金科研诚信体系建立都带来了困难，但是就科学基金自身而言，制定统一

---

[1] 基金委官方网站:《国家自然科学基金委员会抽查审计情况通报》，www.nsfc./gov.cn。
[2] 陈宜瑜:《发挥科学基金作用　促进科研诚信建设》，《人民日报》2010年04月12日，第16版。

的、有效的科研诚信规章仍是一个重要任务。目前存在的《关于在科学基金工作中加强科学道德建设的若干意见》在实践中还会面临着很多操作性问题。而澳大利亚研究理事会所制定的《澳大利亚负责任研究行为准则》，涵盖了积极的负责任行为和对学术不端行为两个方面内容，就十分值得我国科学基金借鉴。

二，科学基金诚信法律制度需要更加细化的管理办法。虽然与许多关于学术不端行为的规范性文件比较起来，基金委的《国家自然科学基金委员会监督委员会对科学基金资助工作中不端行为的处理办法（试行）》已经比较具有可操作性，但是其规范的学术不端行为表现形式、处罚种类以及处理程序等内容还有很多可以提升的空间。尤其是《国家自然科学基金条例》颁布以后，该处理办法的内容应当以《基金条例》的规定为依据，不能逾越《基金条例》所设定的制度框架。立法中可以参考美国基金会有关行政法规[①]的内容，明确界定"剽窃"、"篡改"和"抄袭"等行为的内涵。同时应当进一步明确《基金条例》中所设定的违法行为的构成要件，规范处罚种类以及处罚程序，明晰处罚程序中相关主体的责任和职责等内容。

三，建立联动应对学术不端行为机制。无论是从正面的倡导负责任的研究行为，弘扬科学道德，还是严厉惩处学术不端行为以及其他违反资助项目管理的行为，基金委都需要与依托单位、审计部门等相关主体建立有效的联动机制。依托单位对研究人员的科学道德培养发挥着最为直接的作用，对于学术不端行为的调查以及取证都具有先天的优势，而审计部门对于科研经费使用具有专属的国家审计权，较实践中基金委采用的委托审计的方式更具有国家强制力和权威性。因此，科学基金科研诚信建设需要基金委与依托单位、审计部门真正建立起来一个职责明确、分工合理的机制，才能够确保诚信体系建设的实效。

四，编制系统的科研诚信教材或者手册。如果我们换一个角度思考《科研诚信——负责任的科研行为教程与案例》一书在科技界产生具体反响，是否可以得出国内高质量的科研诚信教材或者手册的缺失的结论呢？从实践来看，科学基金资助项目管理中的科研诚信建设涉及不同的

---

① 45CFR689 Research Misconduct。

主体，涵盖项目管理的各个环节，蕴含着学术不端行为等诸多情况，因此，一部统一的、规范的、符合中国科学基金管理实际的科研诚信教材或者手册的编纂是十分必要的。该手册可以针对科学基金项目管理的重点环节和重要主体而设计，也可以采取正面教育和反面典型案例相结合的内容导向，更可以形成一个科学基金资助项目管理科研诚信的"百科全书式"的编纂较合适风格，为科学基金科研诚信法律制度建设提供最为有利的支撑。

第六章

知识产权法律制度
——以专利权制度为切入点

科学基金资助项目的知识产权法律制度是国家介入科学技术发展的产物。二战之后，欧美资本主义国家介入科学技术研究成为一种趋势，这是福利国家的理念逐渐成为社会政治生活的主要趋势而形成的。在福利国家理念中，国家逐渐将公权力渗透到社会生活的各个方面，而国家资助科学技术研究即是这种趋势在科研领域的体现，通过国家资金支持而取得优秀和先进的技术成果，也能够在国家和政府的控制和促进下，合理、有效地将之用来为国家和社会谋福利。

一 资助项目知识产权的世界立法趋势

在新的经济发展模式中，知识与创新已成为最重要的资源，并成为实现经济发展的关键要素。也正是基于这一点，世界各国逐渐意识到应当为这些科学技术研究成果建立相关的管理、实施和转化体系，从而将科学技术成果纳入规范的管理体系当中，有效地实施转化并防止科学技术的滥用。在这种趋势的影响下，以欧美各国为代表的发达国家，在不断加大国家对科学技术研究的资助力度的同时，也对国家参与管理科学技术研究成果并建立健全的管理体系作出了一些尝试。以美国为例，在美国公共基金资助研究成果的知识产权保护国家准则中载明，"在公共机构和国家的需求和发展角度上来说，知识产权与科研成果已经成为了推动发展的重要角色"，这一原则充分肯定了科研成果知识产权管理的重要性。同时将研究成果纳入知识产权法律体系的规制之下也是各国政府着力关心的问题。比如澳大利亚政府成立了包括澳大利亚研究理事会

(ARC)、澳大利亚高等院校的商业公司协会（ATICCA）、澳大利亚副总理委员会（AVCC）、教育部、培训和青年事务协会（DETYA）、工业、科学与资源部（DISR）、国家健康和医学研究委员会（NHMRC）等相关机构参加的工作小组，其工作重点就是对由澳大利亚政府资助的研究成果进行管理、保护和转化。这些机构和组织致力于携手合作，共同开发和建立一个以国家为主导的管理和利用政府资助的研究成果的知识产权保护体系。

世界各国重视和倡导国家资助研究，尤其是科学基金资助项目的知识产权制度，法治化管理公共资助的研究成果目的还在于帮助科研人员、科研机构，尤其是依托单位，促进其科研水平的提高，指导他们保持良好的研究状态，提高和加强项目成果的识别、保护和管理意识，在实现其私人利益最大化的同时确保国家利益和社会公众的利益。因为科学基金资助项目等国家财政资助的科学研究活动，是国家代表公众对于科学研究的一种投入，因此对于项目资助成果的绩效评价就是一个可以接受的要求。而研究成果的知识产权无疑是成果绩效评价的一个重要指标。资助项目形成知识产权的数量以及带来的应用或者转化价值等都是科学基金资助项目社会和经济影响的重要方面。

国家财政资助的科学基金项目的知识产权法律制度涉及的法律关系更为复杂。其知识产权法律关系的主体除了受资助单位（依托单位）和个人之见的关系外，还有代表国家行使有关权利的政府资助机构。为此需要在已有的知识产权法律体系下，更加深入和细致地构建科学基金知识产权法律制度。世界许多国家都建立了科学基金项目知识产权法律制度。比如美国国家科学基金会（NSF）除了遵守国会法案中庞杂的知识产权法律制度外[1]，还在联邦政府的行政法规[2]中专门对科学基金资

---

[1] 美国的科技创新知识产权法律制度是主要以《拜杜法案》（Bayh-Dole Act）为核心，包含1980年《联邦技术转移法案》、1982年美国联邦管理预算局颁布的关于执行联邦专利和许可政策的法规、1982年颁布的《小企业创新发展法》、1983年2月颁布的《关于政府专利政策的总统备忘录》、1984年颁布的《专利与商标法修正案》、1989年颁布的《国家竞争性技术转移法》、1998年颁布的《技术转让商业化法》、1999年颁布的《美国发明人保护法》、2000年颁布的《对发明推广者申诉的临时规章》和《技术转移商业化法》等以及其他一系列相关的联邦政府行政命令在内的法律法规体系。

[2] 主要是CFR第45部第650节关于专利权的规定。

助项目成果的知识产权进行了规定。其内容涉及 NSF 的一般专利政策、授权来源、专利权基本规定、发明者权利保留、受其他资助机构资助的发明、政府介入权、行政复议、转让合同等 19 节内容。此外日本、澳大利亚等国家的科学基金组织也都有自己的知识产权法律规定。比如为了进一步扩大对公共资助的研究成果的知识产权的利用，澳大利亚研究理事会（ARC）确立了对公共资助的研究成果的知识产权进行管理的原则："研究机构所必须保证他们已经尽了最大的努力来保护和管理知识产权，以使得公共资助的研究成果最大程度上有利于国家，回报社会。ARC 并不直接拥有其资助项目的知识产权，也不直接从 ARC 资助的成果的商业化结果中获益。"[1] 在各国的科学基金资助项目成果的知识产权保护中，专利权的保护尤为突出和重要，由此各国均建立了非常详尽的专利权保护规则。而对于专利权以外的其他权利，诸如著作权、商业秘密和专有技术，对其保护的重视程度显然不及前者。[2]

我国也十分重视科学基金知识产权法律制度的构建，但是我国科学基金知识产权法律制度并不是一个独立和自成体系的法律制度，因为其法律依据直接来源于国家有关的法律制度，这和我国知识产权法律制度整体状况是相吻合的。我国并没有像美国国家科学基金会（NSF）那样有专门的关于国家财政资助项目的知识产权法律制度。立法主要体现在《中华人民共和国科学技术进步法》、《中华人民共和国专利法》等一般性法律法规。2007 年颁发实施的《国家自然科学基金条例》并没有对科学基金知识产权制度作出专门的规定，仅规定了依托单位以及项目负责人的标注义务，这与明确产权归属和使用的知识产权制度还有很大的距离。基金管理机构 2007 年后制定的部门规章也沿用了中国许多领域对于知识产权法律制度的通用表述，即"有关知识产权的内容按照国家有关法律法规执行"。虽然科学基金知识产权的立法相对比较宏观，而且缺乏专门的和针对性的立法，在除美国之外的日本、澳大利亚及西方国家中的规定也呈现这样的特征[3]，但是从已有的几部法律法规中可以

---

[1] 澳大利亚知识产权规则。
[2] National Principles of Intellectual Property Management for publicly Funded Research.
[3] 日本 JSPS，澳大利亚 ARC、NHMRC 等机构的有关规定都属原则性规定，缺乏像美国有关规定那样的操作性和针对性。

明晰科学基金法律制度，尤其是专利法律制度的一些基本理念和要求，本章试图结合科学基金知识产权法律制度的实践以及国外科学基金组织，尤其是美国的经验，论述和建构科学基金知识产权法律制度的基本框架。

鉴于知识产权制度的权利类型十分复杂，从各国的立法实践[①]和我国的立法现状[②]来看，主要包括专利权、著作权、商标权等权利类型。但是由于不同形式的成果获得知识产权保护的可能性存在显著差异。比如基础数据、特有的科研方法等经常难以识别和保护，同时这些研究的前期或者阶段性成果也可能成为其他研究的基础，而发明专利却是易于识别和保护的，而且发明相对于其他研究成果，在申请专利获得保护之后，更易于进入公共领域并产生社会价值和其他经济价值。也正是因为发明相对地具有更大的经济价值和社会价值，发明的权利归属及权利的范围就成为国家资助项目成果归属的核心。这种美国等国家的国家资助项目知识产权保护方面都以专利权为核心构建。因此，我们也围绕着专利权的归属和使用的问题，以权利主体为理路来分析国家资助机构、依托单位和科学技术人员的权利表现形式，以及应当履行的基本法律义务。

二 代表国家的基金管理机构权利和义务

国家自然科学基金委员会是我国科学基金项目的资助和管理机构，它具有一定公权力的性质，因此，国家资助机构在一定条件下，可以代表国家和政府行使一定的知识产权，这主要体现为国家保留发明所有权和国家行使发明专利介入权（March-in Rights）。同时国家资助机构也应当履行必要的义务。

[①] 根据《与贸易有关的知识产权协定》，"知识产权"指的是该《协定》第二部分第 1 至第 7 节所包括的有关知识产权的所有范畴。具体而言，知识产权类型包括：版权及其相关权利；商标（包括服务商标）；地理标识；工业设计；专利；集成电路布图设计；未被披露的信息（包括商业秘密）。

[②] 根据我国《民法通则》的规定，公民和法人所享有的知识产权有：著作权（版权），专利权，商标专用权，发现权，发明权以及其他科技成果权。

1. 代表政府取得发明所有权及相关义务

由于国家资助项目的目的就是使研究成果为社会的进步带来实效效果，因此赋予政府取得发明所有权的目的也在于此。政府代表国家行使国家职能，其中对内的重要职能就是公共管理职能，政府也就更加有能力统筹现有的各种社会资源，将已经产出的科学技术成果转化成社会生产力。

按照美国联邦政府行政法规的规定[①]，当依托单位违反其义务在先或者明确放弃所有权的情况[②]下，NSF 只有在得知事实后的一定期限内（一般为 60 日）可以主张所有权。此外，由于专利申请具有很强的地域性，因此，在项目成果产出后，依托单位如果不愿或没有能力在他国的法定专利申请期限内提交申请或者怠于行使一定的专利维护权利[③]，而使该项目成果丧失在该地区的专利权利时，NSF 获得或者继受发明所有权。目前，我国对此问题还没有一个完整的制度体系加以规范。

从美国的制度设计中也可以看出，这种权利的设置就是最大限度地促进依托单位和国家将发明付诸实践。但是国家和政府的这种取得发明所有权的权利并非是没有限制的，其前提就是当依托单位没有能力或在现阶段不能够实施发明的，国家才可以取得该发明的所有权。此时，依托单位就有义务将其对项目发明的所有权转让给国家资助机构，同时要求国家资助机构以书面方式向依托单位发出转让请求。可见，政府行使这种权利是被动的，而且是有条件的。

当国家或政府获得了项目发明的所有权，并申请了专利权后，也应当负担一定的义务，以保障依托单位和项目发明人的相关权利的实现，实现项目发明的价值。为了保证专利的申请得以完成，政府有权阻止对

---

① Cite: 45 CFR §650.4 (d) Title 45-Public Welfare Chapter VI- National Science Foundation, Part 650_ Patents - Table of Contents.

② 主要包括三种情况：1. 依托单位未能在规定的期限内选择是否保留项目发明所有权的；2. 依托单位未能在规定期限内向 NSF 作出发明披露；3. 依托单位已经明确选择放弃项目发明所有权的。

③ 主要包括如下情况：1. 依托单位明示放弃其在该地区的专利保护，NSF 有权继受取得项目发明在该国家的发明所有权。2. 当依托单位不再继续在某国家范围内交付专利维护费时，NSF 有权继受项目发明在该国的发明所有权。3. 依托单位在某国家范围内的专利复审或者异议程序中不进行答辩的。

政府拥有或可能拥有权利的发明信息在一段合理的时间内予以公布。另外，政府不得要求依托单位向我国专利与商标局或者任何外国专利办公室公布项目发明专利申请文件的内容。政府有义务采取一切适当而必要的行动来保护和管理项目发明的权利。如果其他机构能更好地管理该项目发明，并能更好地实施该项目发明的权利，政府有义务将项目发明的监督和管理权全部或部分转移给其他机构。政府有义务将自己拥有的权利以专有许可使用或非专有许可使用的方式授予条件合适的单位或个人使用，以促进项目发明的实施。任何有条件的单位和个人在同等条件下应当有平等的取得项目发明许可使用权的机会和权利。

2. 国家介入许可使用的权利

国家介入权（March-in Rights）是美国 NSF 资助项目管理体系中的一个比较新颖的概念。它是指国家或者政府为了国家利益、社会公共利益或者为了促进具有较高社会价值的科技成果的转化，国家或者政府在特殊情况下主动干预依托单位对项目发明专利使用权的行使，以国家公权力为依托，强制许可第三人实施该专利的权力。

依照美国法律的规定，NSF 在法定情况下可以将专利权人享有的使用许可权授予合适的申请人。"依托单位应当同意：当 NSF 认为条件合理的，有权将其取得所有权的发明，依照 37 CFR §401.6 和 45 CFR §650.13[①] 的程序性规定要求依托单位、项目发明的受让人或者使用许可人将他们在任何领域的非排他许可权、部分排他许可权或排他许可权授予负责任的申请人。依托单位、受让人或者使用许可人拒绝的，NSF 在确认一些必要事项后有权自行作出许可。"[②]

可见，在何种情况下由 NSF 自行进行许可，是一个可以由 NSF 以其自由裁量权自行确定的内容。在 NSF 体系中，NSF 在自行作出许可时，主要考虑以下几个方面的因素。一是，NSF 认为条件合适。可以主

[①] 美国有关 NSF 资助项目的知识产权法律制度，以 45CFR §650 为主，以主要规定了非营利性组织和小企业因为政府项目或者协议资助而产生的发明权利的 37CFR §401 为辅，共同构成了美国的国家资助研究项目成果管理体系的法律制度。

[②] Cite：45CFR §650.4（j）Title 45-Public Welfare Chapter VI- National Science Foundation, Part 650_ Patents - Table of Contents.

要理解为该项目成果具有较高的社会价值,对国家利益和社会公共利益具有较为重大的意义,而此时依托单位未履行或者无能力履行项目成果的转化义务,从而使其符合了 NSF 自行决定许可转化的条件。二是,NSF 作为国家资助研究项目的授权人和管理人,不可能独立对需要转化的项目成果自行进行使用,项目成果的转化仍然需要商业生产者的参与以使成果实施具体化,因此,对于 NSF 行使自行许可权,需要有依托单位或其受让人、许可使用人以外的其他人申请取得对该项目发明的授权。三是,NSF 行使介入权的对象不限于依托单位,还包括依托单位的受让人和排他性使用许可人。四是,NSF 可以采用的授权方式包括非排他许可权、部分排他许可权或者完全排他许可权三种。五是,由于 NSF 行使介入权是国家公权力在国家资助项目成果管理体系中的体现,因此,公权力的行使必须以专门的法律程序为依据。六是,在 NSF 体系中,依托单位作为相对人,有权利拒绝 NSF 介入权的行使。一旦 NSF 行使介入权的要求被拒绝,NSF 仍然可以在能确认一些事项[①]时有权自行作出许可。

但是对于违反优先为本国工业谋福利义务时,如果依托单位、受让人或者被授权许可使用人有合理的理由并向 NSF 提出申请的,NSF 可以基于当时的情况以及该项目发明实施的情况,放弃国家介入许可使用的权利。美国法律体系在此例外当中引入了情势变更的原则,即虽然依托单位及其相关权利人有合理的理由对抗国家介入权,但是当客观的情况发生变更,使依托单位及其相关权利人的申请理由无法成立的,NSF 仍然可以在此时代表国家行使介入权,以保证项目发明的有效转化和合理实施。

由于我国现在的专利制度中尚未有国家介入权制度的设立,因此,在这个问题上我们应当主要借鉴美国 NSF 资助项目成果管理体系的内容。从介入权的概念不难看出,这是国家公权力对项目成果的使用、支配的主动干预,与我们前面所说的国家直接获得专利所有权是有本质区别的。国家直接获得专利权的目的在于取得专利发明的所有权以保护该

---

① 主要包括如下情况:1. 项目的发明专利不能合理实现成果转化。2. 使用专利时损害社会公众的基本利益。3. 转让或者使用时违反法律的规定。4. 依托单位逃避法定义务,比如违反优先为本国工业谋福利义务的。

专利在境内外的权利，但需要以依托单位违反义务或者放弃其专利权利为前提。而国家介入权的行使却不以此为前提。从理论上讲，依托单位完成资助项目并享有项目发明的专利权，其权利均来源于国家的授权。国家授权的目的，一是为了借助依托单位的研究能力和水平完成研究，更重要的是通过赋予依托单位权利以及相应义务的方式，促进依托单位主动将其项目发明进行知识产权保护，并向产业领域进行转移，实施项目发明。国家公权力的介入就是在依托单位不能实现项目成果转化目的，并在一定程度上违反了其应尽的义务时，干预依托单位对专利权利的使用和管理，其终极目的仍然是资助研究项目成果的有效转化和实施。

与国家介入权相类似，我国专利法当中规定了强制许可制度。所谓强制许可，是指国家专利管理机关通过行政程序而不经专利权人同意，直接许可具备实施条件的申请者实施发明专利或实用新型专利的行为。法律上之所以规定这一制度，其目的在于防止专利权人滥用知识产权垄断技术，从而维护国家和社会的利益，促进科学技术的发展。这一制度与国家介入权的区别在于，国家介入权所涉及的专利权是国家资助项目研究成果的知识产权，而强制许可并不一定仅仅是针对国家资助项目成果，可以是针对任何的专利权。此外，其所要求的条件[①]和程序也存在重大差别。

从我国的具体规定可以看出，我国的强制许可制度可以实现国家介

[①] 我国《专利法》第四十八条规定，有下列情形之一的，国务院专利行政部门根据具备实施条件的单位或者个人的申请，可以给予实施发明专利或者实用新型专利的强制许可：1. 专利权人自专利权被授予之日满三年，且自提出专利申请之日起满四年，无正当理由未实施或者未充分实施其专利的；2. 专利权人行使专利权的行为被依法认定为垄断行为，为消除或者减少该行为对竞争产生的不利影响的。

我国专利法还规定了其他几种可以实施强制许可的情形：1. 在国家出现紧急状态或者非常情况时，或者为了公共利益的目的，国务院专利行政部门可以给予实施发明专利或者实用新型专利的强制许可。2. 为了公共健康目的，对取得专利权的药品，国务院专利行政部门可以给予制造并将其出口到符合我国参加的有关国际条约规定的国家或者地区的强制许可。3. 一项取得专利权的发明或者实用新型比前已经取得专利权的发明或者实用新型具有显著经济意义的重大技术进步，其实施又有赖于前一发明或者实用新型的实施的，国务院专利行政部门根据后一专利权人的申请，可以给予实施前一发明或者实用新型的强制许可。在依照前述规定给予实施强制许可的情形下，国务院专利行政部门根据前一专利权人的申请，也可以给予实施后一发明或者实用新型的强制许可。

人权的基本目的，但仍然不能专门针对国家资助项目成果的知识产权。国家介入许可使用权的设立，从根本上是国家通过公权力来保护项目发明的知识产权，并且使其在本国得到最大限度的实现。就国家资助项目管理机构代表国家行使介入权的条件，可以借鉴美国 NSF 项目成果管理体系的内容，而具体的国家资助机构实际行使介入权的条件及情形，也可由国家资助机构根据我国资助项目的现状加以细化，在结合我国强制许可制度的基础上，重点补充以下情形可以实施国家介入权：当依托单位、受让人或者被授权许可使用人在实施项目发明的过程中，无法满足社会公众对于健康或者安全的需要时；当依托单位、受让人及被授权许可使用人的实施方案、方法、手段或社会效果违反法律规定时；当依托单位或者其受让人在签署授权转让许可合同时，未包括专利权条款优先为本国工业谋福利的内容，或者在依托单位、受让人或者被授权许可使用人在实施项目发明的过程中以其实际行为表明其违反优先为本国工业谋利的义务的。

3. 对专利权人进行特殊限制的权利

作为国家资助机构可以在一定条件下对依托单位专利权行使采用限制措施的权利。比如在美国 NSF 项目成果管理体系中，是这样描述的："为了更好地推动 NSF 法案的实施，与资助、项目合同管理相关的官员可以应依托单位的要求或者 NSF 工作人员的建议，在同项目管理人（Program Manager）协商达成共识后，确定存在例外情况的前提下，可以限制或者取消依托单位所享有的专利权利。相关的官员会按照 37 CFR § 401.3（e）的要求准备书面文件，并按有关规定向商务部长和小企业利益保护局首席顾问作出适当报告。除这种做法与法规、国际条约或有强制参与或支持该研究的人员签署的合同不一致的外，都应当允许依托单位在发明产生后向 NSF 申请取消这种权利的限制。"[1] 从以上的规定不难看出，当 NSF 作出限制、取消或者改变依托单位的专利权的决定时，至少应当满足下列条件：一是可以由依托单位主动提出申请或

---

[1] Cite: 45 CFR 650.5 Title 45-Public Welfare Chapter VI- National Science Foundation, Part 650_ Patents - Table of Contents.

者由NSF的相关工作人员依其职权提出建议。二是NSF负责管理此项事务的人员要充分协商、沟通并征求相关的意见,方可作出决定。三是NSF对依托单位所作出的限制性决定是一个要式行为,即必须要以书面形式作出。四是在条件允许的情况下,依托单位可以通过向NSF提交申请以恢复自己的基本专利权利。

应当注意的是,就NSF对依托单位的基本专利权的限制权而言,美国的项目成果管理体系在此处设立了一个监督机构,即接受NSF就限制性决定的报告机构——商务部和小企业利益保护局。可见,商务部作为国家的行政机构可以代表国家对NSF进行监督,是通过公权力来限制公权力。而通过小企业利益保护局的监督以实现权利制约权力,并可以在一定程度上防止垄断出现。尤其是在目前NSF项目成果管理体系中,NSF在很多方面有自由裁量的权利,而其裁量的标准会随着科技水平和社会的不断发展而出现多样的变化,这种监督机制可以在法律不能及的时候限制NSF的权力滥用,从而保护资助项目体系的正常运转和向前发展。

从美国的规定不难看出,针对专利权人的限制是很有限的,国家资助机构的行为也很谨慎。当国家资助机构要对专利权人进行限制的时候,首先要具备一定的严格条件;其次是要经过多方的论证;再次,在对专利权人进行限制的时候,所有的材料均要以书面为之,以有据可依;最后,强调对专利权人的限制并不是永久的,而是在一定条件下,专利权人可以通过一定的程序,履行相应的手续,在满足一定条件时进行权利的恢复。这种规定其实也是美国政治和法律在国家资助项目管理体系中的一种体现,即权利制约权力的原则。在这种原则下,当权利受到公权力的制约时,就尤为严格和谨慎。

对于我国来说,国家资助项目研究的体系就决定了国家公权力不可避免地参与资助项目,依托单位的某些权利要受到国家公权力的约束和限制。因此,就这点来说,我国在国家资助项目成果管理体系内建立一个制约公权力的机制是必要的。而公权力对专利权人,即依托单位的限制和约束就是这种制约和平衡的集中体现。因此,处理好权力和权利在项目成果管理体系中的制约关系就显得尤为重要。对我国来说,虽然和美国相比,制度上的差异比较大,但是在对于依托单位的权利的限制方面，应当借鉴美国对权利的尊重态度和行使公权力的审慎态度，防止公权力的滥用并推动依托单位各项权利的实现及其义务的有效履行。

4. 对公益性机构进行特殊限制的权利[①]

在资助项目成果管理体系中，我国的情况和美国有很多的差异，其中很显著的一点就是美国的依托单位有很多是营利性的机构，它们自身有一定的能力将其项目成果进行转化。而美国体系中的公益性机构恰恰是我国资助项目研究体系中最主要的依托单位的主体，因此，在整个体系的构建中，尤其应关注美国NSF对公益性机构的特殊限制的规定。

首先，学校等公益性的依托单位在本国境内转让其项目发明的，必须先经过NSF的同意。但是如果受让人是一个履行项目发明管理义务的机构，则无须通过国家资助机构的同意，但是该管理机构在持有该项目成果期间，应当履行与依托单位相同的义务。

其次，是对项目发明中所获得的专利使用费的分配权。对实际研究人员来说，其所进行的资助项目的研究是职务行为，项目成果直接归属于依托单位。虽然发明人不直接对项目成果享有财产性的知识产权，但是他们有权利参与该项目发明专利使用费的分配。美国NSF体系将作为合作发明人的政府工作人员也纳入了参与专利使用费的主体范围，同时赋予NSF一定的裁量权，即作为合作发明人的政府工作人员是否参与分配，由NSF根据具体的情况加以确定。这种制度事实上也是通过NSF来限制依托单位的专利使用费用的取得和分配权利。

再次，学校和研究所等非营利性的依托单位，其存在本身就是国家资金投入的成果。因此，它们也成了科研、教育等公益体系中的重要一环。在资助项目成果管理体系中，这些依托单位在支付了专利行政管理费用、专利发明的保护费用以及支付给发明人的费用等必要费用后，NSF项目成果管理体系要求依托单位将关于项目发明所取得的使用费或者收入的余额用于支持科学研究或者教育事业，也就是促进国家资助资金在公益领域内的良性循环。

[①] 公益性机构：以美国为例主要是指国内大学或者其他高等教育机构，或者是在1954年颁布的《国内税收法》第501（c）（3）所描述的以该法规定免于征税的组织类型，或者是依州法律法规设立的非营利的科学和教育组织。

最后，国家资助机构应当积极鼓励依托单位努力吸引中小企业作为项目发明的使用许可人。这样做有以下好处：一是中小企业的资金实力较弱，因此他们一旦成为使用许可人，就会更加渴望能够在短期内将项目发明投入实际应用，以获得高效的回报，这样就可以促进新兴技术的快速实施，更有利于产生社会实效，也能够更好地体现项目发明自身的价值。二是中小企业的参与也可以在一定程度上避免大企业对技术的垄断。一般而言，小企业由于受到资金、规模等因素的限制，在技术研发及实施方面会落后于大企业，而大企业往往会形成技术垄断。因此，如果积极鼓励小企业成为项目成果的实施许可人，就可以在一定程度上缓解这种情况，从而使整体社会的技术水平提升。竞争是科学技术发展最为重要的推动力。三是中小企业在很多时候为了实施项目发明，需要与其他企业联合方可实现，这就客观上促进了项目发明在社会中的共享，从而也为该发明的进一步发展和改进奠定了良好和广泛的基础。四是对于依托单位本身而言，公益性依托单位的最大特点就是资金不足，如果与大企业进行合作，大型企业很可能利用自身强大的经济实力，而促使依托单位在签订项目成果实施合同的过程中处于弱势的地位，从而侵害依托单位的基本权益。但是当依托单位面对中小企业时，这种压力要小很多，双方也更有可能实现双赢。

此外，依托单位也在与中小企业合作实施项目发明的过程接受公权力的监督，比如应当将相关的合同进行备案、项目发明转让进行公告等。一方面这种措施可以被看作是对依托单位及其受让人和被授权许可使用人的监督，另一方面，也可以被看作是国家通过设立相关的行政手段为公益性的依托单位提供相关的帮助，同时也是对项目发明的保护。依托单位在这个过程中，也可以就政策、程序或者惯例的实施和修改提出自己的意见和建议。

在对美国的非营利性的科研机构的政策和制度中，我们发现其明显的特点在于：第一，严格将学校等机构限制在非营利的范围内，同时限制这些非营利性机构的过分商业化。第二，维护依托单位的应有权利。第三，也是最为突出的一点，强调了国家资助机构应当为依托单位的成果产出和转化提供帮助，并在该领域内实现其推动作用。目前，我国的现有制度与美国存在较大的差异，是将转化的义务交给依托单位，国家资助机构扮演着一个相对消极的角色。美国对于非营利性机构进行特殊限制的权利，对于我国所具有的参考价值有限，因为其出发点在于促进项目成果的快速顺畅转化，而国家资助机构为此必须有所作为。当然，其关于成果转让费用的分配规则对我国还是具有重要价值，后文将会论到。在我国，国家资助机构应当更为积极地推动项目成果地实施和转化，比如在机构内部建立一个专门促进成果转化和实施的机构，如KTO等，从而使国家资金的投入真正产生社会实效。就依托单位本身而言，其应当更加积极地实施和转化项目成果。

三 依托单位的权利和义务

依托单位享有的专利权利主要包括所有权、选择权、专利申请提交权、申请延期权、转让权、非排他性免费使用许可权以及发明专利放弃权等。由于国家资助研究项目的特殊性，决定了这类研究成果的公开度和共享的程度，相对于其他研究机构所进行的自行研究更高，因此，作为项目研究承担者的依托单位在享有有关权利的同时还应当尽到发明披露、保护政府利益、提交专利使用的年度报告等义务。此外，依托单位在行使自己权利的同时，还应当配合国家资助机构行使介入权，并履行向国家资助机构转移所有权的义务。

1. 所有权保留选择权

美国NSF项目成果管理体系中规定，依托单位在向国家资助机构披露研究项目成果后的一定期限内，有权选择保留该项专利发明的所有权并书面通知国家资助机构。同时，根据该项目成果的公开程度不同，该所有权保留选择权的行使期限也有所不同。一是对于未出版、出售或为公众使用的专利发明的所有权保留选择权的行使期限，美国NSF目前对该期限规定为2年。[1] 二是项目成果出现出版、出售或已为公众使用等情况时，该发明受到法律保护的期限缩短。对于内容已为社会所知悉的

---

[1] Cite：45 CFR §650.4（c）-（2）Title 45-Public Welfare Chapter VI- National Science Foundation，Part 650_ Patents - Table of Contents.

发明，法律不能无限期保护该专有权利，必须设定一个法定期限让权利人申请权利，因此，美国法律规定的期间为发明被公开之日起一年内。

我国对于未出版、出售或为公众使用的专利发明的所有权保留选择权的行使期限的限定，可以根据我国目前科学技术研究和专利发明的更新速度、研究水平以及科研成果的实施程度和效率，来设定所有权保留选择权行使的期限。我们可以将该期限的性质理解为除斥期间，即如果依托单位在该特定期限内未书面向国家资助机构声明保留项目成果的所有权，则该期间经过后，由国家资助机构强制取得该项目成果、专利发明的所有权。其次，既然申请专利的期间被限定了，选择保留所有权的时间也要相应被限定，因此，资助机构对此期间可以自由裁量，将选择所有权的期间缩短到前述期间届满前一定期限内。

2. 专利申请权

按照美国法律规定，依托单位如果保留发明所有权，应当在其书面明确保留该项权利之日起一定期限内提交对研究成果的首次专利申请。如果该成果出现出版、出售或公众使用等情况时，依托单位应当在法律规定的获得专利保护的法定期间届满前提交专利申请。由于专利具有很强的地域性，为了最大限度保护权利人的利益，美国法律赋予专利申请权人向国外申请专利的权利。国家资助机构作为资助人虽然对依托单位向外国申请专利无须在先审查，但对于某些具有社会价值的研究成果，可以直接实施。

根据我国现行的《合同法》以及《专利法》，在委托研究中，除当事人另有约定外，依托单位作为受托人享有就研究成果的专利申请权。由于资助研究项目多涉及基础科学研究，也可能涉及与国防、军事相关的研究，研究成本较高，因此，对于后者的成果专利申请权应当归属于国家资助机构，但是不得将所有的项目成果的专利申请权均归属于国家资助机构。对于依托单位项目成果的专利申请权，在国家资助机构放弃之前，依托单位不得将该成果的专利申请权让与他人。而对于国防、军事等涉及国家利益和社会利益的项目成果的专利申请权则不得转让，而由相关的政府机构与国家资助机构负责实施。

我国的《专利法》同时还规定，任何单位或个人均有权将在中国完成的发明向外国申请专利,但应当事先报经国务院专利行政部门进行保密审查。中国单位或个人也可以根据中国参与的有关国际条约提出专利国际申请,但也要经过保密审查。可见,在我国,依托单位取得项目成果后,如向外国申请专利,也应当经过保密审查方可进行。究其目的,一是为了保护国家利益,避免国家秘密对外泄露;二是通过审查,根据我国的实际情况,对项目发明提出针对性的实施方案,以使项目发明能够优先为国家和公众利益服务。

3. 专利转让权

在美国,如果 NSF 的资助项目是以资助合同为基础的,那么依托单位在转让其专利成果时,在任何转让合同法律关系中,一旦资助机构、依托单位与受让人达成三方一致的专利转让协议,那么受让人就继受取得了依托单位所享有的权利和义务,并与资助单位之间形成了一个新的法律关系,即受让人对于依托单位的权利义务进行概括承受,成为合同的当事人,而依托单位则因三方协议的生效而退出了其之前与资助机构形成的权利义务关系。

就我国而言,依托单位就项目成果取得专利权后,有权与其他主体签订从事项目发明的实验、发展、转化、实施、研究工作活动的技术转让合同。而无论经过多少转让,依托单位都应当将专利权条款直接列入合同内容,或为了确定合同注意的需要对其进行适当的修改。受让人有权继受取得依托单位所有的专利权利,但依托单位不能以资助受让人为理由取得受让人产生的项目发明权利。但是依托单位所取得的专利的实施依赖于受让人取得的发明的,依托单位可以向国务院专利行政部门申请给予实施受让人发明的强制许可。总的来说,依托单位作为项目发明的权利主体,有权处分其发明及相关的财产性权利。同时,基于国家资助研究项目的特殊性,依托单位应当受到国家资助机构的某些限制,国家资助机构可以在出于国家利益和社会公共利益的考量下有对项目发明的优先的、免费的使用权。但是由于国家资助机构不是项目发明的直接权利人,因此国家资助机构在使用该项目发明后不得对其他第三方进行许可,唯依托单位怠于履行其成果转化义务的除外。

4. 免费使用许可权利

在美国国家资助研究项目中，依托单位作为研究人，相对于普通的研究项目，其权利范围有所缩减，因此，这种免费使用许可权的设立就是为了保护依托单位的基础权利，也被称作是依托单位所享有的最低限度的权利。[1] 这种免费使用许可权是指，除了依托单位未能在法律规定的期间内对其接受资助的项目发明进行披露的情况外，依托单位可以在世界范围内对政府取得所有权的项目发明保留非排他的、免费的使用许可。由于美国的研究机构，即依托单位的范围要宽于我国，而不仅仅限于学校和研究所，甚至有很多研究机构是营利性的机构，或者是附属于企业的研究机构，因此，在美国NSF的项目管理体系中也考虑到了这种情况，即如果依托单位有国内的附属机构或者子公司的，这种免费使用许可权允许延伸到依托单位的附属机构或者子公司。在这种情况下，依托单位是授权方，其附属机构或者子公司为被授权方，授权的范围是依托单位所取得的项目成果的免费使用许可的范围。应当注意的是，依托单位享有免费使用许可权，但并不享有对该项目发明的完全支配权。美国NSF要求如依托单位想要转让其所享有的免费使用许可权，必须以NSF，即国家资助机构的同意为前提。

目前，对于知识产权保护比较积极的国家都对政府所有的发明专利的使用许可作出了特别规定，在国家资助研究项目中，资助机构可以以这些规定为依据，对依托单位在国内的免费使用许可权作出一定的限制。如美国NSF可以根据37 CRF Part 404[2]适用规定所提交的排他使用许可申请，在达到对项目发明迅速进行实际应用的范围内，对依托单位的国内使用许可进行撤销或修改。这种规定秉承了国家资助研究项目的共同特点，即项目研究成果在必要的时候优先服务于国家利益和社会公共利益。同样，国家对依托单位就国内许可使用的限制也是有限制的，即如果使用许可属于应用领域、地理学或基础科学研究领域，而且在那些领域里依托单位已经使发明达到实际应用要求，并且正在继续使用该

---

[1] Cite: 45 CFR § 650.4（e）Title 45-Public Welfare Chapter VI- National Science Foundation, Part 650_ Patents - Table of Contents.

[2] 该条文主要规定了政府所有的专利发明的使用许可的法律程序问题。37 CFR Part 404。

发明为公众带来合理的利益，那么该使用许可不得被撤销。为了能够使资助研究项目成果的价值得到最大程度的发挥，依托单位的附属机构或者子公司在被授权后，其在国外的使用未能达到实际应用的要求，国家资助机构也可以考虑撤销或修改其使用许可的授权。

当项目成果管理体系赋予国家资助机构一定权力以限制依托单位的权利时，依托单位也应当有相应的权利救济的手段。即国家资助机构在撤销或者修改依托单位的免费使用许可权前，应当书面通知依托单位并告知其理由。依托单位可以在收到通知后一定期限内（美国 NSF 规定为 30 日）提出权利不应受到制裁和限制的理由。国家资助机构对依托单位的抗辩期间可以有一定的自由裁量权，如果认为依托单位需要更长的合理期间来抗辩，国家资助机构可以自行决定延长而不受 30 日的限制。

我国的国家资助项目管理体系也可以借鉴设立这种最低的免费使用许可权。虽然我国经济水平的进步很快，但是以目前的状况看来，在我国，依托单位仍然主要是学校和研究所，而学校和研究所即使有其相应的某些附属机构，但是其产业化的程度与美国等发达国家相比仍然有较大差距。所以这种依托单位与其附属单位和子公司之间就免费使用许可权制度的设立，可以作为一种制度体系的储备，并可以此为基础，当我国的科学研究产业化程度达到相应的水平时，以我国实际情况为依托，构建相应的规制体系。虽然免费使用许可权是依托单位的最低权利，但是作为国家资助项目的科研人员，其权利很大程度上要受到代表国家的资助机构的制约。

但是，对于国家资助机构对依托单位的制约，如果依托单位仅仅有抗辩权，则不能完全使其权利得到相应的保护。因此，本报告认为由于国家资助机构有国家公权力的性质，除了在国家资助机构的内部救济以外，可以参照行政法领域的救济手段，如依托单位对于其受到的权利限制可以申请行政复议，或者提起行政诉讼，而具体的制度要视资助机构的自身性质及其行为性质加以确定和具体化。

5. 发明披露义务

发明披露义务是指依托单位及其科学研究人员应当在一定期限内向

国家资助机构告知一定发明情况的义务。其宗旨一方面在于使国家资助机构及时掌控项目研究进展情况并进行监督管理，促使研究成果的公开，从而为成果共享及转化提供便利，另一方面更为重要的是资助机构可以根据该发明的具体情况来确定其权利归属。[1]需要说明的是，发明披露是作为依托单位取得成果知识产权的基本前提，依托单位不履行该义务就无法获取相应的知识产权。

在美国的国家资助项目管理制度中，发明的披露义务分为两个层次。一是研究成果产出后，具体负责研究的发明人以书面方式向依托单位负责发明管理的工作人员进行披露，即内部披露。在内部披露中，发明人在向依托单位披露前不得向其他研究机构就资助项目的研究成果进行披露。二是依托单位在接到发明人的披露后，应当对该成果进行论证和初步审查，并在2个月内就该项目发明向NSF进行披露，即外部披露。同时，美国NSF管理体系中，向NSF披露应通过国立卫生研究院（NIH）维护的iEdison发明信息管理系统[2]进行。美国规定，如果依托单位不在规定时间内进行项目发明的披露，则由NSF取得相关发明的所有权，它也可以以书面形式要求依托单位将该成果权利转让给自己或指定的人。

此外，美国法律对于披露内容也作出了明确的规定：[3] 一是形成发明的受资助项目的名称及发明人的情况；二是对发明的技术细节的充分完整描述，达到使该发明的性质、目的、实施以及在可知的范围内其物理、化学、生物或电子特性可以被清晰地理解；三是研究成果和发明是否已经出售或公开使用以及相关的情况；四是与研究成果相关的文字性著作，如论文、专著等是否已经交付发表、出版及出版的进程；五是对于已交付发表、出版的著作，依托单位应当明确该研究成果、发明、专利是否可以向社会公众公开披露，不向社会公开的，应当明确公开的范围。除了以上几项，依托单位在完成披露后，应当将有关描述该研究成

---

[1] 根据发明的具体情况，如果涉及国家安全、国家利益和重大社会公共利益，则直接由国家取得发明的所有权。

[2] 该系统由NIH负责维护，但是包括NSF在内的多个联邦政府资助机构都可以使用。

[3] Cite: 45 CFR § 650.4（c）Title 45-Public Welfare Chapter VI- National Science Foundation, Part 650_ Patents - Table of Contents.

果的书稿被接受出版的信息，以及依托单位正计划出售、转让或公开使用该发明的情况立即通知国家资助机构。

目前，我国的成果披露制度还不尽完善，这表现在：第一，披露义务尚未成为依托单位的知识产权义务规定下来，仅仅是成果管理制度当中的一部分；第二，没有统一的披露方式和披露途径，国家以及各省、自治区、直辖市均有各自的不同规定，容易造成披露工作出现区域的局限性问题，从而限制了项目成果的实现、转化和深入研究；第三，披露的内容没有明确规定；第四，未经披露的法律效果缺乏。在完善我国的项目成果披露制度的过程中，可以借鉴美国NSF的披露方式，采用统一的披露途径对资助项目的研究成果加以披露。同时，在披露的时间和期限上，期限的确定及延长可以根据研究项目的内容和规模加以区别，并可申请延长，由自然科学基金委相关负责部门加以批准和确认。在这里，本文建议在我国自然科学基金委内部设立一个专门机构，具体负责项目成果的各项管理工作，包括知识产权管理。由于我国现在还没有建立一个统一的科研信息披露平台，自然科学基金委可以以自身为主导，通过国家的支持，建立一个统一的项目成果披露平台。从长远看，平台的建立是基于国家项目成果的管理，但是平台也可以吸纳其他方面的研究成果和信息的披露和共享，以促进我国整体科研水平的提高。

6. 提交年度使用情况报告的义务

为了促进依托单位积极实施专利，促进知识产权转化，使项目研究成果尽快转化为生产力，从而为社会及经济服务，美国的相关法律规定，在依托单位取得专利权之后，应当按照NSF的要求，每年一次提交有关对项目发明的利用，以及依托单位或者授权使用人或受让人为利用发明所做的工作情况的报告。这些报告中应当包括专利发明的开发状况、首次出售或使用的日期、依托单位取得的专利使用费数额等信息，以及NSF指定应提交的包括基础数据、经费的使用状况等相关数据和信息。此外，一旦NSF启动介入权程序，依托单位还应当提供有关的附加报告。

但是在这个过程中，NSF不得损害依托单位的权利，同时NSF和政府机关也无权依该制度无偿获得与资助研究项目无关的属于依托单位的其他研究成果。此外，NSF 应当对项目成果及其相关的报告履行保密义务，不得在未经依托单位同意的情况下，将报告的相关信息向政府之外的人进行披露。对此，依托单位也可依照行政复议或者行政诉讼程序加以救济。

我国法律法规对依托单位提交年度使用报告义务的规定非常粗略，《科技进步法》第二十条第二款前段规定，"项目承担者应当依法实施前款规定的知识产权，同时采取保护措施，并就实施和保护情况向项目管理机构提交年度报告"。这仅仅是一条原则性的规定，具体内容很不明确。可以借鉴美国的相关规定，来完善我国的相关规则，包括具体报告内容、报告时间、对依托单位权利的保护及救济等各个方面。

7. 保证优先在境内使用的义务

为了促使项目成果知识产权首先为本国的经济社会服务，促进社会的发展和进步，美国法律制度特别规定，在项目成果产出后在国内产业有条件、有能力实现的情况下，依托单位应当以国内产业的需求为优先，以最大限度地使新兴技术用于本国工业，从而以工业的进步带动整个社会的发展。在美国 NSF 制度体系下，依托单位应当保证其自身或者任何受让人都不会对外国授予其所享有的对项目发明使用、出售的排他权利，除非该被授权人同意在美国大批量生产专利发明直接形成的产品或者使用该发明而产生的产品。

但是 NSF 也可以有条件地放弃或者放宽依托单位对此义务的要求。其条件为：一是如果依托单位或者其受让人有足够的证据证明，他们已经合理地向可能在本国大批生产这类产品的潜在生产商进行了授权，而且这些生产商也已积极实施其专利发明，但是均以失败告终。二是依托单位有证据证明其发明在国内生产环境下，还不具有商业可行性。

我国《科技进步法》第二十一条规定："国家鼓励利用财政性资金设立的科学技术基金项目或者科学技术计划项目所形成的知识产权首先在境内使用。前款规定的知识产权向境外的组织或者个人转让或者许可境外的组织或者个人独占实施的，应当经项目管理机构批准。"这里所用的词是"鼓励"而非"应当"，显然其并未将优先在国内使用作为依托单位的义务来规定。建议我国法律中应当明确规定：依托单位必须承诺不管自己或该项目发明的受让人都不得给他人一个专有许可使用权，除非该受让人承诺将通过该发明得到的产品在我国境内大量生产。

8. 保护国家和政府利益的义务

由于国家资助研究项目的特殊性，同时为了保护国家作为资助人在项目发明中的专利利益，美国法律明确规定了依托单位保护国家和政府利益的知识产权义务。一是办理相关手续的义务。在项目成果产出之后，依托单位应当履行与研究成果相关的手续，并及时向 NSF 提交所有的必要文书和保证。这些文书和保证包括：（1）设立或确认政府在世界范围内对依托单位拥有所有权的项目发明所享有的权利。（2）依托单位依照有关规定向 NSF 转让所有权，并使政府在世界范围内获得该项发明的专利权保护。[1] 二是约束和教育科学技术人员的义务。依托单位应当与其科技人员签订书面合同，要求他们：（1）及时将每一项受基金资助项目发明向负责专利事务管理的人员进行书面披露，该披露应当按照依托单位提出的格式要求进行，以符合有关披露的规定。（2）提交对该项发明申请专利的必要文书。（3）确定政府对项目发明所享有的权利。依托单位应当通过合同或其他适当的教育活动等方式，指示其科技人员认识到尽早报告发明的重要性，以使申请专利的文件提交早于美国或外国法律限定的期限。三是相关事项通知义务。依托单位有权就其受资助项目研究成果以及其权利归属和使用作出决定。但是如果作出不继续申请专利、不继续支付专利维护费用、不对专利复审或者异议程序进行答辩等决定的，应当及时通知 NSF。而且该通知应当在任何国家的专利管理部门规定的法定期限届满前的 30 日作出。四是专利申请标注义务。任何向美国作出专利申请和在此之后含有项目发明内容的专利中，依托单位都应该在专利说明书中包括如下声明："该项目发明是在政府支持下产生的，获得 NSF 的资助（项目名称），政府对该项目发明享有一定的权利。"五是提交有关文书的义务。依托单位或其代表应当在向国内或者外国提交专利申请之日起 2 个月内，完成确认并以电子形

---

[1] Cite: 45 CFR § 650.4 (f) Title 45-Public Welfare Chapter VI- National Science Foundation, Part 650_ Patents - Table of Contents.

式通过 iEdison 系统将有关文书上传给 NSF，这些文书包括联邦政府所享有的许可使用权的确认书，包含有联邦政府支持条款的美国专利申请书副本。

我国在这方面还缺少明确的法律规定，由于美国的制度规定非常详尽，我们可以在结合我国国情的基础上进行吸收借鉴，从而完善我国的相关制度。一是备案义务。在我国，依托单位除了应当履行提交对政府权利所作出的保证以及必要的手续外，为了使国家资助项目成果能够得到及时、合理的保护和管理，依托单位在成果产出之后还应当向国家资助机构完成相应的备案手续，备案的内容范围可以由国家资助机构根据自身的管理需要加以确定。依托单位对于其办理相关手续所报送的材料的真实性负担保责任。二是教育义务。在我国约束和教育科学技术人员可分为两个层次：一是同美国的规则相同，通过特定的形式促使科研人员完成依托单位所负担的法定义务，比如信息披露、提交申请书等，另一个非常重要的是，依托单位培育、约束科技人员，以推动科技的进步和防止科技可能产生的负面效应。三是通知义务、标注义务和提交相关文书的义务。这三项义务属于依托单位为了保护国家对项目成果的相关权利而必须履行的程序性义务。我国目前的标注义务主要是在项目成果的发表时。我们应当借鉴美国的模式，规定在专利权申请文书当中也应当进行标注。为了保障政府在为国家和社会利益的前提下能够顺利取得项目发明的特定权利，依托单位应当及时地确认政府对于其保留权利的项目发明享有一定权利，即依托单位应当在提出专利申请时发布声明："该项发明经由国家自然科学基金拨款，政府对该项成果享有某些权利。"当依托单位决定不保留项目发明的权利时，应依法向政府转让权利，并使政府得以在世界范围内对该项发明获得专利保护。当依托单位决定不继续进行申请、不继续支付维护费或不在复审程序中对专利进行辩护时，应及时将该决定通知国家相关机构，以使政府能够及时申请专利权。

9. 依托单位的其他义务

一是尊重国家享有使用权的义务。对于依托单位享有知识产权的项目发明，国家为了社会公共利益而享有一定的使用权。美国规定，对于依托单位保留所有权的项目发明，为了美国的国家利益，联邦政府在世界范围内享有非排他的、不可转让的、不可撤销的、支付费用的使用许可权。[1] 我国《科学技术进步法》第二十条第三款规定："项目承担者依法取得的本条第一款规定的知识产权，国家为了国家安全、国家利益和重大社会公共利益的需要，可以无偿实施，也可以许可他人有偿实施或者无偿实施。"对于国家所享有的这一权利，依托单位必须尊重。

二是实施义务。为了激励和确保国家资助项目成果知识产权的应用，应当把对知识产权的应用和转化规定为依托单位的基本义务。美国通过国家介入权制度的规定，从反面确定了依托单位的这一义务。我国相关法规规定依托单位"有权"实施知识产权，"项目承担单位可以依法自主决定实施、许可他人实施、转让、作价入股等，并取得相应的收益"。[2] 但由于其所享有的知识产权是在国家资金支持下完成的，对知识产权的使用就成为促使成果转化、实现国家资金资助目的的基本方式，因此当然成为依托单位的基本义务。科技部、财政部《关于国家科研计划项目研究成果知识产权管理若干规定》第七条规定："项目承担单位应当建立科技成果转化机制，采取有效措施，积极促进科研项目研究成果的转化。项目承担单位转让科研项目研究成果知识产权时，成果完成人享有同等条件下优先受让的权利。"这一规定应当转化为国家资金资助项目成果知识产权的一般规定。我国《科学技术进步法》第二十条第二款即明确规定了依托单位的知识产权实施义务，并规定，在合理期限内没有实施的，国家可以无偿实施，也可以许可他人有偿实施或者无偿实施。

三是奖励义务。为了鼓励各个领域的科研人员积极参与国家资助项目的研究工作，依托单位应当给予研究人员一定的奖励，其数额应当考虑发明人对该发明创造所做的贡献以及其被应用于实践之后所产生的经济收益。虽然我国《促进科技成果转化法》第二十九条规定："科技成果完成单位将其职务科技成果转让给他人的，单位应当从转让该项职务科技成果所取得的净收入中，提取不低于20%的比例，对完成该项科

---

[1] Cite：45 CFR §650.4 Title 45-Public Welfare Chapter VI- National Science Foundation, Part 650_ Patents - Table of Contents.

[2] 科技部、财政部：《关于国家科研计划项目研究成果知识产权管理若干规定》第一条。

技成果及其转化作出重要贡献的人员给予奖励。"第30条规定了科技成果实施转化成功投产后，单位应当连续3—5年从实施该科技成果新增留利中提取不低于5%的比例，对完成该项科技成果及其转化作出重要贡献的人员给予奖励。但是科学基金项目取得成果，如何奖励科学技术人员的制度还需要进一步结合实际进行细化。另外，依托单位还必须尊重研究人员的精神权利，与科技成果相关的发现权、发明权及其他精神权利属于对该项发现、发明或者其他科技成果作出创造性贡献的人，依托单位应当尊重。

四是收益转化义务。依托单位应当将其成果知识产权转化后的收益，扣除相关费用之后，余额用来支持科学研究或者教育事业。这一义务的目的就在于，促使国家资助项目能够实现"科研—实施和转化—人才培养"吸引和培养更多的科研人员参与研究，为我国国家和社会发展贡献新技术、新方法和新成果。

五是建立完善的知识产权管理制度的义务。依托单位应当建立完善的知识产权管理制度，有专门的机构或人员负责知识产权事务，有用于知识产权管理和保护工作的专门费用，并制定有详细的知识产权管理规则。

四 研究人员的权利和义务

此处的研究人员包括依托单位的项目负责人、参与者等主要研究人员，还包括研究过程中的学生以及非依托单位人员以协议方式等加入到项目研究中来的人员。

1. 项目负责人等主要研究人员的权利和义务

项目负责人等研究人员享有专利报酬权、接受培训的权利以及在特定情况下可获得项目成果的专利申请权、专利权等。但是由于其承担的是国家财政资金资助的项目，还应当履行一定的义务，而这种义务的履行更多应当向其依托单位，有的直接向国家资助机构履行。比如在美国的NSF资助项目管理体系中，项目负责人除了不可直接享有财产性知识产权之外，还需要承担许多义务，直接体现出国家资助研究项目的国家性特点。

项目负责人原则上应当负担以下义务：一是项目负责人必须同意按照要求至少每年提供一次关于使用发明或为利用发明所做的努力的报告。这种报告一方面可以使依托单位及时了解项目发明的使用和利用情况，并将其纳入依托单位自己的管理和监督范围之内；另一方面可以督促项目负责人积极促进和推动项目发明的使用和利用，从而提高项目发明的实施和转化的效率。之所以将该义务赋予项目负责人，主要是因为依托单位虽然是项目的承担人和成果的权利人，但是，项目负责人是对该项目的研究进程、项目发明的技术特点以及相关参数、使用和利用的领域、效果最为了解的人，由他来出具报告可比依托单位的报告更为细致和有效力。同时项目负责人促进转化也是为项目成果和发明的转化提供更多的机会。二是项目负责人除非是在为了国家利益或者社会公共利益，否则不得自行或许可他人实施排他性许可。这一义务是为了防止项目负责人在进行科研、报告以及促进转化的过程中侵害依托单位的权利。虽然项目负责人是实际研究人，但是他仍然不是国家资助研究的成果和发明的权利主体，因此无权自行或许可他人实施排他性许可。三是项目负责人应当在项目成果产出后法定时间内向 NSF 披露项目发明。[①] 披露程序的设置主要是便利 NSF 对依托单位就项目成果和发明的转化以及保护的情况作出监督。同时有利于 NSF 对项目发明作出评估，协助依托单位实现成果和发明的实施和转化。此外，对于与社会公众和国家有重大意义的项目发明和成果，NSF 也可以及时通过项目负责人的披露使科研成果及时转化为社会实效，为国家和社会谋福利。

尤其是当研究人员作为项目发明人获得项目发明的相关权利并申请了专利权之后，应当尽相应的义务，以保障依托单位的相关权益的实现以及国家政府相关利益的实现。当发明人向国家资助机构提出保留项目发明的权利并申请了专利权后，为了保障依托单位和政府的相关权益的实现，也为了便于政府对项目发明的管理和项目发明的应用实施，发明人应负担一定的义务。首先，与依托单位一样，为了政府能很好地了解

---

① Patent Right in Inventions Made with Federal Assistance §202. Deposition of rights (b).

项目发明的使用和受保护情况，发明人应当定期向国家资助机构报告其对该项目发明的使用情况或为实施发明所做努力的情况。其次，发明人必须承诺不管是自己或是该项目发明的受让人都不得给他人一个专有许可使用权，除非该受让人承诺将通过该发明得到的产品在我国境内大量生产。这是为了保障我国的国民利益所必须的。再次，为了保障政府能顺利取得项目发明的专利权，更有效地行使项目发明的权利，发明人应当及时确认政府对于其保留权利的项目发明享有一定的权利，应当在提出专利申请时发布声明："该项发明经由国家资助机构拨款，政府支持研制，政府对该项权利享有某些权利。"当发明人决定不保留项目发明的权利时，应依法向政府转让权利，并使政府得以在世界范围内对该项发明获得专利保护。当发明人决定不继续进行申请，不继续支付维护费或不在复审程序中对专利进行辩护时，应及时将该决定通知国家资助机构，以使政府及时申请专利权。最后，发明人应与依托单位分享从该项目发明中所得的收益。这是发明人的一项重要权利，体现了发明人为整个项目成果的完成所作出的贡献。这方面我国尚缺乏明确而具体的规定，需要进一步完善。

此外，科研人员还有发表研究成果的权利并应履行相应的义务。科研人员个人在参与研究的过程中，除了在依托单位怠于行使专利申请权的情形外，原则上对于研究成果不享有专利申请权，在专利获得批准后，也不会成为专利权人，这就明显区别于普通的专利成果的研究。因此，科研人员除了获取报酬的权利和署名权外，实践中最重要的就是科研人员对研究成果发表的权利。研究成果的发表不仅仅是对其研究成果和科研能力的肯定，在我国，发表与否在很多时候也会和该科研人员的名誉、声誉直接挂钩，其权利也应当得到保护。科研人员在学术期刊等公开发行的杂志、报纸上发表其研究成果，不仅包括终期成果，也包括在研究过程中的相关阶段性成果。对于科研人员的发表，在资助人和依托单位之间的项目合同中往往有所约定，并通过依托单位对科研人员进行规制。

2. 参与项目研究的学生的权利义务

当学校成为国家资助项目研究的主要依托单位之后，学生参与研究的情况在世界各国、各个学校都极为普遍。学生参与项目研究的基本原因是老师，即项目负责人和科研人员的指派。由于项目课题所涉及的领域和内容有所不同，学生的参与度也存在差异。学生参与的程度可以作出如下区分，一是学生的参与仅限于查找相关的资料；二是学生既在前期的准备和辅助阶段发挥了作用，同时参与了该研究的主体部分的研究或写作。目前的情况是，无论学生参与多少，程度如何，其权利的内容、范围均由指派其参与项目研究的老师一人决定。虽然尚未有学生主张相关的权利，但是从公平正义的角度来说，也应当肯定其劳动的价值并赋予其相应的权利。

事实上欧美等国家对这个问题，尽管仍存在很大的争论，但也有一些通行的做法可供参考[1]。一是对于曾经参与过国家资助项目研究的学生，在其选择继续深造时，优先录取。但是如果学生在研究项目中不署名，则很难查明其所参与研究的真实性，也就是说这种对于学生的优待措施一般需要以其在研究项目中署名为前提。二是参照与非依托单位科研人员之间订立研究合同的方式与学生订立合同。一般在这种合同中，依托单位都与学生或者非依托单位的科研人员约定了固定的报酬和收益分配的数额。这种方式的优点在于可以通过合同限制学生在项目之外滥用项目资料和研究技术秘密，但这种方式仍存在风险，即学生相对于非依托单位的其他科研人员而言，其研究水平和能力尚未可知，在赋予其相应的研究权利时，由于其能力所限而有更大的难以完成研究任务的可能性。三是允许参与研究项目的学生全程参与项目，支持其进行相关的研究。同时应当保护学生的研究自由，在参与项目过程中所获得的具有独特性且不与研究项目相冲突的其他成果，允许学生可以自由发表。但是在这个过程中，也应当有所限制，即在学生以其所参与的研究部分所形成的研究成果作为个人成果发表之前，依托单位出于对项目研究成果知识产权保护的考虑，可以对该

---

[1] European Commission: Expert group report—— Management of intellectual property in publicly-funded research organizations: Towards European Guidelines. Prepared by the Rapporteur Laura MacDonald and the chairman Gilles Capart together with Bert Bohlander, Michel Cordonnier, Lars Jonsson, Lorenz Kaiser, Jeremy Lack, John Mack, Cino Matacotta, Thomas Schwing, Thierry Sueur, Paul Van Grevenstein, Louise van den Bos, Nicholas S. Vonortas. 2004-p. 14.

研究成果申请专利保护，但如果依托单位对于该派生成果在60—90日之内没有申请专利保护的，该学生可以对其以资助项目为依托的相关研究成果进行公开的发表，依托单位应当对学生的这种权利予以保护。四是以国家资助机构的管理体系为依托，资助机构设立奖学金和培训计划（traineeships），以鼓励和支持对学生的教育或培训工作，但该奖学金和培训计划属于研究外的资助。因此，在奖学金获得者或学员参与的研究中，资助机构不享有这两类参与人在资助研究中所取得创造发明的任何权利，但是如奖学金获得者和学员参与以依托单位为主体的资助研究，研究成果的专利分配仍然遵从基本的分配原则。但是在资助项目中，应当包括如下声明，即知识产权声明：

国家资助机构对由其资助的奖学金或培训计划中形成的发明或著作不享有权利。然而，其奖学金获得者或学员应当承认，国家资助机构、其他政府机构或一些私人主体可能通过对研究的支持而主张某种权利。同时，奖学金获得者或学员应履行在任何出版物上注明包括确认和声明在内的义务。①

自我国的大学本科扩招开始，继而开始了硕士研究生的扩招，学生参与包括国家资助研究的各种科研项目的情况越来越普遍。从总体来看，学生的劳动在一定程度上为成果的产出做出了贡献，因此也应当享有一定的权利。权利的享有应当分别对待：一是当学生付出劳动后所产出的是具有创造性的成果，则该学生有权享有署名等相关的知识产权中的精神性权利；二是学生的参与并不包含创造性成果时，学生在一定条件下可以获得科研的报酬，但是这些学生无权获得知识产权。应当强调的是，其所获得的报酬也不是项目成果的财产权利的一部分，而是就其付出劳动所获得的劳动报酬。

3. 非依托单位的科研人员的权利义务

由于国家资助研究项目的特殊性，一般而言，非依托单位的科研人员与依托单位的科研人员在研究中的角色应当是相同的。对于项目成果

---

① Cite: 45 CFR § 650.6 Title 45-Public Welfare Chapter VI- National Science Foundation, Part 650_ Patents - Table of Contents.

本身来说，原则上还是应当归属于依托单位，科研人员享有该成果的署名权。非依托单位的研究人员在使用研究资金、资源及设备方面应当与依托单位的科研人员享有同等的权利，也应当履行相同的义务，比如保密义务等。但是，由于其与依托单位的关系有所不同，此类科研人员也有其特有的权利和义务。

非依托单位的科研人员的特有权利义务主要包括：

一是报酬取得权。非依托单位的科研人员的报酬主要由两部分组成，第一是在研究过程中按项目的研究周期或按月取得基本报酬，第二是研究成果经过转化后的利益分红。

二是非依托单位的科研人员有义务保守其在研究过程中所知晓和了解到依托单位所有的其他研究成果及相关技术秘密。

对非依托单位工作人员施加该义务主要是有两个目的：第一个目的是可以维护国家资助项目的价值。如果科研项目的相关技术参数、技术特点、难点等因素，因为这些参与研究人员的职业操守问题而泄露，不仅仅是对国家资金的浪费，更可怕的是一旦某些带有一定负面影响的技术成果被滥用，那么对社会公众和国家所造成的危害则难以估量。另一个目的是出于对依托单位利益的保护。任何一个依托单位都不可能仅承担某一个特定项目，而是依靠多个科研领域的科研人员，同时进行多项研究共同支持和发展，依托单位的科研人员与其单位有更紧密的联系，损害依托单位利益的同时也会损害自身的利益，因此其行为会受到约束，这一点也会因为其为本单位的员工而得到强化。对于非依托单位的科研人员来说，他们在参与某个项目的研究过程中，必然会或多或少地接触到该依托单位的相关技术秘密、特有的科研方法等内容，这些都是依托单位特有的非物质资产。这些秘密一旦泄露，将会给依托单位造成巨大的损失，因此需要非依托单位的科研人员在参与国家资助项目研究过程中承担保密义务。

三是非依托单位的科研人员在进行某一国家资助项目研究的过程中，不得利用依托单位的资源、资金和设备从事与约定项目无关的研究，如进行该类研究，其研究可视为职务研究，仍然由依托单位享有该研究成果的各种权利。

实践中，对于非依托单位科研人员的权利义务的规制可以包括但不限于上述内容,依托单位在进行资助项目的研究过程中,可以根据不同的情况、项目特点以及自身研究项目的需要,对于双方的权利义务通过合同进行具体约定,利用契约的弹性来弥补目前法律规制的不足,从而合理地利用各种社会资源、科研资源,以提高国家资助项目的研究质量和研究效率。这种有弹性的尝试也不断为我国构建国家资助项目管理体系提供经验和教训,为我国建立完善的国家资助项目管理体系提供帮助。

五 有待完善之处

科学基金知识产权法律制度在国家科技和知识产权制度大的前提下虽然粗具雏形,但是离更加精细的,更具操作性的要求还有一定距离。尤其是和知识产权制度比较完善的国家相比还有许多值得借鉴和学习之处。就目前情况看,科学基金的知识产权制度还缺乏一部专门的立法,尤其是关于科学基金资助项目形成的发明专利的立法更为亟须。目前,国家法律层面仅在《科技进步法》中有两条关于国家资助项目的知识产权的立法,这对于国家资助项目的专利权以及知识产权的归属和使用而言,显然是过于单薄。在行政法规层面,目前还没有专门针对国家资助项目知识产权的规定。即使在部门规章层面,科学基金资助项目专利权以及知识产权的专门立法也是空白。虽然法律或行政法规层面的专门立法受到立法计划、立法任务等诸多因素的限制,难度很大,但是,至少一部专门关于科学基金资助项目知识产权的部门规章还是十分必要的,而且是可行的。但是即使是部门规章的专门立法,也需要法律层面或者行政法规层面对于一些权利进行概括性授权[①],否则部门规章制定起来会十分困难。而且目前的立法中对于部分条款的表述存在法律解释的问题,比如法律规定知识产权归属于项目承担者,而"项目承担者"到底是依托单位还是科学技术人员,这在《国家自然科学基金条例》中是找不到明确答案的,在科学基金的实践中大家习惯上把科学技术人

[①] 对此美国的立法授权就颇值得我国借鉴。美国联邦政府法规(CFR)明确了这种授权:"该权力来源于《美国法典》第35部第200—212条,即《公法》第5部98—620。"即通常所说的拜杜法案。

员称为"项目承担者",如果按此进行解释,那可能又和专利法有关"职务发明"的规定不一致。因此无论是从立法空白的角度,还是从立法含义的不确定角度,作为上位法的法律或者行政法规都应当通过完善或者修改的方式,为制定一部专门的科学基金知识产权法律制度的部门规章做好立法授权的准备。

第七章

科学伦理法律制度
——以人类受试者保护为切入点

科学伦理是科学研究必须正视的问题。科学研究如果缺乏伦理上的考问，那么科学研究带来人类的灾难可能远远超过幸福，甚至毁灭整个人类文明。正如雅斯贝尔斯所说的："技术仅是一种手段，它本身并无善恶。一切取决于人从中造出什么，它为什么目的而服务于人，人将其置于什么条件之下。"① 科学技术本身并没有善恶，科学研究本身也无所谓对错，关键是其立基的出发点或者目标，以及实现目标中所采取的方式和方法。而这些目标或者方法应当遵守基本的道德准则，否则科学技术就会成为人类的梦魇。

因此，科学伦理首先是一个道德问题，它需要科学研究者以及科学研究行为符合人类最为基本的伦理道德准则，其次，科学伦理又是一个法律问题，它要求科学研究者的研究行为必须在既定的伦理规则下运行，而这些伦理规则都是基本伦理道德准则的具体化。二战后期，随着核泄漏、人体试验、克隆技术等一系列的科学伦理事件的发生，人类开始逐步反思缺乏伦理规范的科学技术带来的影响。通过法律制度规范科学伦理问题成为世界各国在发展科学技术的同时尤为重视的问题。比如确立科学伦理基本原则的《纽伦堡公约》以及《赫尔辛基宣言》。再比如世界卫生组织（WHO）和国际医学委员会（CIOMS）于1982年和1993年分别联合制定了《人体生物医学研究国际指南》和《人体研究国际伦理指南》，1976年美国国立卫生研究院颁布了《重组DNA分子研究准则》，1986年，经合组织通过了《国际生物技术产业化准则》，

---

① 雅斯贝尔斯：《历史的起源与目标》，华夏出版社1989年版，第142页。

1989年德国率先通过了第一部《基因工程法》，1990年英国颁布了《人类受精和胚胎法》等，都是各国通过立法规制科学伦理问题的重要尝试。

一　备受瞩目的科学伦理问题

科学基金资助项目中的科学伦理问题是科学伦理的重要方面，世界各国科学基金组织都高度重视资助项目研究行为的科学伦理问题。美国基金会和国立卫生院等资助机构都有专门或者共同适用的法规规章，其内容涉及人类受试者保护、实验中的动物保护、极地环境伦理等方面。主要规范有《保护人类受研究者的联邦政策》、《涉及重组DNA分子的研究的指南》、《保护和使用试验室动物的指南》、《公共卫生服务政策和保护、使用动物的基本原则》等法规。澳大利亚的资助机构如研究理事会（ARC）以及国家健康与医学研究理事会（NHMRC）有《关于人类研究的伦理行为的国家声明》、《关于科学研究中饲养和使用动物的规则》等伦理法规。此外日本、加拿大等国家都有关于科学伦理保护的法规或者规范性文件。

近年来，科学伦理问题也引起我国科技界的关注，科学基金项目资助管理中也十分重视科学伦理问题的审查。但是由于科学基金资助项目中专门的科学伦理立法相对滞后，科学基金资助项目的科学伦理法律制度主要来源于国家相关科学伦理法规。这体现为：一是宏观层面的伦理规范或者伦理原则。比如，新修订的《科学技术进步法》第二十九条规定：国家禁止危害国家安全、损害社会公共利益、危害人体健康、违反伦理道德的科学技术研究开发活动；《国家科学技术奖励条例实施细则》第九十六条则明确强调：获奖成果的应用不得损害国家利益、社会安全和人民健康。二是具体科学研究行为的伦理规则。主要体现在卫生部、科技部以及农业部等有关部委制定的通用性的伦理规范。比如国务院2007年5月颁布《人类器官移植条例》，卫生部的《人类辅助生殖技术管理办法》，科技部、卫生部等颁布《实验动物许可证管理办法（试行）》和《人胚胎干细胞研究伦理指导原则》，卫生部颁布的《涉及人的生物医学研究伦理审查办法（试行）》，科技部颁布的《关于善待实验动物的指导性意见》等一系列法规规章或者规范性文件。但国内目前还没有一部专门规范科学基金项目资助的科学伦理法规或者规章。

归纳科学基金科学伦理法律制度的主要内容可以包括对人类受试者保护的伦理制度、动物实验的科学伦理制度、环境保护的伦理制度以及科学的社会责任等制度。其中人类受试者保护的伦理制度是核心性的制度，尤其在西方科学基金组织的法律法规中出现得最为频繁，美国、日本、澳大利亚、加拿大以及英国的科学基金组织的科学伦理法律制度中都含有明确的关于人类受试者保护的伦理规则。动物实验的科学伦理制度也是重要的法律制度，各国的伦理制度也都会有所规定，但是不如人类受试者保护规定得详细和广泛。环境保护的伦理制度在个别国家，比如美国的法规体系中规定得比较详细，尤其在极地项目中对环境伦理的规定更为突出。其他国家在环境伦理制度上以一些原则性规定为主。科学的社会责任严格来说属于科学伦理问题的一个宽泛的概念。20世纪30年代随着马克思主义者对科学与社会关系的开创性研究，以贝尔纳、李约瑟、C.P.斯诺等人为代表的一批英国进步学者，提出科学家的社会责任问题。他们认为科学家不应该躲在象牙塔中，而应该为大众服务、为大众理解，科学与社会紧密相连，科学家有责任用科学为人类造福，以科学教育大众。第二次世界大战后科学家们兴起反战和平运动，讨论科学家的社会责任。以爱因斯坦、尼尔斯·波尔、西拉德、鲍林等为代表的科学家们大力呼吁、积极活动，使科学研究的结果应用于和平目的而不是用于战争。当代社会由于克隆技术、食品安全[①]等敏感问题的出现，科学的社会责任的呼声也愈来愈高。1978年7月，在印度波那举行的世界秩序标准规划第14次会议上，一份由26名学者签名，题为《科学技术的堕落》的报告认为："现代社会不少思想、道德、伦理

---

① 当今的科学技术，使几乎所有的农副产品都能用工业化的手段生产出来。季节、土壤、品种的限制统统都可以打破。化肥、瘦肉精、雌激素、抗生素、生长素、转基因……要什么有什么。当人们充分享受着集约化农业的高产、"优质"和廉价时，却很少有人会想到，这种违反自然规律的行为，将会使大自然遭受何等严重的破坏，使人类受到多么严厉的惩罚。1985年4月，英国出现了首例疯牛病。20年来，这种病迅速蔓延，波及其他欧洲国家和美国、日本，全球曾一度陷入疯牛病恐慌。目前为止至少有125人死于此病，因为无药可治，死亡率几乎为100%。据分析，疯牛病的蔓延是肉牛食用了含有疯牛病毒的死牛脑组织制成的饲料所致。

和文化上的混乱，与科技发展过快有关；应当适度限制科技发展以调整思想，使人类有足够的道德理性来正面使用科技，造福人类。"鉴于动物保护、环境伦理以及科学的社会责任问题国内外立法十分有限，科学基金项目资助管理中该问题更为稀缺，因此本章对此不作详细论述。

二 人类受试者保护的伦理制度概论

所谓人类受试者就是人类成为直接研究对象或者研究中涉及人类。西方国家常用的语词是"Human Subjects"，也有的国家使用"Research Involving Humans"或者"Human Research"等表述，无论是人类个体成为直接的受测验者，还是成为研究的对照体；无论被研究或者测试者是健康人和还是患病者，人的一些基本的尊严和权利都是必须予以尊重和保护的。这也就意味着在科学价值取向和人权价值取向进行抉择的时候，人权价值永远应当高于科学价值，这是人类受试者保护制度最为基本的伦理价值准则。正是在这个最高价值指引下，一系列的人类受试者保护的原则和制度才得以产生。这又可以从两个方面来理解这个基本准则：其一从研究活动而言，研究者应当对受试者具有足够的尊重、善意和诚信，研究内容本身应当具有积极价值和充分合理性。其二从受试者而言，受试者的权利应当得到充分的尊重，受试者应当享有充分的知情权、选择权和救济权。两者相比较而言受试者的权利应当是优先考量的，也即无论研究活动本身多么合理，研究者如何谨慎和善意，但是如果受试者相关权利受到侵犯或者受试者本身不同意该项研究，那么研究活动都应当终止。因此，在制度构建上许多国家都将知情同意制度作为科学伦理立法中最为核心，也是最为基础和重要的伦理制度予以确立。在确保受试者知情同意制度的基础上，对于研究者以及研究活动本身进行若干的限制性规定是科学伦理制度的第二个重要方面，包括对研究方法的制约和要求、对特殊受试群体进行研究的限制和要求等内容，因此制约制度本身是对受试者权利的消极保护。除了对研究者本身行为活动进行要求外，还需要对研究者的行为和活动进行监督和审查，以确保受试者权利不受到侵犯，因此人类受试者保护科学伦理制度的第三个重要制度是审查和监督制度，这需要专门的组织，实践中多为伦理审查委员会，实施这项职能。审查和监督制度借助研究者和受试者之外的第三方力量达到了对受试者权利保护的目的。对受试者保护的最后一项制度就是救济和处罚制度。这是受试者保护的最后一道法律屏障。因此完整的人类受试者保护的法律制度包括知情同意制度、行为制约制度、审查监督制度和救济处罚制度。

三 知情同意制度

知情同意制度已经成为各国科学伦理立法中有关人类受试者保护制度的核心。项目研究人员在将人类作为受试者时，必须征得受试者或其法定代理人的知情同意，并对这些知情同意进行记录和归档。知情同意制度应当包括受试者知情制度和同意制度。知情制度主要规定研究人员应当向受试者提供哪些信息、采取什么方式提供，以确保受试者具有足够和充分的信息获取。而同意制度则主要规定受试者同意的条件、同意的方式、同意的内容、同意的法律效果等内容。可以说知情制度是同意制度的前提和基础，只有受试者在掌握充分信息的基础上才能够确保受试者作出同意与否的判断。而同意制度是知情同意制度的关键和核心，是对知情制度的一种延伸，是一种权利行使的具体体现。

知情制度主要需要规定研究人员应当向受试者提供信息的种类和方式。比如美国科学基金会的法规中就明确规定：研究人员在寻求受试者知情同意时应向每个受试者提供下述信息：（1）对该研究涉及的调查、研究期间的解释，对该研究遵循的程序的说明，以及对任何实验性程序的确认等的声明；（2）对受试者可能遇到的可合理预见的风险的说明；（3）对受试者从研究中可能得到的福利的说明；（4）对可能的替代程序以及处理程序的披露；（5）妥善保管受试者隐私的声明；（6）在该研究会超过最低风险时，详细解释与补偿和医疗有关的信息；（7）指明受试者权利救济途径的解释；（8）有关参与自愿，拒绝参与不会受到任何惩罚或失去福利的声明，受试者享有选择是否参与的权利，且享有在任何时间退出参与而不受处罚或失去福利的权利。在适当情况下，研究人员还要向每个受试者提供下述额外的信息：其一，一份有关特别事项处理的声明；其二，研究人员不考虑受试者的同意而对受试者的参与进行终止的预设情况;其三,由于参与研究而使该受试者支出额外费用的情况;其四,受试者退出该研究的后果以及程序;其五,一项会将研究新发现告知该受试者的声明;其六,参与该项研究的受试者的数量。[1] 从以上的规定可以看出,受试者的知情信息主要包括研究本身的危险情况、研究本身可能对受试者造成的影响、研究者的研究路径、对受试者的补偿以及救济、受试者的权利内容等方面的内容。此外日本学术振兴会以及澳大利亚研究理事会的法规中也对信息内容有所规定。澳大利亚研究理事会的《有关人类研究的伦理行为的国家声明》明确规定:"在科研环境中,这通常要求参与研究应当是参与者选择的结果——这就是众所周知的'自愿同意法则'(the requirement for consent),它的意思是:做出同意决定应当是自愿选择的结果,并且该选择应当建立在充分知情并理解参与研究的内容及意义的基础上。"[2]《国家声明》明确要求以参与者充分了解信息作为其参与研究的基础。在此期间,研究人员的义务首先在于以适当的方式向参与者出示有关信息,并就相关信息与参与者进行坦诚的沟通与交流。[3]《国家声明》特别强调这一交流沟通程序的意义:"与参与者交流沟通并获得其同意的程序,并非仅仅是满足某一形式上的要求的问题,信息交流的目标在于在研究人员与参与者之间建立相互理解。这就要求赋予参与者相应的机会,以便在其愿意的情况下,提出问题,或者与他人就相关信息及决定进行讨论。"[4] 应告知参与者的信息首先包括参与者参与研究的内容与意义,此外,还有十余种信息也应作为参与者在作出决定时必须知悉的事项。[5] 我国卫生部公布实施的《人类辅助生殖技术和人类精子库伦理原则》中也明确了相关信息的内容:"医务人员对人类辅助生殖技术适应症的夫妇,须使其了解:实施该技术的必要性、实施程序、可能承受的风险以及为降低这些风险所采取的措施、该机构稳定的成功率、每周期大致的总费用及进口、国产药物选择等与患者作出合理选择相关的实质

---

[1] 详见 CFR 第 45 部第 690 部分。
[2] 见《国家声明》第 2.2 节 "导言"。
[3] 见《国家声明》第 2.2.3 条。
[4] 见《国家声明》第 2.2.4 条。
[5] 分别参见《国家声明》第 2.2.1 条、第 2.2.2 条。

性信息。"因此,科学基金资助项目中涉及一些人类受试者知情同意的制度可以借鉴以上国内外的规定,作出合理的立法选择。

同意制度的核心是要求受试者以及法定代理人必须是真实的意思表示而同意接受研究。这包括同意的基本要求、同意的方式以及拒绝的规定。

第一,同意的基本要求。美国科学基金会对此作出了原则性规定:"除 NSF 法另有规定,及研究人员取得来自受试者或其法定代理人的有法律效力的受试者知情同意书外,研究人员不得将人类作为研究的受试者。研究人员只有在向受试者或其法定代理人提供充分机会考虑是否参与,并将胁迫或不当影响的可能性减少到最小时才能寻求他们的同意。向受试者或其代理人提供信息时应使用他们能理解的语言。"[1] 在科研领域,保障参与者的自愿同意权利涉及一系列具体的操作性问题,澳大利亚研究理事会的法律制度规定得比较细致,《有关人类研究的伦理行为的国家声明》作出了详细规定。明确了参与者可以作出的一切选择;针对该研究的监控将如何实施;针对研究给参与者带来的不良影响提供的服务;投诉受理人的具体联系方式;研究人员的详细的联系方式;对隐私与机密的保护;参与者享有在任何阶段者中止进一步参与的权利,及可采用的意思表示形式;研究资助的额度及来源;与研究人员、赞助方或研究机构有关的金钱或其他性质的利益披露;给付参与者的酬劳;研究成果公开(包括出版)的可能性及形式;一切惠及社会大众的预期效益等。[2] 此外《国家声明》明确规定研究人员不得强迫参与者同意或向其施加压力:"没有人应当在决定是否参与研究的问题上屈从于强迫或压力。即使并无明显的强迫或施压,在同意的意思表示中,也可能蕴含着(参与者)对研究人员的权力性地位或他人意愿的顺从。"[3]

第二,同意的方式。关于同意方式各国存在一定差异,有的规定比较严格,必须采用书面的方式,而有的国家则根据风险的实际情况区分口头、书面甚至是默示的方式。此外比如美国科学基金会还规定了同意不得包含免责承诺的内容:"受试者知情同意,不管是口头还是书面的,

---

[1] 见 CFR 第 45 部第 690 部分。
[2] 《国家声明》第 2.2.6 条。
[3] 《国家声明》第 2.2.9 条。

都不得包含任何免责性语言而使受试者或代理人放弃受试者的法定权利，或使研究人员、发起人、机构或其代理人免于承担疏忽的法律责任。"我国政府2007年公布实施的《人体器官移植条例》第八条明确规定："捐献人体器官的公民应当具有完全民事行为能力。公民捐献其人体器官应当有书面形式的捐献意愿，对已经表示捐献其人体器官的意愿，有权予以撤销。公民生前表示不同意捐献其人体器官的，任何组织或者个人不得捐献、摘取该公民的人体器官；公民生前未表示不同意捐献其人体器官的，该公民死亡后，其配偶、成年子女、父母可以以书面形式共同表示同意捐献该公民人体器官的意愿。"虽然这是针对器官移植还不是一个严格的科学研究行为，但是可见我国对于此类行为的严格要求，采用要式的方式更加体现了对人权的保护和重视。澳大利亚政府对于受试者的知情同意方式规定得比较细致，其《国家声明》规定，如果参与者同意参与研究，则其可以根据具体情况，采取包括口头、文字或其他的意思表示形式，如针对某一调查的回复、默示同意等等，这取决于研究风险的等级及复杂性，以及参与者的个人条件与文化环境等因素。① 同时，参与者可根据具体情况及意愿，分别作出三类同意决定：一是"具体性的"（specific consent）同意，即仅限于对某一项具体的研究项目做出的同意。二是"延展性的"（extended consent）同意，是针对未来实施的作为原研究项目的延伸项目，或与原项目密切相关的项目，以及与原研究项目同属一个领域的一般性研究（例如系谱研究、民族志研究、流行病学研究或慢性病学研究）。三是"非具体性的"un-specifiedconsent）同意：即同意在任何未来的研究中使用与其相关的数据或材料。② 如果研究人员谋求参与者作出后两种同意，则其必须向参与者明示相关条件并予以记录。此外，如果研究人员需要利用某些未包含的延展性或非具体性同意范围内的，与参与有关的数据或材料，则其还必须就此另行取得参与者的专门同意。

第三，同意的消极规定：拒绝与或退出。受试者享有同意的权利也同样享有不同意的权利，这种同意与否的选择权完全在于受试者自身，

---

① 《国家声明》第2.2.5条。
② 参见《国家声明》第2.2.14条的规定。

而且这种权利的选择不受同意意思表示的拘束，也就意味着即使受试者事前同意了研究行为，研究过程中随时有权利改变原来的选择，但是一般要求受试者履行提请告知等义务。比如澳大利亚研究理事会的相关规定要求："如果潜在的参与者选择不参与研究项目，则其不仅无须为其决定提供任何理由，而且，研究人员也必须尽可能地确保其不会因为拒绝参与研究而遭受不利待遇。"[①] 另外，即便参与者作出的同意参与研究的决定，他（她）也有权在任何阶段退出研究。基于此，参与者在作出同意参与研究的决定之前，研究人员有义务告知其退出的后果。[②] 此外，即便参与者作出了同意决定，在某些特殊情况下，尤其是在研究项目较为复杂或为期较长，或在参与者的身心较为脆弱的情况下，研究人员需要与参与者进行多次协商，以重新取得参与者的同意决定或对先前同意的再次确认。如果双方先前协商一致的有关期限发生变化，研究人员应当及时通知研究的参与者，并尊重其继续参与或撤出的意愿。[③]

四 行为制约制度

主要从研究者的角度提出要求，通过限制研究者的一些行为或者要求一定的行为，达到保护受试者权利的目的。这些行为可以体现为对研究者的研究方法的限制，也可以体现为对研究者针对不同研究对象从事特定研究的活动。澳大利亚研究理事会的《国家声明》对人类研究内涵作了明确界定"人类研究是以由人类参与，或以人类（或与其相关的数据及器官、组织）为对象的研究"。基于这一界定，《国家声明》列举了六种人类参与或介入研究活动的形式或途径：一是参与调查、访问或焦点小组（focus groups）；二是进行心理、生理或医学测验或治疗；三是接受研究人员的观测；四是由研究人员利用与其（参与者）有关的档案文件或其他资料；五是收集和利用其人体器官、组织及体液（诸如皮肤、血液、尿液、唾液、毛发、骨骼、肿瘤及其他活体生物样本）或其呼出的气体；六是利用从某一公开或非公开的来源或数据库中获得

---

① 《国家声明》第 2.2.19 条。
② 《国家声明》第 2.2.20 条。
③ 《国家声明》第 2.2.8 条。

的与参与者（participant）相关的信息（包括可识别、可再识别及不可识别等形式）。以上的研究范围既可能包括一些研究方法的使用，比如数据库的使用，也可能包括以特定研究主体，比如对于青少年、残疾人群的研究。因此，在这些研究领域中，使用何种研究方法，如何针对特殊人群在研究中保护他们的权利，是限制科学研究行为法律制度中需要着重解决的问题。

第一，就研究方法而言。常用的研究方法包括案例分析、生活故事或口述历史、个体经验调查、访谈、观测等。一般来说，在资料搜集中将更多地涉及研究人员与个体受试者的互动。在这种情况下，研究人员应当注意其研究行为对受试者的影响，防止出现侵害受试者权利的行为，及时修正研究过程中的不适当的行为。比如，如果研究人员使用咨询、访谈等方式影响到其与受试者之间关系的情况，则研究人员必须审视使用该方法在伦理上的可接受性，或将该项工作转交给他人。如果在即将开展的研究活动中将要使用抽样研究方法，则研究申请中须就选拔招募受试者的策略与标准作出明确说明。同时研究过程中受试者的身份性信息往往容易泄露。而且受试者提供的信息有可能属于敏感信息。在这种情况下，研究人员不得故意或者过失泄露这些信息，积极保护参与者的隐私，或为其保守秘密。比如澳大利亚研究理事会《国家声明》规定："基于这些原因，应对这些参与者提供相关的照顾和保护，以免使其因提供信息而被人认出，除非他们同意公开身份。在信息传播与材料的存储过程中，对于参与者的身份也应给予相应的保护。"[1] 此外《国家声明》还规定："研究人员还应当尽可能地告知受试者，在与参与者相关的识别信息如姓名、地址被删除的情况下，其在研究结果中的身份仍有可能被人认出。"[2] 研究人员还应当在实施有可能给受试者带来不利影响的、涉及敏感信息的行为时，可能对受试者带来的不利状况制定专门的处置预案。此外研究人员还应当在使用该方法前，预知并帮助受试者预测和分析可能出现的影响，并在研究资助申请中予以说明。

研究方法还包括对众多现代科学研究领域如流行病学、病理学、遗

---

[1] 《国家声明》第3.1.10条。
[2] 《国家声明》第3.1.11条。

传学及社会科学等，均普遍使用数据库从事研究分析的制约。研究人员根据对包括临床的、社会的、观测或其他类型的现有信息的分析，以及从人体组织标本如血液、骨骼、肌肉、尿液中提取到的信息，针对某一项或某一类研究需要而建立数据库。数据库在使用过程中也应当遵守一些伦理要求。比如在使用数据时，研究人员和数据管理人员都有义务确保数据提供者的隐私安全。如果该数据涉及受试者的利益时，研究人员还应当考虑让受试者获得这类信息，并且应当考虑设立独立的数据管理人员，以便使受试者获得与其相关的数据或成果。澳大利亚研究理事会的《国家声明》中就规定："如果对某些数据的使用将给与之相关群体带来危害，则研究人员及数据管理人员应拒绝或限制针对其全部或部分数据的访问及使用请求。"[①] 此外，研究人员在进行数据搜集和存储的时候，须就该数据将以何种形式（可识别、可重新识别或非可识别）进行存储，该数据的用途和（或）公布目的，以及其是否想就在未来研究中使用该数据征求受试者的同意。在使用数据的过程中，研究人员和数据管理人员还必须遵守所有涉及受试者的数据保密协议，并防止这些数据在未经受试者同意的情况下被使用。

第二，就研究群体而言。实践中这些群体包括孕妇与胎儿、青少年、处于依赖性及非平等性关系中的人士、高度依赖医疗护理从而无法表达同意的人士、患有认知功能缺损、智力障碍及精神疾病的人士等。在以这些群体为对象开展研究时，研究人员应当根据这些人员的实际情形，切实维护他们的权利，比如儿童和青少年缺乏独立的判断能力，其作出的意思表示必须由家长或者其监护人参与。同时防止研究人员在为研究而损害其他方面的利益的倾向，比如规定对胎儿进行研究时，只有通过自然流程或者合法方式脱离母体的胎儿才可以用于研究。严禁用胎儿研究的交易行为，以及利用中止妊娠后的宫外胎儿或胎儿组织进行研究的人员，不得从事针对提供胎儿或胎儿组织的女子的临床护理工作，也不得与从事此项工作的人员发生金钱或法律上的关系。此外还应当禁止研究人员对处于弱势地位受试者的歧视或者强迫行为。

---

① 《国家声明》第 3.2.8 条。

五　审查监督制度

对于涉及人类的科学研究行为，除了确保受试者的自由意志权利，限制研究者行为外，还需要通过外部审查和监督来维护受试者的权利。许多国家的科学基金组织的法律制度都规定申请其资助涉及人类研究的科学研究项目必须经过一定的伦理审查机构审查。在美国称为"机构审查委员会（IRB）"，澳大利亚称为"人类研究伦理委员会（HREC）"。比如美国国家科学基金会（NSF）的法规规定，涉及人类研究的项目申请除了应当遵守 NSF 资助的程序、研究对象的知情同意制度等规定外。该法规明确要求各申请人建立机构审查委员会（IRB），并对 IRB 的组成和职权行使程序做出了十分细致的规定。科学基金组织对于其资助的项目进行科学伦理审查，贯穿于从申请到资助实施的全过程，这是确保基金资助研究项目伦理设计与执行符合伦理规范的基本手段。但是西方国家科学基金组织的伦理审查一般都以放权给依托单位为首要选择，可见依托单位在伦理审查中具有重要的法律地位。

以澳大利亚研究理事会（ARC）为例，其资助的涉及人类研究项目的审查包括申请和实施两个阶段。依托单位在提交相关项目的资助申请之前，须先行取得本单位的 HREC 审查和批准。审查决议通过召开 HREC 会议作出。根据规定，"（审查机构）对每次 HREC 会议的安排，应当尽可能地使每一类成员中至少一名能够参加会议"。[①] HREC 各成员应充分交换意见。在取得"最低人数限额范围内的成员的观点"的基础上，HREC 主席可以在各成员"意见大体一致"的基础上作出决定，而不必达到所有成员意见的"全体一致"。[②] 必须说明的是，HREC 的决议将直接影响项目申请的提交。如依托单位的项目资助申请没有获得 HREC 或其他同类审查机构的审批，便不得向 NHMRC 或 ARC 提交。在申请项目获得资助之后，澳大利亚研究理事会（ARC）可依据有关资助协议（格式化协议）及相关规定，对研究项目伦理设计的执行情况进

[①]《国家声明》第 5.2.28 条。
[②] 以上参见《国家声明》第 5.2.28—5.2.31 条。

行直接或间接的审查监督。按照资助机构的有关要求提供相关报告或材料，积极配合审查，是依托单位的合同义务。虽然 ARC 的资助协议中并未明确要求依托单位定期出具合规性报告，但其格式化的资助协议中也确定了依托单位的相关保证义务。例如，《2011 年探索发现类研究项目资助协议》第 18.2 条、第 18.6 条的规定，依托单位要保证其实施项目之前必须先行通过有关机构（如 HREC）的伦理审批，并保证每个项目的伦理设计与实施均符合《国家声明》及其他由 NHMRC 制定的伦理准则。

实践中除了伦理委员会的审查监督外，资助机构还可以使用其他的外部监督机制，来监督研究行为是否违反了科学伦理的规定或准则。比如澳大利亚研究理事会的《国家声明》中列举了五种可行的监督机制，包括来自研究人员的报告；来自独立性机构（诸如"数据与安全监控委员会"[①]）的报告；对不良反映报告的审查；对研究地址、数据或自愿同意文件的随机抽查；对参与者的访谈，以及来自他们的其他形式的反馈。[②] 监控的频率和类型，应视研究参与者所承担风险的等级而定。[③] 在这一监督程序中，作为身处科研第一线的研究人员，对监控一切不良事件或意外情况，负有重大责任。根据规定，他们应当在发现此类情况时，尽快告知研究机构和审查机构，并尽快采取处置措施。即使在未发现此类情况时，研究人员也须定期向科研单位和审查机构提交包括研究进度情况，有关记录的保存与保护情况，以及对已批准的研究方案的遵守情况等信息在内的报告。[④] 最后，在研究项目实施过程中，如果发生研究人员或科研单位严重违反伦理原则，或研究的实施中严重违反已被核准的研究方案的情况，则审查机构可撤销批准决定，研究单位须立即中止研究活动，并按伦理委员会的要求改正或采取补救措施。[⑤]

---

① 原文为"data and safety monitoring board"。
② 《国家声明》第 5.5.1 条。
③ 《国家声明》第 5.5.2 条。
④ 《国家声明》第 5.5.5 条。
⑤ 《国家声明》第 5.5.6—5.5.9 条。

六 救济处罚制度

对于涉及人类的研究行为伦理制度一个重要的方面就是救济与处罚制度。救济制度着眼于受试者民事权利的补救,侧重于通过补偿、赔偿等方式来维护受试者的权利。而处罚制度着眼于对研究者或者依托单位的处罚,通过行政甚至是刑事上的法律责任来纠正涉及人类研究的科学伦理误区。

一是救济制度。主要体现为对受试者的补偿,包括补偿的内容、种类方式等方面。例如澳大利亚研究理事会的《国家声明》规定:"一般来说,对于参与者因参与研究而花费的有关成本进行补偿,是恰当的做法。"为了避免补偿中的不当行为,该条还明确规定了补偿的内容,"这些成本包括交通、食宿及泊车费用。有时还包括对参与者消耗时间的补偿"。补偿应遵照合理的额度:"如果报酬的额度与参与者所耗时间不成比例,或存在诱使或鼓励参与者冒险的情况,即违背了相关的伦理性要求。"同时,补偿的形式应遵循公序良俗,"向参与者或其所属群体发放酬劳或补偿的形式,应当尊重其风俗习惯或惯例"。[1]

二是处罚制度。违反有关科学伦理的规范且需承担法律责任的主体主要有两类:一是依托单位;二是科学研究人员。针对依托单位而言,许多国家的科学基金资助机构和依托单位属于一种民事法律关系,其处罚措施多为对于原始资助合同的撤销或者解除,而对于属于行政法律关系的国家,科学基金资助机构可以对依托单位采取一些行政上的处罚措施,比如警告、限制或者剥夺其资格。例如澳大利亚研究理事会(ARC)与依托单位就属于资助协议的双方主体,故依托单位的责任在根本上属违约责任,对依托单位的问责与处罚主要基于资助协议的有关约定。ARC资助协议(格式协议)中对违反伦理的相关规定的处罚规定比较明确。以ARC2011年探索发现类研究项目资助协议为例,[2] 其在对于依托单位违背有关伦理规范或标准时,约定了以下措施:暂停或终

---

[1] 《国家声明》第2.2.11条。

[2] 即 Funding Agreement regarding funding for Discovery Projects to commence in 2011, http://www.arc.gov.au/。

止划拨项目资助经费；全额或部分追回已经拨付的经费，其中包括尚未用尽，以及不按资助协议要求而用去的经费额度；变更已经核准的资助经费额度。针对科研人员而言，如果违反了科学伦理的规范，许多国家都将其视为一种学术不端行为，其承担的法律责任和学术不端行为是一致的。澳大利亚的《国家声明》规定：参与项目研究活动的各类人员及科研管理人员违反伦理规范的行为的，将被视为"科研不端行为"（research misconduct）。对此类行为的问责与处罚，将纳入科研不端处理机制。① 即使不纳入学术不端行为追究法律责任，研究人员违反科学伦理的行为也可能采用单独归责或者适用于其他通用的法律法规。比如侵犯受试者人格权的行为可能涉及民事法律责任，其他严重侵犯人身权利的行为还可能涉及行政甚至是刑事法律责任。

七 建议和完善制度

科学伦理问题已经成为世界各国科技界以及法律界关注的焦点。规范科学伦理问题需要法律制度化的探索和完善。世界各国已经把通过法律途径解决科学伦理问题作为一项重要事项，科学基金资助项目科学伦理问题的法律制度化也必然成为一种历史趋势。本章中以人类受试者保护制度为切入点，仅仅探寻了科学伦理法制问题的冰山一角。大量的科学伦理问题还没有提及，主要原因在于国内科学界以及法律界对科学伦理问题的关注，尤其是科学伦理立法还刚刚起步，许多国际上比较热点和前沿的问题，我们涉及的还是十分有限，因此，国内科学伦理法律制度的视域还无法和国际融合。为此，本章提出如下一些完善和发展科学基金项目以及科学伦理问题的建议：

一是急需国家层面的统一科学伦理规范。从目前我国的科学伦理立法来看，除了个别的行政法规外，许多规范性文件都分散在各个部委，

---

① 由澳大利亚联邦政府于2007年颁布的由NHMRC与ARC共同起草的《澳大利亚负责任研究行为准则》B编第10章规定：研究人员所实施的研究活动未按《有关人类研究的伦理行为的国家声明》、《澳大利亚为科学目的照管和使用动物操作准则》的规定通过有关机构的伦理审查，或因其违反伦理规范而给受试者、动物及环境造成损害的，属严重的科研不端行为。

而且多数表现为规范性文件,部委的规章相对也有限。从科学基金项目管理层面而言,更是缺乏一部专门的法律法规或者规章。因此,我国亟须制定一部科学伦理的国家层面的法律,相当于科学伦理的基本法,而不是行政法规或者部门规章。这部法律能够对科学伦理的基本问题、基本原则以及基本要求作出战略性的规定,构建我国科学伦理法律制度的基本框架。在此基础上进一步细化科学伦理的基本问题,相应制定行政法规和部门规章,形成规范科学伦理问题系统化、立体化的法律法规体系。而就科学基金项目科学伦理法律制度建设而言,也需要制定一部专门规范科学基金项目资助管理中的科学伦理问题的部门规章,在遵守一般科学伦理的基本法律原则的基础上,针对科学基金项目资助管理中的特殊问题进行单独规范。

二是建立全社会的科学伦理法律意识。科学伦理法律意识的建立不仅仅是科学界的必需,而且应当是全社会共同的责任。因为科学在现代社会的影响应当说是无孔不入的,每一个公民在享受到科技带来的便利的同时,也可能不知不觉中就陷入科技带来的灾难中。这可以从食品安全、核辐射等与大众息息相关的事例中印证。同时科学伦理问题也不仅仅是科学基金资助项目中所关注的焦点,也应当是所有科学研究,基础研究以及应用研究所共同需要面对的问题,大众对科学伦理问题的诘难,对科学共同体的公信力提出了挑战。科学伦理问题是科学共同体应对挑战无法回避的领域。而用法律制度制约科学伦理问题,无疑是解决问题的一个有效途径。因此,无论是科学共同体自身还是普通的社会公众,都需要建立应有的科学伦理法律意识。

三是建立科学伦理制度需要实际行动。解决科学伦理中的问题,还需要全社会,尤其是科技界共同行动起来。通过不断积累科学伦理的实践经验,总结科学伦理中反映出来的问题,借鉴国外科学伦理的法律制度等各种有效途径,切实提高我国科学伦理法制化建设的水平。例如2011年11月25日至26日,由中国科学院学部科学道德建设委员会主办的科技伦理研讨会就对"转基因技术伦理问题"和"纳米技术伦理问题"等主题进行了深入研讨,并系统分析了转基因技术和纳米技术发展中存在的潜在风险和可能出现的伦理、法律、社会问题。提出了科学家在推进技术良性发展中所应承担的责任,科学家应遵循的科学研究行为规范,并分析研究了构筑科学与社会沟通平台,增进社会对新兴技术的理解,解除公众对相关科学研究的疑惑等伦理问题。正如陈宜瑜院士在研讨会上指出的:"学部开展的科技伦理研究将侧重对科学家科研行为进行规范,并以规范科学家进行科学研究的社会责任为主线,防范可能出现的伦理风险,以解除社会公众对相关科学研究的疑惑。"对于拟制定的科学家科研行为准则,陈宜瑜指出,"应以增进人类福祉、推动科学健康发展为宗旨,其目的在于指引相关科学家在科学研究和技术开发中谨守一定的准则、规范;应是一种体系,在各自的学科领域既有特殊性,也应有共同的理念;应是全面的,不仅包括具体的科学研究过程,还包括相应的社会责任;应是发展的,应以发展的眼光看待科学家的行为准则,把握稳定的核心内容,并不断推动它适应新的科学研究和发展。"

第八章

法律责任法律制度

科学研究是一项追求客观实在的事业，是社会"祛魅"的过程，因此科学共同体被冠以如同宗教神团一样的不容置疑的地位。任何对科学家的责任追究似乎都是无果而终的，而且也是没有必要的。因为科学的事业和科学家群体的德行一样被假定得如此高尚，任何的道德以及法律的追问都因此而没有价值和实效的意义。当美国著名的巴尔的摩事件[①]出现后，人们对科学研究以及科学家的法律责任问题有了一个反思，科学家也是社会的人，也存在非理性的一面，而科学研究行为和普通社会的区分应该主要体现在行为内容和方式上，而不是对法律规则的遵守上。近年来，随之而来的韩国黄禹锡事件[②]、日本的松本和子案[③]、中

[①] 1986年5月—1991年5月，美国科学史上历时最长、影响最大的学术不端行为案件告破：麻省理工学院学者、诺贝尔奖获得者戴维·巴尔的摩发表在"CELL"（国际知名的生命科学杂志）上的论文被指存在蓄意的伪造，而该伪造的内容为长达17页关键实验数据记录。该案经美国国家卫生研究院（NIH）长达5年之久的调查之后，巴尔的摩发表公开检讨书，承认错误和致歉。该案在美国引起轩然大波，也引起了美国各界对研究不端行为的强烈关注。

[②] 黄禹锡被誉为韩国的"民族英雄"并担任韩国"首席科学家"。2005年5月，由黄禹锡领导的研究小组在美国《科学》上发表论文宣称攻克了用患者体细胞克隆胚胎干细胞的科学难题。实际上，在黄禹锡论文发表之后，关于胚胎干细胞伪造的传闻已经开始传开，韩国一个电视台对该项指控进行了调查，但是由于来自支持黄禹锡的公众的压力，该项调查的节目在开播之初就被停止播放。后经相关研究调查，黄禹锡在论文中宣称成功克隆的11组胚胎干细胞中，9组是捏造的，其他两组干细胞的真伪也有待考证。2005年底，黄禹锡承认在《科学》杂志上发表的论文中有"造假"成分。

[③] "松本和子案"：日本早稻田大学理工学部化学系教授松本和子发表在2001年美国化学会期刊上的一篇论文有伪造数据之嫌，且其违法使用约1500万日元的政府研究经费，其中的900万日元被其用于个人投资。由于松本为第一位出任国际纯粹应用化学联合会副会长的女性，因此其不正当行为引起日本学术的强烈震动。原文见《化学教授不端行为震动日本科学界》，载《科学时报》2006年7月6日第A01版。

国的汉芯一号案等，让全世界的公众对科学研究和科学群体有了更加理性的认识，而实践中科学研究行为的失范或不端也从一般的违反行为发展到犯罪的性质，如美国学者埃里克·波赫曼（Eric Poehlman）自1992年起的10年中，在15个联邦科研经费申请以及10篇论文中造假。美国佛蒙特州伯灵顿地方法庭1999年6月28日判处该学者在联邦监狱中服刑1年零1天，另外，该学者支付了18万美元的罚款并被终身禁止从联邦政府得到研究经费。[①] 因此，人们更多地对科学研究的法律责任有了共识，当科学研究行为违反了基本的法律规制后，应当承担相应的法律规制所规定的后果。这就是科学研究行为的法律责任，而这种责任根据法律规则设定的差异而可以分为民事责任、行政责任甚至刑事责任等各种类型，而刑事责任就可能会产生我们通常所说的犯罪问题。因此，科学研究的入罪并不是一个不可触及的命题。

一 严肃对待科学责任

科学基金资助的科学研究行为只是属于科学研究的一个种类，因此科学基金资助项目的法律责任问题并不是一个会引起太多疑问的问题。从国外对科学基金资助项目的法律责任来看，多以行政责任为主导。美国基金会对于资助项目中的违法行为更多的是追究行政法律责任，采取一定的行政强制措施或者行政处罚措施。比如法规中明确规定行政处罚包括九个种类：一是书面警告个人或依托单位。二是要求个人或依托单位在特定期限内开展特定活动需经国家科学基金会批准。三是要求依托单位的官员而非研究不端行为实施者，在特定期间内证明由资助形成的研究报告的准确性或要求其保证该报告与特定政策、法规、指南或专门规定和条件相符。四是全部或部分中止资助，或在特定时期内限制由资助引起的指定行为和经费。五是要求特定时期内对所有向受影响的个人或依托单位提出的资助要求进行专门审查，确保在各个环节上防止研究不端行为反复发生。六是要求对研究记录进行修改。七是终止资助。八

[①] 郝炘：《美国科学家首次因学术不端行为获刑》，《科学时报》2006年7月4日第A01版。

第八章 法律责任法律制度

是禁止违法者在特定时期内担任国家科学基金会的评审专家、咨询人员或顾问。九是在依法完成诉讼程序后的特定时期内，延缓或暂停违法者或依托单位申请联邦政府资助项目[①]。因为美国基金会属于联邦政府的机构，其资助行为属于国家行使行政权力的过程，在此过程中的违法行为属于行政违法行为。而这些法律责任规定得比较分散，在不同内容的法律规范中都有法律责任的相关条款，尤其是刑事责任的规定更是要在刑法规范中查找。对于守法者而言，法律责任的理清是一个十分困难的事情。因此，资助机构一般都采用编撰一些指南、手册等方式把需要申请人或者受资助者遵守的有关法律责任的条款进行列举。比如美国基金会的申请指南、工作人员利益冲突手册都作出了这种尝试。而对于民事责任的规定，法规中鲜见专门的要求，理由在于：其一，资助管理行为是一种行政行为，很难产生民事行为以及民事责任；其二，即使存在民事责任，也可以通过国家相关的民事法律规范进行调整。但是关于资助项目的知识产权，尤其是专利权的规定中就明确了各方的民事权利和义务，这也是一个特殊性规定。在知识产权方面，澳大利亚、日本等许多国家都作出了民事方面的专门规定。

科学基金的法律责任制度是伴随着科学基金法律制度的发展而不断完善的。科学基金法律责任制度经历了一个从十分分散到相对统一的过程。因为法律责任，尤其是行政责任和刑事责任需要法律的授权或者法律的专门规定，所以科学基金成立之初，其法律责任属于完全分散的法律责任期，表现为只能援引或者依据国家有关的法律法规追究相应的法律责任。此时的法律责任形态具有很大的依附性，无法满足科学基金特有的法律制度的责任要求。随着科学基金制度的发展和完善，科学基金通过制定一些行政规范性文件的方式来设定符合科学基金管理要求的法律责任形式，比如2005年公布的《不端行为处理办法》中设定的一些处罚方式，客观地说，这些法律责任对于维护科学基金管理秩序发挥了重要作用的同时也存在行政处罚设定上的问题。因为按照我国《行政处罚法》的规定，只有法律、行政法规可以设定《行政处罚法》规定之外的其他行政处罚。而部门规章或者规范性文件只能在法律、行政法规

[①] CFR 第45部第689节规定。

规定的给予行政处罚的行为、种类和幅度的范围内作出具体规定。如果尚未制定法律、行政法规的，规章对违反行政管理秩序的行为，可以设定警告或者一定数量罚款的行政处罚。罚款的限额由国务院规定。因为科学基金违法行为的法律责任形态中从来就没有罚款的内容，警告成了当时唯一可以设定的行政处罚种类。这种情况直到2007年《国家自然科学基金条例》颁布实施之后才有所改善。《基金条例》在法律责任一章中明确规定了违法行为应当承担各种法律责任，其中有许多法律责任种类是总结科学基金管理的实践和需要所设定的新的行政处罚种类。《基金条例》也根据违法行为的严重承担，明确规定了构成犯罪的应当承担相应的刑事法律责任，因此，科学基金管理中的犯罪问题有了直接国家行政法规依据。此外，《科学技术进步法》、《专利法》等对于相关民事权利的规定，也为科学基金的民事法律责任制度提供了依据。因此，科学基金的法律责任制度已经初步形成了以行政法律责任为主体、以刑事和民事法律责任为辅助的法律责任体系。

二 民事法律责任

民事法律责任是指民事主体违反民事法律规范，违反合同或不履行其他民事义务，无正当理由不履行民事义务或因侵害他人合法权益所应承担的民事法律后果。科学基金资助管理过程本质上应当属于行政法律行为，所以民事法律行为以及由民事法律行为而产生的民事法律责任基本上是不存在的，仅在基金管理机构代表国家行使有关知识产权的权利的时候，基金管理机构才可能会和资助单位或个人产生民事上的法律关系，进而产生民事法律责任。此外，当行政法律主体作为一般民事主体的时候，可能因为民事合同或者法律规定作为违约责任或者侵权责任的主体，此时虽然行政机构作为民事主体承担相应的民事责任，但与其履行行政行为职责是不相关的。比如行政机构的资产采购行为、行政机构被侵权行为等。且看以下两个案例引发的法律思考：

案例1：2007年8月15日，湖南长沙岳麓区法院开庭审理湖南大学一教授状告国家自然科学基金委员会名誉侵权案件。该教授在2004年国家自然科学基金重点项目申请书中，项目组成员的学位和职称两栏的基本信息与递交申请书时该成员的实际情况不符合。2006年1月17日，国家自然科学基金委员会以国科金监（2006）9号决定将该教授在2004年申请书中出现的上述项目组成员的错误信息认定为："弄虚作假"、"伪造个人信息，获得资助"，2006年3月9日自然科学基金委官方网站中的2006年第1期《监督委员会简报》将此处理决定公布。该教授认为自然科学基金委的处理决定侵犯了其名誉权，向法院提出了判决自然科学基金委在其官方网站上公开承认错误、赔礼道歉等诉讼请求。法院受理该案件并进行了审理。

案例2：2007年4月26日，北京市西城区人民法院对国家自然科学基金委员会诉国卫科医药科技发展中心、中国医疗保健国际交流促进会两单位侵犯名称权、名誉权一案作出判决。判决责令两单位承认错误，承担相应诉讼费，并在媒体上公开道歉。

从以上两个案例可以看出，科学基金民事法律责任是存在的，但仅在十分有限的范围内发生。作为科学基金项目资助管理行为中发生的民事法律责任，尤其是基金管理机构承担民事法律责任的可能性很小。即使存在像案例1那样的所谓的民事诉讼，其所产生的法律责任仍然难以属于民事法律责任。因为根据1998年7月14日最高人民法院审判委员会第1002次会议通过，自1998年9月15日起施行的《最高人民法院关于审理名誉权案件若干问题的解释》第四条规定：国家机关、社会团体、企事业单位等部门依职权对其管理的人员作出的结论引起的名誉权纠纷，人民法院是否受理？国家机关、社会团体、企事业单位等部门对其管理的人员作出的结论或者处理决定，当事人以其侵害名誉权向人民法院提起诉讼的，人民法院不予受理。显然这是一种对国家公权力对私权滥用的限制性规定，本质上这些行政处理或者处罚决定不能成为主张私权的依据，权利人完全可以通过对行政权力的行使提出异议的方式救济私权利，而不可以以私权对抗公权力的行使。因此，本质上这应当属于一个行政诉讼，而非民事诉讼。至于行政机关或机构行使行政权力是否合法，程序是否正当，完全应当由行政救济程序来判断。因此，通过案例1不能成为基金项目管理过程中存在民事法律责任的依据，恰恰是一个典型的反面例证。

与此同时，案例2则是典型的民事法律责任的表现形式，只不过产生法律责任的法律关系并非在于基金项目的资助管理过程中,而是基金管理机构作为普通民事主体而形成的侵权行为。虽然这种侵权行为和基金管理机构的行政主体地位紧密相关,也就是说如果基金委不是国家资助机构侵权人也不会实施侵权行为,但是这是一种间接的因果关系,并不是在资助者与被资助者之间产生的直接的因果关系,因此不能称为因资助行为而产生的民事法律责任。

而在基金资助管理过程中可能产生直接的民事法律责任的情形,一般出现在知识产权领域。比如美国国家科学基金会(NSF)关于知识产权的规定中就明确了基金管理机构代表国家所行使的一定发明所有权保留权利和国家行使发明专利介入权(March-in Rights)[①]。对于这些权利本质,尽管也存在着民事权利和行政权力的争论,但是其更倾向于一种民事权利,因为其权利来源具有行政性,但是权利的行使应当更加符合民事权利的特征。

无论是基金项目资助管理过程中的民事法律责任,还是与此相关的其他法律责任,基金管理机构都是重要的民事法律责任主体,此外依托单位、项目负责人以及其他主体可能成为民事法律责任主体。比如资产采购中的合同相对方、名誉权侵权的侵权人,等等。而民事责任实现方式,根据承担责任的具体内容的不同,可以分为财产责任和非财产责任。财产责任,指以财产为内容,或具有经济内容的民事责任。非财产责任,指不以财产为内容,或没有经济内容的民事责任。《民法通则》第134条规定,承担民事责任的方式主要有以下10种:停止侵害;排除妨碍;消除危险;返还财产;恢复原状;修理、更换、重作;赔偿损失;支付违约金;消除影响、恢复名誉;赔礼道歉。其中除了返还财产、赔偿损失、支付违约金等之外都属于非财产责任,而科学基金涉及民事法律责任以非财产责任居多。

三 行政法律责任

行政责任是科学基金法律责任制度的核心。这从《国家自然科学基

---

① 详见本书中关于知识产权论述部分。

金条例》的规定可以明确印证。《基金条例》设专章规定了法律责任，除了个别的刑事责任条款外，所有的条款都是一种行政责任的规定。行政法律责任的规定有以下特点：一是责任主体广泛。主要按照参与国家自然科学基金资助活动的主体及其承担的法律义务设计法律责任，违法行为的主体既包括国家自然科学基金项目申请人和参与者、项目负责人，也包括依托单位、评审专家以及基金管理机构工作人员。二是违法内容详尽。违法行为的内容基本覆盖了《基金条例》所设定的各种法律义务。三是责任方式多元。违法行为所应当承担的行政责任种类很多，而且很多责任是《基金条例》所设定的。特别重视资格罚，即通过剥夺违反相应法行为主体从事某一行为的资格达到惩戒的目的。四是法律责任衔接紧密。对于破坏国家自然科学基金管理秩序，同时违反其他法律、法规的行为，采取衔接性规定，根据其他法律、法规的有关规定追究相应的法律责任。

行政责任表现方式来看，《基金条例》的规定行政法律责任大都属于一种行政处罚。科学基金行政法律责任中所涉及的行政处罚种类有：（一）警告；（二）撤销原资助决定，追回已拨付的资助经费；（三）不得申请或者参与申请国家自然科学基金资助，不得晋升专业技术职务（职称）；（四）警告，暂缓拨付资助经费，并责令限期改正；（五）通报批评，3—5年不得作为依托单位；（六）警告，责令限期改正；（七）通报批评，基金管理机构不得再聘请其为评审专家；（八）终身不得申请或者参与申请国家自然科学基金资助。根据我国《行政处罚法》第八条规定：行政处罚的种类：（一）警告；（二）罚款；（三）没收违法所得、没收非法财物；（四）责令停产停业；（五）暂扣或者吊销许可证、暂扣或者吊销执照；（六）行政拘留；（七）法律、行政法规规定的其他行政处罚。除了警告这种行政处罚外，其他的几种行政处罚都属于《行政处罚法》第八条第七项中的行政法规设定的行政处罚。此外，行政法律责任还包括了对基金管理机构工作人员的行政处分，这体现在《基金条例》第三十八条的规定："基金管理机构工作人员有下列行为之一的，依法给予处分：（一）未依照本条例规定申请回避的；（二）披露未公开的与评审有关的信息的；（三）干预评审专家评审工作的；（四）利用工作便利谋取不正当利益的。"

从承担行政法律责任的实体条件来看，行政违法行为的主要表现形式是学术不端行为和不符合有关管理要求两个方面。比如申请人伪造或者变造申请材料的行为就是学术不端行为的体现。伪造是自己制作，以假代真；变造是指在原有真实材料的基础上通过涂改、挖补等方式制作假材料，性质都是破坏了材料的真实性。这些行为违反了《基金条例》第十一条规定的法定义务："申请人应当对所提交申请材料的真实性负责"。再比如项目负责人不按照项目计划书开展研究就是不符合管理要求的行为。这是违反《基金条例》第二十一条、第二十三条规定的行为。《基金条例》第二十一条规定，项目负责人自收到基金管理机构基金资助通知之日起20日内，按照评审专家的评审意见、基金管理机构确定的基金资助额度填写项目计划书，报基金管理机构核准。项目负责人填写项目计划书，除根据评审专家的评审意见和基金管理机构确定的基金资助额度对已提交的申请书内容进行调整外，不得对其他内容进行变更。《基金条例》第二十三条第一款规定，项目负责人应当按照项目计划书组织开展研究工作。不按照项目计划书开展研究，主要是指未按照项目计划书列明的研究内容组织研究，没有对相应内容进行研究。科学研究具有很大的不可预测性，发生变动是正常的现象，但是研究者必须及时履行告知义务，否则就要承担相应的法律责任。

承担行政责任的主体包括申请人、参与者、项目负责人、依托单位、评审专家。其中参与者包括申请阶段的参与者和实施阶段的参与者两层含义。法律责任的量度上体现了违法行为和处罚相适应的基本的原则，对于不同的违法行为区分严重程度，作出了不同的法律责任的规定。比如项目的负责人和参与者实施了法定的违法行为的，按照行为的情节轻重相应应当承担从轻到重的不同的法律责任：一是，由基金管理机构给予警告，暂缓拨付资助经费，并责令限期改正。二是，逾期不改正的，撤销原资助决定，追回已拨付的资助经费。三是，情节严重的，5—7年不得申请或者参与申请国家自然科学基金资助。四是，存在提交弄虚作假的报告、原始记录或者相关材料的行为，或者侵占、挪用资助经费的行为，情节严重的，5—7年不得晋升专业技术职务（职称）。这两种行为不但违反了自然科学基金管理制度，也违反了科学研究的基本道德要求，属于学术不端行为，应当同时承担在学术研究方面的处罚。

虽然《基金条例》没有规定对于行政违法行为进行处罚或处分的法律程序，但是《中华人民共和国行政处罚法》、《中华人民共和国公务员法》、《行政机关公务员处分条例》等国家法律法规，以及科学基金委制定的《国家自然科学基金项目学术不端行为处理办法》对此都作出了规定。尤其是《国家自然科学基金项目学术不端行为处理办法》针对学术不端行为的处理明确规定了受理投诉和举报、初步审核、立案调查、提出处理意见、公布以及救济等具体行政程序。同时美国基金会有关学术不端行为行政处罚程序的有关规定也值得借鉴。NSF处理学术不端行为的法律程序应当主要包括受理程序、调查程序、行政决定程序和行政复议程序等环节组成[1]。但是针对违反管理要求的违法行为进行处罚，我国基金管理机构还没有一个专门的规章或者规定，只有援引《行政处罚法》等位阶较高的法律规范进行处罚，但这可能存在着无法更好兼顾基金管理的实际问题。

四 刑事法律责任

刑事责任是指违反刑事法律规定的个人或者单位所应当承担的法律责任。刑事处罚的种类包括管制、拘役、有期徒刑、无期徒刑和死刑这五种主刑，还包括剥夺政治权利、罚金和没收财产三种附加刑。附加刑可以单独适用，也可以与主刑合并适用。刑法对于一项行为认定为犯罪并科以刑罚，其主要原因在于某项行为具有严重的社会危害性、刑事违法性和刑法当罚性。在自然科学基金资助项目中，存在的一系列不端行为，当这些不端行为具有严重的社会危害性、触犯了刑法时，刑法就会对之作出否定性的评价。

科学基金资助项目中的刑事违法行为，是对整个科研工作廉洁性和客观性的侵犯。众所周知，追求客观与真理是科研工作的第一特性，而实践中发生的一些违法行为则背离了这一原则，败坏了科研队伍的名

---

[1] 详见李安等《美国国家自然科学基金会处理学术不端行为的法律程序》，《中国基础科学》2010年第1期。

誉，影响了整个科研队伍的建设与成长。虽然我国刑法没有将科技活动中的犯罪行为作单独的规定，但是由于科技人员以及管理人员的主体特殊性，往往归入国家工作人员的范畴；同时其特定的行为也构成刑法相关犯罪行为的客观要件，因而应当受到刑法的调整。科学基金中的违法行为入罪的直接渊源在于《国家自然科学基金条例》第三十九条的规定：违反本《基金条例》规定，有下列行为之一，构成犯罪的，依法追究刑事责任：（一）侵吞、挪用基金资助经费的；（二）基金管理机构工作人员、评审专家履行本《基金条例》规定的职责，索取或者非法收受他人财物或者牟取其他不正当利益的；（三）申请人或者项目负责人、参与者伪造、变造国家机关公文、证件或者伪造、变造印章的；（四）申请人或者项目负责人、参与者、依托单位及其负责基金资助项目管理工作的人员为牟取不正当利益，给基金管理机构工作人员、评审专家以财物的；（五）泄露国家秘密的。因此，上述行为构成犯罪应当是毫无疑问的。

据我们掌握的资料，司法实践中科学基金项目引起的犯罪案例还十分有限，甚至没有。因此，分析科学基金资助项目的犯罪问题也更多地从刑法理论层面开展。一是罪名问题。从《基金条例》的规定以及我国刑法的有关条款来分析，科学基金资助项目管理过程中可能出现的犯罪罪名包括：单位行贿罪、对单位行贿罪、受贿罪、诈骗罪、伪造、变造、买卖国家机关公文、证件、印章罪、行贿罪、诽谤罪、介绍贿赂罪、挪用公款罪、贪污罪、玩忽职守罪等十余种。其涉及的主体包括项目申请人、负责人、依托单位、评审专家、基金工作人员等。比如一些申请人和依托单位由于无法通过正规渠道获得项目审批，或者为了获得项目对自己的支持，给予基金管理机构人员财物，则可能构成行贿罪。再比如一些评审专家来自高校等事业单位，身兼公职，属于国家机关工作人员；有些评审专家可能没有公职，但是由于受基金管理机构的聘任，代表基金管理机构执行公务，也可以视为公务人员。因此其可能成为受贿罪的犯罪主体。二是量刑问题。对于科学基金资助项目犯罪的处罚，应当严格按照中国刑法的有关规定进行量刑，并不会因为科学研究行为的特殊性而加重或者减轻对于犯罪的处罚。处罚过程中，也可能存在数罪并罚等法定的情形。因此，科学基金资助项目管理过程中的刑事法律责任是客观存在的，而且是有国家相关的法律法规作为依据和支撑的，讨论科学基金资助项目管理过程中的刑事责任以及犯罪的问题绝对不是不切实际的空想。

在实体法上解决了入罪和处罚的问题之后，还需要探讨科学基金资助项目刑事法律责任的实现问题，即犯罪的刑事诉讼问题。由于科研人员独特的法律地位，在刑事诉讼的立案上，除了一般由公安机关立案外，还存在一些由检察机关立案的案件。因为大部分科研人员属于事业单位工作人员，一些渎职职务类型的犯罪，其立案的主体应当是检察机关，而不是公安机关。此外在案件的提起公诉、审判等刑事诉讼程序中也应当按照我国有关刑事诉讼法律有关规定进行。需要指出的是，科学基金资助项目犯罪行为的举证以及认证涉及一些科学技术方面的专业知识，这为刑事诉讼程序带来一定挑战，审判机关探索切实有效的措施解决该问题是一个需要深入探讨的问题。

五 法律责任的思考和完善

科学基金资助项目管理的法律责任问题是不可回避的，虽然上面我们概括分析了科学基金资助项目管理中的民事、行政以及刑事责任，但是很多分析还停留在一种理论上的分析，科学基金资助项目管理法律责任的实践还十分有限，随着科学基金资助项目管理的发展，我们相信一些法律责任的问题会不断涌现出来。因此，需要我们以更加开放和宏观的视野来审视科学基金资助项目管理中的法律责任问题，为此提出如下几点思考和建议。

一是与国家法律体系的责任衔接问题。科学基金资助项目管理过程中产生的法律责任属于国家法律体系的法律责任一部分。无论在民事、行政还是刑事法律责任，科学基金资助项目法律责任体系的构建都应当切实注意同国家法律体系中法律责任的衔接问题。首先是国家法律责任体系中需要科学基金法律责任体系进一步落实和细化的问题亟须解决。其次是国家法律责任体系中科学基金法律责任体系可以直接援引的需要予以明确。比如科学基金工作人员可以按照国家公务员法有关规定来解决其行政法律责任问题。再次科学基金法律责任类型或者幅度不可以违反国家有关法律责任的规定。比如行政处罚法明确设定了行政法律责任的种类,科学基金法律责任就不能逾越这种国家有关的基本规定。

二是探索建立独立的科学基金法律责任体系。在国家法律责任体系的框架下,科学基金应当建立自己独立的、体现管理特色的法律责任体系。认真梳理科学基金资助项目管理过程中的民事、行政以及刑事法律责任,结合科学基金管理的实际确立法律责任的主体、承担方式等内容。同时还应当积极总结科学基金资助项目管理过程中的问题,将一些体现科学基金管理特色的法律责任立法需求反映出来。比如科学基金项目管理中是否存在独立罪名问题,等等。

三是法律责任的实现方式问题。法律责任的立法相对比较容易实现,关键还在于法律责任的实效。实现科学基金资助项目法律责任,尤其是行政法律责任,必须在诸多主体之间建立一定的联动机制。基金委由于独特的法律地位,和依托单位之间并没有法律上的隶属关系,因此在对依托单位的科学技术人员进行行政处罚的时候,就面临着一个法律责任的实效问题。因此,科学基金委应当探索建立和依托单位的一种联动机制,切实确保依托单位工作人员法律责任落到实处。同样的问题还出现在对于评审专家法律责任的落实上,没有一个强有力的法律责任体系作为保障,评审专家的行为更容易恣意,如何通过法律责任制度来制约、警戒评审专家切实履行评审专家的职责也是科学基金法律责任制度需要认真思考的问题。

结　　语

法律制度的实现

2009年至2010年，国务院法制办和国家自然科学基金委共同对《国家自然科学基金条例》开展了立法后评估工作。虽然仅仅是对科学基金一部行政法规的评估，还无法完全代表社会公众对中国特色社会主义科学基金法律体系的整体观点，但是后评估工作中反映出来的一些建设性意见和亟须解决的问题成为不断完善和发展中国特色社会主义科学基金法律体系的重要参照。因此，在本书的最后，我们希望通过跳出制度构建本身，以一种法律实践的视角来立体审视中国特色社会主义科学基金法律体系，并期望在这种立体视角基础上反哺制度的构建，以促进制度的进一步完善和发展。

一　法律制定与法律实效

正如美国著名大法官霍姆斯所言："法律的生命不在于逻辑，而在于经验。"这成为诸多论述法律实践著述的圭臬。的确，把经验定位为法律的生命，说明法律的实效是检验法律构建的重要标准，同时法律的实效也是促进法律发展和完善的动力和依据。相对于法律本身本文的逻辑自洽和周延而言，立法的实施效果更具有现实的意义。当然，此意并非否定立法逻辑性的重要性，而在于强调完善的立法必须经得起实践的检验，必须在实践中才更能体现立法的价值。

中国特色社会主义科学基金法律体系的构建是一个立法的过程，这个过程离不开对于法律实效的追问，因此，《基金条例》的立法后评估本质上就是一个立法实效的考量过程。《基金条例》后评估的结论使科学基金的法制化管理收获了信心，同时也触动了一些科学基金管理深层次的问题。这些问题有的是长期困扰科学基金管理的本源性问题，有的是随着科学基金发展涌现出来的崭新性问题。利用《基金条例》后评估的契机，高瞻远瞩，统筹兼顾，精益求精，系统深入思考科学基金法制化基本问题是我们需要认真面对的问题。而《基金条例》后评估仅仅是我们思考科学基金法律实效的一个切入点，科学基金法律制度的实效问题应该以更加系统、开放和深入的态度进行思考。

系统思考法律实效问题需要把制度构建、法律意识、法律执行、法律监督以及实施保障等各方面的内容统筹协调起来。制度构建是实效的前提和基础，制度构建也就是科学基金法律体系的建立，只有建立了完备的法律体系，才谈得上讨论实效问题。如果制度构建本身就存在许多问题，那么法律实效的结果就可想而知了。因此，本书大部分内容都是以科学基金法律体系的构建为立论点，对制度构建的一些问题进行了深入分析，这是科学基金法律体系实效的基础。与此同时，科学基金法律体系构建的目的在于解决科学基金管理中的法律问题，为科学基金卓越发展提供重要的法律制度保障，因此，必须面对构建的法律体系的实际效果问题，两者是相辅相成的，缺一不可。

法律意识是法律实效的主体因素，古人云"徒法无以自行"，再完备的法律制度都离不开实际的实施者，因此，无论是作为执法者还是守法者，法律知识、法律认识程度都成为法律实际效果的重要因素。科学基金法律体系的实施过程中涉及科学基金管理机构工作人员、依托单位管理人员、项目申请人、项目负责人、项目参与者、评审专家等各个主体，法律实施若取得预期的效果，必须在这些主体中间形成对科学基金法律体系全面、深入和准确的理解和认知。

法律执行是法律实效的关键，是最为直接检验法律效果的环节，法律执行过程中最为关键的问题是法律执行的依据和程序问题，良好的法律制度无疑是法律执行最为有力的依据，而完备的法律执行程序是法律执行的保障。科学基金法律体系中有关法律程序的内容十分丰富，关键是如何把这些程序性规定最大限度在法律实施中予以贯彻落实。法律根植于社会生活中的经验，法律由纸面上的法变为社会中现实的法，要求法律投身于社会。就科学基金而言，科学基金丰富的管理实践是科学基金法律体系执行的重要环境和土壤，法律执行过程中只有在立足于法律文本的基础上，紧密结合科学基金法律实践的需求，严格按照法定的程序和要求，才能在法律执行的环节确保科学基金法律体系的实效。

法律监督和实施保障是法律实效的重要条件。法律实施过程中，无论是主体的参与还是执法的过程都是一个法律的内在行为。有效的法律实施还需要法律监督以及法律保障为条件的法律外在行为。法律保障应当就一个积极条件而言，促进法律实施的外在因素，法律实施需要一定的场所、环境、设备、信息支持等外在条件，如何在这方面探索有益的制度，积极地促进法律实施效果是需要思考问题。与此同时，从消极条件而言，法律实施需要一种外在的独立监督，这样可以及时修正法律实施中的不足，确保法律实施按照法律规则所设定的目标运行。法律监督是一个法律实施全程的行为，一般事后的法律监督比较普遍。就科学基金法律实施而言，无论是在信息化管理、法律实施设施等积极的保障条件，还是提升监督委员会的监督作用等方面都需要不断探索更加有益的模式，促进法律实施的效果。

因此，法律制定仅仅是纸面上的法律，让纸面上的法律充分发挥实际的治理效果，需要认真思考法律实效的问题。对于科学基金管理而言，良好的法律固然十分重要，而良好法律的实施效果更能为科学基金的发展提供卓越的制度空间。反过来，良好的法律实施效果更能够促进立法的不断完善。因此，本书在以制度分析为主基调的语境下，在结语部分郑重地呼唤对科学基金法律实施效果的关注。正如美国法学家德沃金在对权利的呼唤和关注那样，我们呼唤"认真地对待科学基金法律的实效"。

二　法律意识和法律行动

法律意识是公众对于法和有关法律现象的观点和态度的总称，是法律实际状况在公众精神世界中的映现。法律意识与法律制度密切相关，一个国家的法律制度不仅蕴含着法的本体，决定着法的价值取向、法的社会功能和运作机制，而且直接决定着公民的法律意识。同时，任何法律制度的产生、发展和完善也离不开建立其上的公众法律意识，而且法律意识作为人们的一种意识形态和社会上层建筑，必然反作用于其赖以产生的社会法律现实，因而法律意识水平的提升必将极大地推进社会法律制度的改革与完善。法律行动则是公众以法律规范为评价标准所实施的行为，可以表现为违法、守法等方面。法律行动一定受到法律意识的影响，但法律意识水平的差异影响法律行动的效果。因此，提升法律意识水平对于法律行动以及法律制度的实效都具有十分重要的促进作用。

法律意识的提升首先需要良好的法律认知，也即公众需要具有良好的法律知识水平，这是法律意识的前提和基础。其次需要具有合理的法律选择和判断能力，这是法律意识水平提升的关键。法律的学习、宣传和教育是提升法律知识水平和选择判断能力的重要途径。科学基金法律意识水平的提升同样需要采取这些行之有效的方法进行。《基金条例》后评估结论中明确指出了《基金条例》宣传力度不足的问题，这也是科学基金法制化必须面对的问题，法律实践中，包括部门规章等一系列的科学基金法律体系下的法规规章的宣传和教育问题都是需要认真思考的。

因此，培养科学基金法治活动中相关法律主体法律意识，促进科学基金法治化水平的提升，需要着重从法律认知和法律判断两个方面进行思考。第一，推进法律教育和培训，提升法律主体知识能力。通过编写指导材料、组织宣讲等活动，对依托单位、评审专家和广大科技工作者进行教育培训，培养对于科学基金法律制度的热爱。实践中自然科学基金委曾经组织了许多相关活动，比如2007年《基金条例》颁布实施后，专门聘请国务院法制办的专家，从立法者的角度，对《基金条例》的主要制定背景、过程，具体制度的立法初衷等进行了详细的讲解，这十分有利于执法和守法过程中对法律的把握。再比如2009年基金委制定了《国家自然科学基金面上项目管理办法》、《国家自然科学基金重点项目管理办法》、《国家自然科学基金青年科学基金项目管理办法》、《国家自然科学基金地区科学基金项目管理办法》、《国家杰出青年科学基金项目管理办法与国家自然科学基金国际（地区）合作研究项目管理办法》等6部部门规章，专门组织委内相关部门人员对来自全国31个省（直辖市、自治区）1200多个依托单位的逾1800位依托单位基金管理项目工作者分地区进行了培训，这十分有利于依托单位的管理人员进一步加深对各类基金管理办法的法律认知。但是上述的培训还具有一定的随机性，如果这样的法规规章培训能够成为一种固定的工作机制，无疑会更加有利于相关主体法律知识水平的提升。第二，加强法律宣传力度，增加主体的法律判断能力。法律知识是固定的和僵化的，还需要借助于活生生的法律实践，才能在公众意识中形成良好的法律判断能力。因此可以充分利用报刊、电视、广播等各种媒体加强对科学基金法律体系的宣传，让科技工作者和更多公众了解、关注基金法律制度。尤其需要加强对典型案例的宣传和教育力度，通过违法行为处罚、典型案例的警示和教育，使相关主体对法律产生敬畏之心，预防违法，可以将违法行为消灭在萌芽之中。同时也可以通过对典型守法行为表彰和奖励，使相关主体认识到诚实守法带来的法律利益，将法律作为自己的一种信仰，植根于科学基金管理行为之中。实践中可以考虑专门编撰典型案例的教材，使相关主体对于法律判断有更加感性的认识。实践中基金委曾经组织翻译了《科研诚信——负责任的科研行为教程与案例》一书，并在部分高校进行了宣讲，取得了十分明显的效果。但是这毕竟是国外的案例，如果能够结合科学基金执法的实际情况编撰一些符合科学基金特色的案例进行宣讲，其效果可能更加显著。

三 法律遵守与法律执行

良好的法律必须得以贯彻实施，否则就是形同虚设。法律的理念和制度得以贯彻落实，需要通过法律遵守和法律执行、法律诉讼等行为来实现。法律遵守是指法律主体依照法律规定行使权力和权利以及履行职责和义务的活动。我们遵守法律主要有两个原因：一是被动守法。这来自于外部力量，主要迫于国家强制力的压力，如果违背可能受到制裁，甚至付出惨重代价。二是主动守法。这来自于守法者内心，基于对法律制度的理解、信任甚至是信仰，心甘情愿。而后者，即人们对法律的信任感和依赖感，是法律遵守最为关键的前提条件。法律执行一般限于行政领域，指国家行政机关执行法律的活动，或者称为执法。法律诉讼一般在司法领域，在科学基金法律制度的实效问题上我们着重讨论守法和执法问题。因为无论是守法还是执法都是科学基金管理中十分普遍的行为，法律诉讼只有在符合一定条件的情况下才能发生。

科学基金法律制度的遵守程度最能体现法律制度的实际效力。除了守法主体对于法律制度的法律意识需要不断提升外，配套的程序性规定也是必不可少的。这在美国科学基金会的法律制度实施上体现得十分明显，美国科学基金会每年都定期公布其项目申请和实施指南，其内容就是一个申请和实施项目的指导手册，对于申请和项目实施过程中的基本流程、主要要求等内容都作出了十分详细的规定，这十分有利于科技工作者规范地申请和实施项目。而我国科学基金虽然也在每年公布项目指南，但该指南对于研究的学术性指导大于管理性指导，更加侧重对于资助范围、资助领域等问题的指导，虽然也有限项规定等申请要求，但篇幅相对有限，而且对申请的程序性要求规定较少，而对资助后的管理根本就无从涉及。这种侧重申请实体条件的指南风格，对于科学研究人员确立研究领域以及研究方向，找准申请学科发挥了十分有利的指导作用，但是对于申请以及一旦获得资助后的管理中涉及的程序性问题的缺失，也十分不利于守法者遵守相关的项目管理办法，同样也提高了基金管理机构的咨询成本，因此一种兼顾申请和资助的实体和程序性规定的科学基金项目指南或者规范手册的出台是十分必要的。

另一个方面就是评审程序的规范手册问题。《基金条例》立法后评估过程中，就反映除了一些对评审程序的规定以及评审的实践中亟待解决的一些问题。比如部分申请人、评审专家和依托单位管理人员反映会议评审程序还不够具体明确。有高校科研人员反映《基金条例》对会议评审专家的选择没有像通信评审专家的选择那样作出具体说明；还有高校科研人员反映《基金条例》没有具体规定会议评审的程序，比如参会人数、投票表决的程序等；甚至有的科研人员对评审专家不负责的行为提出了严厉的不满。这些问题都反映了我国的科学基金还缺乏一个系统和规范的评审程序管理的手册或者规范，评审专家作为守法者也缺乏一个可以作为依据的规范，所以加剧了评审程序中一些问题的产生。而在加拿大等国家的科学基金组织中都有专门的《同行评议手册》，这十分有利于守法者和执法者从不同角度进行判断行为的合法性，提升科学基金法律制度的执行力。

同样的问题也出现在科学基金组织内部管理的工作流程上。应当说，科学基金组织内部对于科学基金资助项目的通信评审专家选取、会议评审程序、项目审批、项目检查、抽查以及不端行为处理等资助管理行为都积累了丰富和有益的实践经验，而且有的管理行为已经有比较完善的管理流程，但是还缺乏一个系统的、能够覆盖各个管理环节的工作流程体系，这不利于科学基金管理工作人员更好地提升管理工作效率，尤其在科学基金经费不断激增、申请和评审压力与日俱增的情况下，科学基金的管理工作人员更好地贯彻落实《基金条例》等法规和规章，在执法以及守法过程中取得更大的实效，相关的管理工作流程的制定和完善是必不可少的。

而通过提升执法水平，促进法律体系实效，需要在科学基金法律制度实施中注意以下方面：第一，提高实施主体对于法律的认知程度。"徒法无以自行"，执法者的法律实施是最为关键的因素，提高执法者对于"依法治理"、"法律至上"理念的认同，对于法律知识的谙熟，是法律得以有效实施的前提。第二，提高法律实施过程中法律的绝对权威。法律实施过程中不能因为个人的意志改变法律的基本规定，不能在法律规范之外设立特殊的标准，不能违背基本法律程序恣意妄为。第三，严格法律责任的追究，加大违法行为的惩处力度。对于违反《基金条例》以及规章的科学基金管理行为要严格按照法律规定，厘定法律责任，尤其对于那些严重违法、性质较为恶劣、多次违法等行为要加大惩处的力度，以达到以儆效尤，促进法律实施。

四 法律监督与技术保障

在我国法律体系中狭义的法律监督，专指人民检察机关对法律实施过程中的监督。而在科学基金法律体系的实施中，我们扩大这种法律监督的概念，采用一种广义的法律监督观。我们把法律监督作为对法律实施行为的一种救济和完善措施，从法律监督主体、监督内容、监督程序等方面而言，科学基金制度实施的法律监督应当是一种多主体联动的、涉及内容全面的、具有严格法律程序的监督。这种监督有利于科学基金法律制度实施过程中将实施者自律和他律有机结合起来，保障科学基金法律制度实施的效果。除了系统的法律监督之外，科学基金法律制度的实施还需要一定的设施及技术上的保障，这共同构成了科学基金法律制度实施保障制度的重要方面。

《基金条例》评估报告中充分肯定了法律监督取得的成效，同时也指出了法律监督的不足。因此，就法律监督的主体而言，进一步提高法律监督水平，需要做好以下几方面工作：第一，加强专门监督主体的监督职责发挥。监督委员会是科学基金专门的监督机构，应当充分有效发挥监督委员会在科学基金管理中的专门监督作用，确保法律实施的效果。第二，提升科学基金管理者的自我监督意识。基金委以及依托单位在不同层面上都是科学基金的管理者，管理活动中的自我监督有助于法律监督效果的实现。第三，调动广大科技共同体的监督积极性。广大科技共同体对于科学基金项目中的科学问题，最具有发言权，调动科技共同体的监督积极性，无疑为科学基金项目管理法律实施提供了重要的保障。尤其是申请人以及项目负责人对评审专家以及科学基金管理工作者的监督都十分具有有效性。第四，探索完善普通社会公众的监督机制。科学基金是国家财政的专项款项，广大社会公众作为纳税人有权利对科学基金使用进行监督，因此，探索社会公众的监督机制是科学基金法律监督的重要环节。

就法律监督的内容而言，科学基金法律制度的监督既包括法律实施行为的过程监督，也包括法律实施结果的监督。具体包括资助项目实施的抽查、实施项目的中期检查、年度项目进展报告、资助项目的审计等行为，还包括对于评审专家评审行为的监督，对科学基金管理工作者行为的监督，等等。探索切实有效的工作机制和工作流程，将这些监督行为落到实处，形成系统的、定期的和深入的监督工作链条，切实为法律制度实施提供支撑和保障。

谈到法律监督，还有一项内容不得不提及，那就是立法监督。虽然严格意义上，立法监督不属于法律监督的范畴，但是其对科学基金法律体系的完善以及法律实效的提升都具有重要促进作用。因此，本书认为积极探索部门规章的后评估机制为基础的立法监督制度也是十分必要的。定期对于规章的实施效果进行评估，也是提升法律实施效果的重要手段。目前从全国人大到国务院法律法规的后评估成为检验法律法规实施效果的重要举措。而在规章层面已经有国土资源部等部委已经制订了专门有关规章评估的办法，颇值得我们参考和借鉴。

除了有效的法律监督能够提升法律实效外，科学基金法律实施过程中的一系列设备、技术支撑也十分重要。比如科学基金资助管理需要很强的信息技术支撑，通过有效的手段提升科学基金管理信息系统应对科学基金管理的能力十分必要，科学基金项目申请过程中需要对申请人的申请资格条件进行确认，限项制度的实现以及通信评审的专家库的组建、专家信誉档案的维护等制度的实施都需要信息系统予以保障。因此，有必要在信息系统管理和项目资助管理中间建立更为直接的需求和供给、商谈和服务制度，有效地为资助项目管理提供技术或者设备上的保障。

法律实施的保障措施还有一个不容忽视的内容是法律问题的研究。法律问题的研究是一种对法律体系构建以及法律制度实施的智力投资。深入系统的法律研究对于法律体系的构建和完善的意义不容置疑，对总结法律实施中的问题、改进法律实施中的不足也具有十分重要的意义。我们可以从法律视角对我国科学基金法律制度实施的问题进行深入思考，也可以对国外科学基金组织法律制度进行借鉴研究。尤其是对国外科学基金组织成熟法律制度的借鉴是提升我国科学基金立法水平的重要手段，因此需要充分利用外部资源加大这方面的政策研究强度，这对科学基金立法积聚智力资源，对科学基金法律制度实施积累丰富经验，都具有重要保障和支撑意义。《基金条例》后评估的结论印证了基金委大力推动《基金条例》，通过国家立法的方式确立和规范一项活动是法治社会最为基本的也是最为妥当的管理行为。《基金条例》对于科学基金发展的历史意义可以说是功在今朝、泽被后世。为了将中国特色社会主义科学基金法律体系的完善和实施工作推向深入，需要我们进一步前瞻思考，不断完善《基金条例》，思考制定科学基金法的问题，使中国特色社会主义科学基金法律体系在中国特色科学基金制的构建中发挥更加有效的法律保障和支撑作用，促进我国基础研究以及科学研究事业的持续和有效发展，为中华民族的伟大复兴提供最为有力的科学技术的支撑。

参考文献

1. 法律法规

《中华人民共和国科学技术进步法》
《国家自然科学基金条例》
《国家自然科学基金委员会章程》
《国务院关于机构设置的通知》（国发〔1998〕5号）
《中华人民共和国预算法》
《国家重点基础研究发展计划管理办法》
《中华人民共和国会计法》
《事业单位财务规则》
《中华人民共和国审计法》
《财政违法行为处罚处分条例》
《国家科技计划实施中科研不端行为处理办法（试行）》
《关于加强科研行为规范建设的意见》
《国家自然科学基金面上项目管理办法》
《国家自然科学基金重点项目管理办法》
《国家自然科学基金重大项目管理办法》
《国家自然科学基金数学天元基金项目管理办法》
《国家自然科学基金委员会科学部主任基金项目管理暂行规定》
《国家自然科学基金委员会优秀国家重点实验室研究项目基金管理办法》
《国家杰出青年科学基金项目管理办法》
《国家自然科学基金青年科学基金项目管理办法》
《国家自然科学基金地区科学基金项目管理办法》

《国家自然科学基金委员会创新研究群体科学基金试行办法》
《国家基础科学人才培养基金实施细则》
《国家自然科学基金国际（地区）合作研究项目管理办法》
《国家自然科学基金委员会资助国际合作研究项目实施办法（适用于合作交流项目）》
《国家自然科学基金委员会资助在华召开国际学术会议的实施办法》
《国家自然科学基金委员会关于资助留学人员短期回国工作讲学专项基金的实施办法》
《国家自然科学基金项目资助经费管理办法》
《国家杰出青年科学基金项目资助经费管理办法》
《国家基础科学人才培养基金项目资助经费管理办法》
《国家自然科学基金资助项目研究成果管理暂行规定》
《国家重点实验室建设与运行管理办法》
《国家重点实验室评估规则》
《国家重点实验室评估实施细则》
《国家自然科学基金委员会规章制定程序规定》
《国家自然科学基金依托单位注册管理暂行办法》
《国家自然科学基金委员会关于加强依托单位对科学基金项目管理工作的意见》
《国家自然科学基金委员会学科评审组组建试行办法》
《国家自然科学基金项目编号法》
《国家自然科学基金管理工作地区联络网工作条例》
《国家自然科学基金委员会工作人员公务活动八项规定》
《国家自然科学基金委员会工作人员职业道德与行为规范》
《国家自然科学基金委员会信息公开管理办法》
《实验动物管理条例》
《实验动物质量管理办法》
《实验动物许可证管理办法（试行）》
《关于善待实验动物的指导性意见》
《关于进一步加强动物病原微生物实验室生物安全管理的通知》
《国家实验动物种子中心管理办法》

《国家啮齿类实验动物种子中心引种、供种实施细则》
《基因工程安全管理办法》
《人类遗传资源管理暂行办法》
《人类辅助生殖技术规范》
《人类辅助生殖技术管理办法》
《人类辅助生殖技术和人类精子库伦理原则》
《人类精子库基本标准和技术规范》
《人类器官移植条例》
《人体器官移植技术临床应用管理暂行规定》
《人胚胎干细胞研究伦理指导原则》
《涉及人的生物医学研究伦理审查办法(试行)》
《医疗技术临床应用管理办法》
《药物临床试验质量管理规范》
45CFR602
45CFR630
45CFR650
45CFR689
Federal Research Misconduct Policy
Tri-Agency Framework: Responsible Conduct of Research
Australian Code for the Responsible Conduct of Research
National Statement on Ethical Conduct in Human Research (2007)

2. 专著

[美]达里尔·E.楚宾等:《难有同行的科学》,谭文华、曾国展译,北京大学出版社2011年版。

[美]博登海默:《法理学:法律哲学与法律方法》,邓正来等译,华夏出版社1987年版。

龚旭:《科学政策与同行评议——中美科学制度与政策比较研究》,浙江大学出版社2009年版。

[美]麦克里那:《科研诚信——负责任的科研行为教程与案例》,何鸣鸿、陈越等译,高等教育出版社2011年版。

易继明：《技术理性、社会发展与自由——科技法学导论》，北京大学出版社2005年版。

［英］洛克：《政府论》，叶启芳、瞿菊农译，商务印书馆1964年版。

［德］雅斯贝尔斯：《历史的起源与目标》，华夏出版社1989年版。

3. 论文

陈宜瑜：《发挥科学基金作用促进科研诚信建设》，《人民日报》2010年4月12日，第16版。

王国骞、韩宇：《国外科学基金依托单位准入制度研究及立法借鉴》，《中国科学基金》2009年第2期。

黄菊芳、胡明铭、欧阳俊：《强化责任意识，践行卓越管理》，《中国科学基金》2008年第2期。

何香香、张继稳、赵健：《立足管理前沿，推进卓越管理——浅谈依托单位在自然科学基金项目管理中的作用》，《中国科学基金》2007年第5期。

韩宇等：《关于落实〈国家自然科学基金条例〉依托单位职责制度的几点法律思考》，《中国科学基金》2010年第2期。

岳中厚：《国家自然科学基金资助项目申请过程中应引起注意的若干问题》，《中国科学基金》2009年第2期。

陈晓田：《警惕科学基金功能的异化》，《中国科学基金》2006年第6期。

田文、岳中厚：《国家自然科学基金资助项目申请过程中的诚信和真实性问题》，《中国科学基金》2006年第4期。

傅裕贵、伍新玲、孙站成、许炎生：《国家自然科学基金项目申请组织工作之管见》，《华中农业大学学报》（社会科学版）2007年第4期。

苏景宽、王茜、刘勇、王长军、刘宏颀：《以国家自然科学基金申报质量为核心充分发挥依托单位的管理职能》，《中国科学基金》2007年第1期。

朱世桂、郭彪：《我国高等学校贯彻〈国家自然科学基金条例〉面临的挑战与对策》,《中国科学基金》2008 年第 4 期。

徐玉娣、马新南:《规范科学基金项目经费管理提高财政资金使用效益》,《中国科学基金》2007 年第 2 期。

傅裕贵、伍新玲、伍莹莹:《我国科技经费管理政策全解读与执行情况解析》,《科技进步与对策》2006 年 6 月号。

邢以群、陈梅:《专家评审方式:利弊分析与改善思路》,《科学管理研究》2003 年第 6 期。

唐伟华等:《澳大利亚联邦政府学术诚信法律制度概论》,《国家行政学院学报》2011 年第 6 期。

焦洪涛等:《科研诚信建设的立法思考》,《中国高校科技与产业化》2010 年第 8 期。

朱道本:《认真贯彻〈国家自然科学基金条例〉,弘扬科学道德,营造和谐科研环境》,《中国科学基金》2008 年第 5 期。

陈越、方玉东:《我国科研诚信状况浅析——以国家自然科学基金委员会处理学术不端案件为例》,《中国科学基金》2011 年第 4 期。

朱道本:《弘扬科学道德 反对科研不端,构建科学基金科研诚信建设长效机制》,《中国科学基金》2012 年第 3 期。

国家自然科学基金委:《国家自然科学基金委员会抽查审计情况通报》,见 www.nsfc./gov.cn。

郝炘《美国科学家首次因学术不端行为获刑》,《科学时报》2006 年 7 月 4 日,第 A01 版。

4. 相关网址

中国国家自然科学基金委员会(NSFC): http://www.nsfc.gov.cn。
澳大利亚研究理事会(ARC): http://www.arc.gov.au/。
美国国家科学基金会(NSF) http://www.nsf.gov。
加拿大自然科学与工程研究理事会(NSERC): http://www.nserc.gc.ca。
英国医学研究理事会(MRC): http://www.mrc.ac.nk。
日本学术振兴会(JSPS): http://www.JSPS.go.jp。

后 记

本书是国家自然科学基金资助项目"中国科学基金法律制度研究"项目成果。本书的写作宗旨在于以国家自然科学法制为例，系统梳理我国科学基金法制发展的经验，厘清科学基金法制建设中存在的问题和不足，并在借鉴国外有关立法经验的基础上，对进一步完善我国科学基金法制提供制度建议。作者水平所限，书中难免存在不足，敬请专家批评指正。在本书写作过程中，作者得到了国家自然科学基金委政策局等有关部门的领导的支持和协助，包括提供文献资料和就书稿内容修改提供宝贵意见，在此致以诚挚谢意。另外，学友梁鹏、宋桂兰、吴国喆、李安诸君分别参与了本书第二、三、六章的内容设计和写作，在此一并致谢。